KB220619

세계평화와 인류의 행복을 위한

병 신 육 갑
丙 辛 六 甲

김 종 성 씀

한 진 출 판 사

세계평화와 인류의 행복을 위한

병 신 육 갑
丙 辛 六 甲

2014년 10월 15일   초판발행
2015년 1월 15일   재판발행

저   자 : 만성 김종성(宗成)
　　　　　8484ee@naver.com
펴낸이 : 한해룡
펴낸곳 : 한진출판사
등록번호 : 제2-43호(1993. 9. 6)
주   소 : 대구광역시 북구 원대로 23길 9
전   화 : (053) 351-3137~8
E-mail : hanjinad@chol.com

서적총판 운주사 _ 02) 3672-7181

정가 _ 17,000원

잘못된 책은 바꾸어 드립니다.

천당과 지옥은 본래부터 있는 것이 아니라
행위와 취미에 따라 천당 지옥이 생기는 것이니라.
천당 가는 것도 취미요
지옥 가는 것도 취미니라.

천당이나 지옥은 몸통이 가는 것이 아니라
의식意識이라는 영혼이 가는 곳으로
살아서도 갈 수 있고
죽어서도 가는 곳이다.

몸통에 의식意識이 들어 있으면 살아 있는 것이고
몸통에 의식意識이 없으면 죽었다고 하는 것이다.
몸통이 없는 의식意識을 영혼靈魂이라고 하는 것.
의식意識이 없는 몸통을 송장이라 하는 것이다.

송장이 다시 살아나 천당이나 지옥에 가는 법은 없다.
의식意識이 깨어있으면 영혼靈魂이 깨어 있는 것.
깨어 있으면 천당이요. 깨어 있지 못하면 지옥이다.
아무리 선행봉사를 해도 어리석으면 지옥이다.

⊙ 어리석음이 있으면 자신의 믿음에 고집스러워
   믿음이 증오심으로 변하여 잠재되어 있다.

이 책을 읽기 전에 병신육갑丙辛六甲의 뜻을 알아야 한다. 병신육갑丙辛六甲은 욕이나 비하卑下가 아니라는 것부터 밝힌다. 못난 사람 잘살게 하고, 잘난 사람이 더욱 잘살게 하는 방법이 병신육갑이다.

세상을 보는 눈이란 아주 다양하다. 넋 빠져 멍청하게 보는 눈과 생각하고 사유하며 깊이 보는 눈이다. 눈높이에 따라 같은 사물도 다르게 보이기 마련이다. 눈높이란 생각하고 사유하는 눈높이로 연령별 남녀별 직업별 계층별로 다를 수 있다. 이것이 하나의 지식의 높이요, 지혜의 높이다. 의식意識의 수준의 높이이다.

시력의 높이가 아니다. 눈높이란 시각적으로만 의미하는 것이 아니다. 거기에는 청각聽覺적 미각味覺적 후각嗅覺적 촉각觸覺적 의식意識적 가치의 기준을 의미하는 것이다. 육감六感인 육식六識이 총 동원된 지식과 지적형태의 수준이 눈높이지 육안肉眼으로 보이는 것만을 의미하는 것만이 아니다.

같은 사물을, 같은 소리를, 같은 냄새를, 같은 물질의 촉감을, 그 사람의 삶의 수준과 습관과 경험에 따른 지식과 지혜에 따라 다르게 느껴지는 것이다. 그래서 이 눈높이에 따라 가치관이 형성되는 것이다.

어린아이는 어린아이대로, 청년은 청년대로 노인은 노인대로, 농부, 직장인, 사업가, 학자, 정치인 등은 그들 나름대로 다양한 많은 사람들의 무리들 속에, 같은 직종에 종사하며 생각이 같을 수도 있고, 다를 수도 있으며, 다른 직종이나 연령대가 다른데도 생각이 같을 수도 있고, 다를 수도 있다. 사물을 놓고 보는 관점도 이와 같이 천차만별일이다.

그러나 공통점이 있다면, 눈으로 그대로 보는 것이다. 또 그대로 듣는 것이고, 그대로 느끼는 것이다. 그런데 여기서부터 환경에 따른 생활습관과 교육에 따른 주입식 세뇌와 최면술催眠術적 수단에 의해서 생각이 완전히 바뀔 수 있는 것이다.

이것이 문제이다. 보는 그대로 볼 줄 알고, 생각하는 그대로 생각할 줄 알고, 글자는 글자 그대로, 사물은 사물 그대로, 느낌은 느낌 그대로, 항상 그대로인 이것이 직관直觀이다.

만약 직관이 아닌 뒤바뀐 생각이라면,

이 바뀐 생각과 육감이 작용하는 의미를 배우고 익힌 대로 연상시키고, 비유하고, 상징성을 부여하여 연결시켜 실제의 사물과 이치를 엉뚱하게 전개하게 되는데, 이 엉뚱하게 전개된 것은 본질과 엄격한 차이를 보이며 변화를 일으키는 이것이 문제이다.

그래서 상상의 날개로 새끼줄을 뱀이라 하고 모양이 흉하니 악마로, 모양이 예쁘니 천사로 상징성을 부여해서는 안 된다.

더욱 무서운 비유와 상징으로는, 생명을 죽이는 것을 정당화하는 상징성을 부여하며 해명하는 일이다. 전지전능하니까

신의 섭리이니까 죽여야 한다는 것은 미친 정신병자들이나 하는 짓이다.

윤리적인 면에 있어서 특히 종교와 철학에서 비유와 상징을 많이 사용하는데, 이치에 맞지 않으면 비유와 상징으로 해석하여 근본이치와 진리를 왜곡하고 잘못되게 호도糊塗하고 있는 경우이다.

뱀은 악마니 사탄이니 하는 비유와 상징으로 엉뚱하게 전개하면 생각과 사상이 하늘과 땅 사이로 벌어지는 것이다. 가보지 않고 경험하지 않은 것을, 가보고 경험한 것처럼 남에게 떠들어서 혼을 빼서야 되겠는가?

특히 종교 문제에 있어서 보고 경험하지도 못한 천당과 지옥에 대하여 사람들을 선동하고 협박하는 일이 있어서는 안 된다.

천당이 아무리 좋다고 한들 사랑하는 부모형제 남편과 아내 자식들이 오순도순 사랑함만 하겠는가? 아무리 천당의 쾌락이 좋다고 한들 사랑하는 연인과 달콤한 속삭임만 하겠는가? 아무리 천당에 맛있고 좋은 음식이 많다고 한들 배고플 때 밥 한 그릇만 하겠는가? 아무리 천당에 감로수가 넘쳐흐른다고 한들 목마를 때 시원한 냉수만 하겠는가?

이 모두가 쓸데없는 허황된 욕심에서 생기는 망상번뇌 일뿐이다. 이 망상과 잡생각이 많은 사람은, 스스로의 어리석음에 의하여, 자기를 스스로 괴롭히고 있다. 그 자신이 자기 자신의 원인을 모르고 밖을 향하여 허황된 구원의 손길을 내밀고 있으니 영원한 괴로움이 뒤따를 뿐이다.

경험해보지 못하고 가보지 못한 지옥이 고통이 심할 것이라 생각하며, 감언이설에 속고 지옥에 갈 것이라는 협박에 미리 걱정하여 마음의 고통을 겪고 있는 사람들이 있다.

아무리 지옥의 고통이 심하다 한들 뼈가 으깨어지는 고통만 하겠는가? 아무리 지옥의 고통이 심하다한들 불에 타는 고통만하겠는가? 아무리 지옥이 춥다고 한들 현실에서 얼어 죽는 고통만하겠는가? 누구를 믿기만 하면 잘 된다는 어리석음에 자기와 같이 믿지 않으면 부모형제 일가친척도 버리고 자기 욕심을 채우기 위해 배척하는 것이다.

지금! 이 자리에서 마음 편안함이 지옥의 고통에서 벗어나는 길이요, 탐욕을 없애는 것이 지옥의 고통에서 벗어나는 길이요, 성질내고 어리석은 짓거리를 없애는 것이 지옥의 고통에서 벗어나는 길이 아닌가?

『사람이 복덕을 짓고 행복하게 잘 살고
　지혜로운 길로 인도 되는 쉬운 방법은,
　각자 스스로 자신의 몸으로 짓는 행위와
　　　　자신의 입으로 짓는 행위와
　　　　자신의 뜻으로 짓는 행위의
　　　이 3가지 업을 맑고 밝게 하는 것이다.』

천당과 지옥은 본래부터 있는 것이 아니라, 행위에 의해서 현세에도 만들어 가고, 죽어서도 만들어 가는 곳이다. 현세에 살아서 만든 천당은 죽어서도 그대로 이어져 자손들도 좋게 될 것이다.

이 책을 쓰게 된 동기는 〈범민족 깨닫기 운동모임의 회장 백은당 선생님〉의 간곡한 부탁으로 정신과 육체적으로, 사상과 이념적으로, 종교적 갈등으로 반목되는 탁濁한 세상에 연줄 닿는 분들께 조금이나마 도움이 되고자하여 쓴 것이다.

필자는 여러 가지로 능력이 부족하다. 하지만 아는 것만큼 열심히 옳은 정보를 세상에 바로 알려 건전한 정신으로 건전한 사회가 이룩되고 세상이 밝고 명랑함으로서 행복해지고 우리 후손이 건전하게 잘 살게 되기를 바라는 간절한 마음에서 밤을 새우며 쓴다.

이 책이 나올 때까지 교정 검열 감수해주신 김덕수박사님 장정호님 채홍덕님 김천수(송운)님 김도영님께 감사드리며 출판에 관계한 모든 분들께 감사드린다. 병신육갑의 해설은 책을 읽다보면 나온다.

2014년 갑오년甲午年 가을   김종성金宗成 씀

목 차

1 세상에 지워지지 않는 거울

물건이 거울에 비춰지는가? 거울이 물건을 비춰주는가? 어느 세미나 분임토의에 참석한 적이 있었다. 나에게 주제발표 시간이 있어 수수께끼를 내었다.

여기 거울이 있는데 영원히 지워지지 않는 거울이 있다. 이 거울을 아는 사람에게 100불을 주겠다고, 100불을 들어보였다. 그 자리에는 대학교수들과 중·고등학교 교장선생님들이 참석하고 있었다.

아무도 대답하지 않았다. 물론 아는 분들도 계셨겠지만, 나는 법복을 입고 있었고, 화두話頭같은 질문에 겁을 먹은듯했다. 그 강연장은 문선명씨가 주체하는 〈평화와 통일을 위한 평화대사 평화통일 한국지도자 세미나〉였다. 일본에서의 일이다.

문선명씨의 강연을 들어주면 공짜로 일본관광을 시켜주는 케이스이다. 문선명씨는 모든 종교를 초월 한다며, 통일교라는 이름으로 세력을 키워갔다. 그러면서 계속 바이블기독교 성경의 아담과 하와, 가인과 아벨에 대하여 이야기 하고 있었다.

그래서 나는 항의 비슷한 건의를 했다. 초超종교운동이라면, 불교 경전의 말씀도 하고 유교의 말씀 이슬람교의 말씀 등도 해야 하는데, 기독교 바이블 일변도의 강연은 초 종교가 아니라 기독교 편향의 이야기가 아닌가라고 하였다.

일단 내 말은 다시 이어진다. 100불은 주머니에 도로 집어 넣고 100불이 날아가는 줄 알았다는 농담을 하며, 스님들이 써먹는 특유의 할喝 법을 써먹었다. 지워지지 않는 거울도 모르며 누구를 가르치려고 드는가? 라고. --

그러면서 지워지지 않는 거울은 바로 우리의 〈역사〉라고 알려 주었다. 역사를 바로 알면 미래가 보이고 세상이 보인다. 역사는 바로 지워지지 않는 거울이다.

거울이 사람을 비추는 것인가? 사람이 거울에 비춰지는 것인가? 역사가 사람을 비추는가? 사람이 역사를 비추는가? 역사는 사람에 의하여 비춰지는 것이다.

불경佛經의 금강경金剛經, 오가해五家解 서설序說에 「외응군기外應群機 물래즉응物來卽應 감이수통感而遂通 여명경如明鏡 당대當臺 호래호현胡來胡現하고, 한래한현漢來漢現하며, 홍종洪鐘이 재거在簴에 대구대명大扣大鳴하고 소구소명小扣小鳴」 하니라.

"밖으로 모든 기틀에 대응하고, 물건이 오면 응답하고, 느낌으로 통하는 것이다. 저 밝은 거울이 틀에 걸려 있음에 오랑캐가 오면 오랑캐를 비추고, 한인이 오면 한인을 비춘다. 큰 종을 틀에 달고 크게 치면 큰 소리로 울리고 작게 치면 작게 울린다."

거울엔 비춤이 없고 종에는 소리가 없다. 주위경계가 깜깜하고 물건이 깜깜하면 아무리 맑은 거울이라도 비추지 못한다. 거울이 비출 수 있는 것은 빛이 있어야 하고 물건이 선명해야 한다. 종과 북도 마찬가지이다. 아무리 맑은 소리를 간직한 좋은 종과 좋은 북이라도 치지 않으면 소리가 나지 않는다.

역사는, 바로 역사가 사람을 비추는 것이 아니라. 사람이 역사에 비추어지는 것이다. 역사는 바로 거울과 같고, 사람은 거울에 비춰지는 인물들이다. 거울에 의하여 서 있는 사람과 물체가 비추어지듯이 역사는 바로 사람들과 사건사고들에 의하여 비추어지고 있으므로 미래를 예측하게 할 수 있게 하는 것이다.

요즈음 세상은 참으로 살기 좋은 시절의 세상이다. 못난이가 잘난 척하며 사는 세상이 아니라, 노력만하면 잘난 그대로 그냥 잘나게 살 수 있다.

옛날에는 책 한권을 쓰기 위하여 많은 서적을 들춰야 했고 종합백과사전이 옆에 있어야 하고, 국립도서관으로 자료 검색을 하러 가야하고, 몇 년을 신문의 기사내용을 꼼꼼히 살펴보아 스크랩을 하여 모아 두어야만 했는데, 지금은 인터넷에 검색만 잘하면 필요한 자료는 거의 구할 수 있다. 참으로 좋은 세상이다.

여기 많은 자료는 다음 카페와 네이버 카페와 〈반기련〉 http://www.antichrist.or.kr 〈개종〉 사이트와 그 외에 인터넷 뉴스 등에서 자료를 인용했음을 밝힌다.

※ 하느님과 함께하는 경. Brahma-s(A.4:63)

『 1. "비구들이여, 아들들이 집에서 부모를 공경하는 그런 가문은 하느님과 함께하는 가문이다. 아들들이 집에서 부모를 공경하는 그런 가문은 최초의 스승과 함께 사는 가문이다. 아들들이 집에서 부모를 공경하는 그런 가문은 고대의 신과 함께 사는 가문이다. 아들들이 집에서 부모를 공경하는 그런 가문은 공양 받아 마땅한 자와 함께 사는 가문이다."

2. "비구들이여, 여기서 하느님이라는 것은 부모를 두고 한 말이다. 비구들이여, 여기서 최초의 스승이라는 것은 부모를 두고 한 말이다. 여기서 고대의 신들이라고 한 말은 부모를 두고 한 말이다. 비구들이여, 여기서 공양 받아 마땅하다는 것은 부모를 두고 한 말이다. 그것은 무슨 이유에서인가? 비구들이여, 부모는 참으로 자식에게 많은 일들을 하나니, 자식들을 키워주고 먹여주고 이 세상을 가르쳐주기 때문이다."

3. "부모는 하느님이요, 최초의 스승이라.
   그분들은 공양물을 받을 만한 자이니
   자식들에게 연민을 가지기 때문이다.
   그러므로 현자들은 음식, 마실 것,
   의복, 침상을 구비하고
   문질러 드리고 목욕시켜드리고 발씻어드려

그분들께 귀의하고 존경해야 하리.
이렇게 부모를 잘 봉양하는 사람은
이생에서 현자들의 찬탄을 받고
다음 생에는 천상에서 기쁨을 누리리.”』

위의 부처님 말씀은 앙굿따라 니가야 4 : 63에 나오는 것이다. 이 말씀대로라면 정말로 부모님이야 말로 최초의 하느님이며, 최초의 교육자인 스승님이시다.

어려서 부모님께 영향을 받아 잠재된 의식意識은, 이것이야 말로 곧바로 하느님께 계시를 받은 것이며, 우리의 미래에 영향을 주는 구원의 은총을 받는 것이 아니겠는가?

3살 버릇 80까지 간다는 것은 어려서의 부모 교육이 어린이의 일생을 좌우한다는 뜻일 것이다.

알에서 태어나는 난생卵生의 일종인 조류鳥類들 중에 처음에 듣는 소리를 죽을 때까지 기억하여 자신의 어미로 알고 있다는 기사를 본 적이 있다. 처음에 접하는 인식認識은 모든 생명들에게 각인 시켜주는 중요한 기억인자로서 깊이 잠재됨을 알 수 있다.

나는 어려서 시골의 농가農家에서 태어났다. 초등학교 다닐 때 쯤, 한 겨울 긴긴 밤에 가끔씩 우리 아버님은 옛날이야기를 자주 해주시었다.

제갈공명의 이야기를 하시면서 기문둔갑으로 팔진법八陣法과 팔문금쇄법八門金鎖法으로 신통을 부리며 적벽대전에서 동

남풍을 불게 하여 조조의 군대를 물리치고 대승을 했다는 이
야기 등등이었다.

　내 뇌리의 잠재의식 속엔 중학교 고등학교 때까지 기문둔갑
이 무엇인지, 삼국지를 읽어보지 않았으니, 제갈공명이 누구
인지 모르고 신기할 뿐 막연한 동경만 하고 있었다.

　그 옛날, 1960년대는 TV도 없던 시대이니 지금 같이 인터넷
이나 정보가 활발한 시대도 아니고, 책을 구하기도 어렵고. 설
령 구한다고 한들 순 한문漢文으로 된 책을 읽고 해석한다는
것은 불가능한 일이다.

　그래도 그런 중에 삼국지三國志를 읽게 되었다. 생동감이
있고 너무 재미있어 밤새워 몇 번을 읽었다. 정말 제갈공명의
활약은 대단하다. 제갈공명은 나의 우상이었다. 나도 둔갑을
하리라고---

　최초의 하느님인 부모님께 들은 옛날이야기가 이렇게 깊이
잠재되어 있음을 볼 때, 이것이야말로 참된 하느님의 계시로
서 언젠가는 현실로 다가올 미래의 모든 것은 저 멀리 잠재된
의식意識이 인연이 도래하면서 인연에 의하여 스승을 만나게
된다.

3 기문奇門을 배우게 된 동기

많은 정보가 있을 때는 선택의 여지가 있다. 정보도 없고 아는 것이 없을 땐, 가짜를 진짜로, 진짜를 가짜로 가르쳐도 모르는 것이다. 설령 정보가 많아도 가짜와 진짜를 구분하기는 어려운 것이다. 그래서 아는 것만큼 배우게 되고, 복福이 있는 만큼 배우게 되는 것이다.

우리의 뇌에 한번 잘못 주입되어 각인刻印되면 평생 고치기 어렵다. 특히 종교적 신앙이나 사상思想 또는 자기 철학의 합리화 된 습관은 정말로 고치기 어렵다, 나중에 뒤늦게 잘못을 알아도 못 고치고, 자기 합리화를 위한 집착과 고집의 도度만 높아갈 뿐 버리지를 못한다.

비법이나 술수는 배우고 싶다고 배워지는 것이 아니다. 지금의 교육은 학생이 선생님을 선택하지만, 옛날에는 스승이 학생을 선택했고 인연이 도래하지 않으면 배우고 싶어도 배울 수 없고 가르칠 수 없다.

별것도 아닌 것을 크게 깨닫거나 큰 비법이 있는 양 떠벌리지만 한치 앞도 모르고 내다볼 수 없는 것이 인생사이다.

아버님께 들은 제갈공명의 기문둔갑을 1965년 대학교 1학년 때 송을산宋乙山 선생님을 우연히 만나 배우게 되었다.

서당식 공부는 주입식 공부이며 암기暗記의 공부이다. 무조건 달달 외워야 다음 대목에 넘어간다.

주역周易의 64괘卦와 주역의 서문 건곤乾坤장 계사繫辭전을 달달 외웠다. 그 외움의 공부가 뒤늦게 책을 쓰고 공부하는데 많은 도움이 되었다. 황제음부경黃帝陰符經과 황석공黃石公 소서素書도 외웠다. 지금은 기억이 아물 하지만 황제음부경에 이런 말이 있다.

'우주재호수宇宙在乎手하고 만화생호신萬化生乎身이니라.'

"우주가 손 안에 있고, 만 가지 조화가 몸에 있다."는 말에 내공內功에 힘쓰며 수련도 한때는 했었다. 우주재호수宇宙在乎手는 천지도래일장중天地都來一掌中과 같은 맥락이라고 보면 된다.

그 다음 기문둔갑의 연파조수가煙波釣叟歌를 달달 외우고, 점사占辭를 공부할 때는 복서정종卜筮正宗의 천금부千金賦를 달달 외웠다.

연파조수가 煙波釣叟歌 의 일부만 소개하겠다.

음양순역묘난궁 陰陽順逆妙難窮

이지환향일구궁 二至還鄉一九宮

"음양이 순과 역으로 행하는 것의 이치가 오묘하여 헤아리기 어려운 것이다. 동지와 하지는 1궁과 9궁으로 돌아간다."

약능료달음양리 若能了達陰陽理

천지도래일장중 天地都來一掌中

"능히 음양의 이치를 통달할 것 같으면, 천지의 운행이 손바닥 한가운데 있다."

일천팔십당시제 一千八十當時制
태공산성칠십이 太公刪成七十二
체우한대장자방 逮于漢代張子房
일십팔국위정예 一十八局爲精藝

"기문둔갑을 처음 활용할 때 그 국국이1080국으로 이용하였으나, 그 이후 여상呂尙 강태공姜太公이 간략히 하여 72국을 사용했고. 그 이후 한나라 때 장자방이 이를 18국으로 줄여 양둔陽遁 9국과 음둔陰遁 9국으로 하였다."

☀ 위에 글이 뭐 중요한 것은 아니지만, 강태공과 장자방이 기문둔갑奇門遁甲의 대가로서 기문을 간략하게 정리한 대목이다.

선수장상배구궁 先須掌上排九宮
종횡십오재기중 縱橫十五在其中

"먼저 손바닥 위에 구궁을 배치하고, 그 수를 종횡으로 더하면 모두 15가 되도록 수가 배치되어 있다."

구	궁	팔	괘	도	
4	9	2	☷	☲	☶
3	5	7	☳		☱
8	1	6	☵	☴	☰

492=15, 357=15, 816=15, 438=15, 951=15, 276=15. 456=15, 258=15이다. 15가 8개이다.

기문은 정치하는 사람에게는 치정의 미학이요. 군략가에게는 용병의 무경武經이며 기업인에게는 경영의 지침서였다.

4 곧은 낚시로 세월을 낚는 강태공.

태공산성칠십이 太公刪成七十二

기문 1080국을 음국陰局 36국 양국陽局 36국 합하여 72국으로 간략하게 만든 사람이 강태공이라는 대목이다.

강태공의 본명은 여상呂尙이다. 위수渭水라는 강가에서 곧은 낚시질을 하며 세월을 기다리며 세월을 낚시질하고 있었다. 전설적이기는 하지만 강태공은 160살을 살았다고 한다. 이를 선先 80, 후後 80이라고 하는데, 먼저 80살까지는 인재를 기다렸고, 후에 80은 재상이 되어 나라를 다스렸다는 이야기이다.

80에 주나라 문왕文王: 서백)을 만나 재상이 되어, 다음 대의 왕인 무왕武王을 도와 은殷나라 주왕紂王을 멸망시켜 천하를 평정하였으며, 그 공으로 제齊나라 제후에 봉해져 그 시조가 되었다.

강태공의 본명은 강상姜商이다. 그의 선조가 여呂나라에 봉하여졌으므로 여상呂尙이라 불렸고, 태공망太公望이라 불렸지만 강태공이라는 이름으로 알려져 있다. 전국시대부터 경제적 수완과 병법가兵法家로서의 그 재주와 때를 기다리는 내공의 힘은 그를 장수長壽케 하였고, 중국에서 병법을 세운 시조로 여겨져 병서兵書 육도六韜 6권을 저술하였다고 전해진다. 문도文韜·무도武韜·용도龍韜·호도虎韜·표도豹韜·견도犬韜 등 6권 60편으로 이루어져 있다. 주나라 무왕武王과 강태공의

- 14 -

문답 형식으로 되어 있다.

잠거포도潛居鋪道 이대기시以待其時란. 깊이 은거하며 도를 펴며 그 때를 기다리는 것. 이것이 진정한 병신육갑丙辛六甲이 아니겠는가.

한번 엎은 물은 되 담을 수 없다.

은殷 나라의 마지막 임금인 주왕紂王이 '달기'라는 여인에게 홀려 정치를 제대로 못하고 폭정에 백성은 도탄에 빠졌을 때였다.

강태공은 책을 읽으며 세월을 낚고 있었다. 부인은 밭에 나가 일을 하고 품을 팔아 겨우 끼니를 이어갔다.

어느 날 부인 마씨는 밭일을 마치고 돌아와 보니 말리려고 내놓은 멍석에 펴놓은 피가 비에 모두 다 물에 휩쓸려갔다. 이것도 모르고 책만 읽고 있는 강태공의 태평함에 분노를 느끼고 집을 떠나 가출을 한다.

책이나 읽고 낚시나 하는 인간과 살아봐야 끼니를 이을 힘이 없는 것에 희망을 못 느끼고 가출한 것이다.

강태공은 세월이 흘러 은나라가 망하고 주周나라의 문왕文王을 만나 재상이 되었다. 금의환향하여 황금마차를 타고 지나가는 태공을 발견한 부인 마씨는 수레를 따라가 자기의 존재를 알렸다. 강태공은 부인에게 물 한바가지를 떠 오라고 했다.

떠온 바가지 물을 바닥에 버리고 다시 주워 담으면 살겠다 하고 떠나버렸다. "엎지른 물은 다시 주워 담지 못한다."는 말의 유래가 여기서 시작되었다.

그래서 마씨 부인은 길게 탄식하며 말하길

"내가 남편을 잘 골랐으나 내 스스로 박복하여 복을 차버렸으니 이렇게 박복할 수가 있겠는가."하고 죽었다.

통일전쟁이 완전히 끝나고 강태공은 제사를 주관하는 사람이 되어 충렬하게 죽은 장수들을 봉신封神하고자 제당祭堂을 마련하니, 마씨 부인의 혼이 나타나 하소연하길 '내 자리도 하나 마련해주오, 높으신 분의 심부름꾼도 좋으니 제발 자리 좀 주시오.' 하였다.

처음에 강태공은 쫓아버리려고 했으나 인정상 할 수 없어 제일 말석 신神으로 봉하여 주니, 빗자루로 더러운 것을 쓸어낸다는 쓸 소掃와 비 추箒를 넣어 그 신神의 이름은 소추성掃箒星으로 되었다고 한다.

소추성의 직책은 사람들의 근심과 재난을 쓸어버리는 신神이라고 한다.

이 마씨 부인은 서낭당이나 마을 입구 같은 장소에 머물며 사람들이 오직 보름날에만 바치는 음식만 먹을 수 있었고 서민들의 근심과 걱정 재난을 쓸어주는 일을 담당한다고 한다.

성인聖人이여야 능지성인能知聖人

문왕은 누구인가?

그 수준이 되어야 그 수준을 안다. 세상 사람들은 간접 경험과 직접경험에 의하여 지식이 쌓여가고, 지혜는 복력에 의하여 생긴다. 성인聖人이여야 능히 성인聖人인줄 알아본다는 뜻이다.

중국에서 만들어진 주역周易이라는 책은 복희伏羲 팔괘八卦와 문왕文王팔괘八卦로 설명된다. 복희팔괘는 선천先天팔괘라 하고, 문왕팔괘는 후천팔괘라 한다. 문왕은 팔괘를 64괘로 만들어 괘사卦辭를 지을 만큼 성인으로서 성군聖君이라 한다.

그래서 낚시하고 있는 강태공을 알아보고 중용하여 천하를 태평하게 하였다. 주역周易의 주周는 주나라 문왕에 의하여 역서易書가 재정비 재창출되어 주역이라 한다.

■ 5 ■ 장자방張子房의 병신육갑丙辛六甲

체우한대장자방 逮于漢代張子房
일십팔국위정예 一十八局爲精藝

강태공의 72국을 장자방은 18국으로 더욱 간결하게 하였다. 이 대목이 중요한 것은 아니다. 장자방의 처세술과 인간됨을 알리려고 한 것이다.

장량(張良,? ~ 기원전 189년)은 중국 한나라의 정치가이자, 건국 공신이다. 자는 자방子房. 시호는 문성文成이다. 소하蕭何, 한신韓信과 함께 한나라 건국의 3걸로 불린다. 유방劉邦으로부터 "군막에서 계책을 세워 천리 밖에서 벌어진 전쟁을 승리로 이끈 것이 장자방이다."라는 극찬을 받았다.

장량의 할아버지인 장개지張開地는 전국시대 한韓나라의 소후昭侯 선혜왕宣惠王, 양왕襄王등 3대를 걸쳐서 재상을 역임하였고, 아버지 장평張平은 희왕釐王, 환혜왕의 치세 때 재상을 역임하였다. 사기색은史記索隱에는 장량의 조상은 한나라의 왕족이며, 주나라 왕실과 같은 희성姬姓이었지만, 박랑사 사건으로 장씨張氏로 성을 바꿨다고 하였다.

한나라 재상 희평(장평)의 아들로 태어났지만, 한나라가 진나라에 멸망하자, 집안이 몰락하였고, 한나라를 멸망시킨 것에 대한 복수를 하기 위해 진시황제를 박랑사에서 죽이려 하였으나 실패하고 하비에서 숨어서 황석공黃石公으로부터 태공병법을 배웠다.

그 후 유방이 군사를 일으키자 1백여 명의 종을 데리고 따랐다가, 항량項梁에게 옛 한나라 공자 횡양군 성을 한왕韓王에 옹립하도록 했고 한나라 사도에 임명되었다. 이후 한성이 항우項羽에게 죽자 다시 유방에게 귀순하고 이때부터 유방의 중요 참모가 되어 홍문연에서 유방을 구하고 한신을 천거하는 등, 그는 전략적인 지혜를 잘 써서 유방이 한나라를 세우고 천하를 통일할 수 있도록 도와주었다.

한나라 건국 후에는 정치에 일체 관여하지 않았으며 단지 후계자 문제로 여후에게 자문을 해줬다고 한다. 그 후에 유후留侯에 봉해졌다.(위키백과에서)

개국공신인 한신장군이 모함으로 죽고, 유방의 동서인 번쾌도 유방이 죽이려 했고, 이런 무상을 깨달은 장량은 정치에 손을 떼고 인적이 드믄 곳으로 은신한다. 이것이야 말로 몸을 숨기는 진정한 둔갑遁甲이 아닌가.

황석공黃石公과 장자방의 만남

장자방은 황석공이라는 노인을 만나 황석공 소서素書라는 책을 받는다.

청관가리진묘결 請觀歌裡眞妙訣

비시진현막상여 非是眞賢莫相與

"청컨대 이 참된 신묘한 비결의 깊은 이치를
진인眞人 현인賢人이 아니면 전해 주지 말라."

옛날이나 지금도 큰일이나 비밀이 있을 때는 서로의 인간됨을 살펴보고 속내를 들춰낸다. 정말로 일급비밀은 함부로 누설하거나 전하는 것이 아니다.

장자방과 황석공의 만남은 이렇다.

중국전국시대에 한韓나라 재상가의 후손인 장량(자는 자방, 시호는 문성)이 조국을 멸망시킨 원수를 갚기 위해 진시황을 박랑사에서 저격하다가 실패한 후, 크게 노한 진시황의 수배령을 피해 하비현으로 숨어들었다.

그런 외중에서도 시간을 내 하비현에 있는 이교泥橋 : 진흙으로 만든 다리) 위를 산책하고 있었는데, 삼베옷을 입은 노인이 다가와 일부러 신을 다리 밑으로 떨어뜨리고는 장량을 돌아보고 "애야, 내려가서 내 신을 주워오너라."고 하였다.

장량은 화가 났지만 상대가 노인이었으므로 억지로 참고 다리 아래로 내려가서 신을 주워왔다. 노인은 신을 신으며 실수한 척하며 도로 다리 밑으로 떨어트렸다. 이렇게 하고, 노인이

"나에게 신겨라"고 하였다. 장량은 기왕에 노인을 위해서 신을 주워왔으므로 꿇어앉아 신을 신겨주었다.

노인은 발을 뻗은 채 신을 신기게 하고는 웃으면서 자리를 옮겼다. 얼마쯤 가던 노인이 넋을 잃고 바라보는 장량에게로 다가와서는 "너 이놈 참으로 가르칠 만하구나. 닷새 뒤 새벽에 여기서 다시 만나자꾸나." 하였다. 기이하게 여긴 장량이 꿇어앉아 "그러겠습니다."하고 대답하자 노인은 사라졌다.

닷새째 되는 날 장량이 그곳으로 가보니, 노인이 화를 내며 "늙은이와 약속을 하고서 늦게 나오다니, 어찌된 노릇이냐?"고 하며 되돌아가면서, "닷새 뒤에 좀 더 일찍 나오너라."고 하였다. 닷새째 되는 날 새벽닭이 울 때 장량이 다시 그곳에 도착하니, 벌써 나온 노인이 화를 내며 "또 늦게 오다니, 어찌된 거냐?" 하였다.

닷새 뒤에 밤이 반도 지나지 않아서 그곳으로 갔더니, 조금 뒤 노인이 나왔다. 노인이 "마땅히 이렇게 해야지"라고 기뻐하고는 책 한 권을 내놓으면서, "이 책을 읽으면 제왕의 스승이 될 수 있으며, 10년 후에는 그 뜻을 이룰 것이다. 그리고 13년 뒤에 제수濟水 북쪽에서 나를 만날 수 있을 것인데, 곡성산 아래의 누런 돌[황석黃石]이 바로 나이니라." 하고는 그곳을 떠났다.

이 책이 바로 황석공의 소서와 태공망의 병서이며 노인을 황석공이라고 한다. 장량은 이 책을 늘 익히고 송독誦讀한 끝에 그 묘리를 깨달았으며, 한고조를 지혜롭게 도와 천하를 통일하였다.

한고조를 도와 위급할 때마다 계책을 세워 공로를 세웠으므로, 한고조가 그를 보고 "군의 정세를 분석해 군영 안에서 계책을 세워 천리 밖의 승부를 결정짓는 데에 나는 자방子房만 못하다."고 할 정도로 높이 평가하였다.

13년 후에 장량이 한고조를 따라 제북濟北을 지나갔는데 과연 곡성산 아래에서 누런 돌을 보게 되었다. 장량이 신기하게 여겨 가지고 돌아와 보물처럼 받들며 제사까지 지냈다. 장량이 죽자 그 돌을 같이 안장하였는데, 그 후 성묘하는 날이나 복일伏日, 납일이 돌아오면 장량과 더불어 제사를 지내는 풍속이 생겼다. 장량, 소하, 한신을 한漢의 삼걸三傑이라고 일컫는다.

한고조 유방과 장자방

유방은 자신이 황제에 오른 자리에서 이렇게 말했다고 한다.

"나는 장량張良과 같은 책략을 쓸 수는 없다. 또 소하蕭何처럼 꼼꼼히 행정을 살피고, 군량의 보급할 수도 없다. 그렇다고 한신韓信처럼 무용과 전략이 뛰어나 싸움을 이길 수도 없다. 하지만 나는 이런 셋을 제대로 쓸 줄 안다. 반면 항우項羽는 자신의 휘하의 범증范增 한 사람도 제대로 기용하지 못했다. 그래서 나는 천하를 얻은 것이고, 항우는 얻을 수 없었던 것이다."

기문둔갑奇門遁甲 비급전서秘笈全書는 장자방張子房 제갈량諸葛亮선생 저著로서 유백온 선생劉伯溫 先生 집輯으로 〈대만台灣죽림서국발행竹林書局發行으로 되어 있는 책이 있다.

이 책의 내용들이 독자들에게 중요한 것이 아니라 제갈량이나 장자방 유백온 선생은 모두다 일급 개국공신開國功臣으로서 기문둔갑奇門遁甲에 능통하였고, 은둔의 처세인 병신육갑丙辛六甲을 잘한 사람들로 후세에 명망이 되기 때문에 그들의 처세를 살펴보고자 한 것이다.

6 제갈량 諸葛亮

제갈량(181년 음력 7월 23일 ~ 234년 음력 8월 28일)은 중국 삼국시대 촉한의 모신謀臣이다. 자는 공명孔明이며, 별호는 와룡臥龍 또는 복룡伏龍. 후한 말 군웅인 유비劉備를 도와 촉한蜀漢을 건국하는 제업을 이루었다. 형주 남부 4군을 발판으로 유비의 익천을 도왔다.

221년 유비가 제위에 오르자, 승상에 취임하였고, 유비 사후 유선劉禪을 보좌하여 촉한의 정치를 주장하였다. 227년부터 지속적인 북벌北罰을 일으켜 8년 동안 5번에 걸쳐 위魏나라의 옹·양주 지역을 공략하였다.

그러나 실질적인 큰 승리나 업적은 없었다. 234년 5차 북벌 중 오장원五丈原 진중에서 54세의 나이로 병사하였다. 중국 역사상 지략과 충의의 전략가로 많은 이들의 추앙을 받았다. 그가 북벌을 시작하면서 유선에게 올린 출사표出師表는 현재까지 전해 내려오며, 이를 보고 울지 않으면 충신이 아니라고 평하는 명문으로 꼽히고 있다. 〈위키백과〉

유비의 삼고초려三顧草廬

삼고三顧는 세 번 돌아본다는 뜻이다. 초려草廬는 초가집 움막을 뜻하는 것이다. 인재를 얻기 위해 노력함을 이르는 말이다.

유비가 제갈공명을 군사로 맞아들이기 위해 세 번 찾아간 데서 유래한다. 유비는 조조에게 쫓겨 형주의 유표에게 몸을 위탁하고 널리 인재를 구하고자 고심하고 있었다.

어느 날 서서가 찾아와 제갈공명에 대한 이야기를 전해 주었다. 그는 지금은 초막에 묻혀서 한가하게 밭이나 갈고 있는 형편이지만 가만히 누워있는 용이라 할 만합니다.

장군께서 한 번 만나보시면 어떻겠습니까?

그러자 유비는 그를 한 번 데리고 와 달라고 부탁했으나 서서는 대답을 달리 했다. 장군께서 방문하신다면 그를 만나볼 수는 있겠으나 불러들인다면 그는 결코 오지 않을 것입니다. 이렇게 해서 유비는 와룡촌으로 세 번씩 방문하여 가까스로 제갈공명을 만날 수 있었다.

나도 제갈량이 되겠다.

기문둔갑을 잘하면 제갈공명이나 장자방 유백온 이율곡 서화담 같은 분들과 같이 천문지리에 달통하고 인사人事에 밝은 줄 알고 열심히 배웠다.

기문을 배울 땐 주역의 서문과 건곤乾坤장과 계사繫辭전을 필히 외워야 했고, 그 외에 복서정종의 천금부千金賦와 하지

장하지장何知章을 외우고 육효六爻를 배워 점사를 잘 살필 줄 알아야 했다.

오행의 상생相生인 흙에서 금이 나오는 토생금土生金, 금에서 물이 나오는 금생수金生水 물에서 나무가 자라는 수생목水生木, 나무에서 불이 일어나는 목생화木生火 불이 꺼지면 흙이 되는 화생토火生土의 생함의 이치이다.

상극相剋인 흙이 물의 흐름을 막는 토극수土剋水, 물이 불을 끄는 수극화水剋火, 불이 쇠를 녹이는 화극금火剋金, 쇠가 나무를 베는 금극목金剋木. 나무가 흙을 파내는 목극토木剋土가 극剋의 이치이다.

배우다보면 생함 가운데 극함이 있고, 극함 가운데 생함이 있는 이치를 잘 알아야 그 묘용을 쓸 수가 있다. 여기서부터 어려운 것이다. 예를 들면 나무에서 불이 나오는 목생화木生火이지만, 나무가 너무 많고 불기운이 작으면 오히려 불이 꺼진다든가 또는 수가 불을 끄는 수극화水剋火이지만 물은 적고 불기운이 많으면 오히려 물이 증발해서 수극화水剋火가 아닌 화극수火剋水가 될 수 있다. 비록 물이 불을 끄는 수극화水剋火이지만, 물이 적당히 있고 화가 많으면 불기운을 더 세게 해주는 수생화水生火의 이치를 잘 알려면 정성과 마음의 집중이 필요하다.

『생부공합生扶拱合은 시우자묘時雨滋苗요 극해형충剋害刑沖은 추상살초秋霜殺草라는 말이 있다. 낳아주고 붙들어주고 합하는 것은 때에 맞는 비로 싹이 트는 것 같고, 이기고 해를

- 24 -

입히고 형벌하고 찌르는 것은 가을 서리가 풀을 죽이는 것과 같다.』

일단은 생하는 것은 좋은 것이고 극하는 것은 해로운 것이다. 그러나 극약처방이라는 것이 있듯이, 극함 가운데 생함의 이치가 있고, 생함 가운데 극함의 이치가 있듯이 이를 잘 알려면 많은 경험과 수련이 필요하다.

『동정음양動靜陰陽 반복천변反覆遷變

움직이고 고요하게 음양이 서로 반복되며 변화하지만.

수만상지분운雖萬象之紛紜, 수일리이융관須一理而融貫

비록 만 가지 형상의 조짐이 어지럽고 어지러이 뒤바뀌지만, 오직 한 가지 이치로서 융화하고 꿰뚫는 것이다.』

세상의 모든 이치가 따지고 보면 어지럽고 복잡하게 돌아가는 것 같지만, 모든 것은 변화한다는 사실과 생긴 것은 반드시 소멸한다는 사실이다. 천년만년 잘살겠다는 욕심이 과하여 마음씀씀이를 못하기 때문에 괴롭고 길흉하고 흉凶한 것이 생기는 것이다.

역易에서 말하길 『길흉회린자吉凶悔吝者는 생호동자야生乎動者也 길하고 흉하고 뉘우치고 욕심내고 꺼리는 것이 생기는 것은 움직이는 데서 있다.』

본래 길흉이 어디에 있겠는가? 내 돈 10원이라도 나가면 손해 봤다고 생각하고, 10원이라도 들어오면 이익 봤다고 하는 것인데. 출납의 많고 적음에 사람의 마음이 간사하게 움직여 더 큰 재앙을 불러들이는 것이다.

『천지지대덕왈생天地之大德曰生 하늘과 땅의 큰 덕은 생겨나고 살리는데 있는 것이다.』 그러므로 『신무불살神武不殺이라. 신비한 무기, 신神의 무기는 죽이지 않는다.』

천하의 지극한 신이란 적연부동寂然不動, 즉 지극히 고요하여 움직이지 않는 데 있는 것이다. 바로 우리의 마음씀씀이가 고요하면 적연부동이 되는 것이 아니겠는가?

7 생각이 바르면 관觀이 바르다.

철학을 배우다보면 한 가지만 배우는 것이 아니다. 천문 지리 인사를 배우려면 사주 관상 풍수지리도 배워야 한다. 배웠다고 다써먹는 것은 아니며 잘 맞는 것도 아니다. 묘용妙用이라는 말과 같이 묘하게 쓰기란 어렵다. 이 묘용이 불교를 배우고 나서 알았다.

부처님께서는 점치고 사주보고 관상보고 별자리를 보고 점치는 등의 일체를 하지 말라고 하셨다. 나는 불경을 보는 순간 뒤통수가 번쩍하여 그 자리에서 모든 철학적 운명학을 모두 버렸다. 젊어서 배운 것, 뇌리에 박힌 것을 버리기란 쉬운 일이 아니다.

마음을 잘 쓰는 것이 묘용이요. 정성이 묘용이다. 복을 짓는 것이 묘용이요. 덕을 쌓는 것이 묘용이다. 아무리 재주가 좋고 학식이 많아도 복이 없으면 못살고, 아무리 재물이 많아도

덕이 없으면 사람이 모이지 않는다.

　아무리 점괘가 좋아도 풀이를 못하면 헛일이요, 점괘가 나빠도 풀이를 잘하면 재앙을 피해 갈 수 있다. 그러므로 남의 운명을 평가하는 일은 큰 죄가 되는 것이다.

　40년 전의 일이다. 필자가 직접 경험한 일이다. 하루는 남산에 사는 어느 아주머니가 새벽에 찾아왔다. 고등학교 2학년생인 아들이 별안간에 배가 아파 데굴데굴 굴러 병원에 입원했다는 것이다. 수술을 해야 한다는 것이다.

　기문과 육효六爻를 보니 수술할 일이 아니라. 동토가 난 것이라 그렇게 어려운 일이 아니라 바로 처방을 알려주니 통증이 즉시 멈춰 그때 병원에서 아픔이 싹 가서 수술 않고 퇴원했다.

　창녕에 사는 중학교 2학년 학생이 4개월 전에 원인을 알 수 없이 통증이 심해 한쪽 다리를 땅에 디디지 못하고 목발을 하며 부모와 함께 찾아왔다. 다리를 쓰지 못한지 4개월 만에 아픈 다리는 꼬챙이 같이 바싹 말라있었다.

　누구든지 다리를 만지지 못하게 한다. 다리를 만지면 기절하듯이 통증을 호소하여 치료도 못하고 대학병원에서 절단하라고 했다. 그리고 죽은 체 하는 대신죽음 굿도 하고 절에서 천도도 여러 번 해서 집안이 거덜이 났단다.

　필자에게는 여러 명의 관법觀法하는 수련생이 있어 그 자리에서 관을 해보니 무릎에 영가[귀신] 가 들어 있는 것이다. 영가를 곧바로 떼어내니 통증이 거짓말 같이 사라져 그 동안 쓰지 못하던 다리를 1시간 동안 구부렸다 펴기를 반복하여 그 자리에서 108배를 시켰다. 그리고 계단이고 어린이 놀이터가 옆에 있어 뛰어다니게 했다.

전화를 받고 일가친척들이 믿으려하지 않고 찾아왔다. 이런 병 고치는 일이 종종 있었다. 그렇다고 그것이 깨달은 것은 아니다. 시절인연이 도래하고 정성이 깃들어 일념이 되었을 때 가능한 것이다. 지금은 깊은 삼매를 통하여 관법觀法을 제대로 잘하는 곳이 여러 곳에 있다. [02) 2646 - 1239]

8 복이 없으면 돈을 못 번다.

병을 잘 고치고 예언을 척척 맞춰도 돈이 모이지 않는다. 뒤늦게 안 사실이지만 복이 없어서 오는 사람마다 막차 타고 온 사람들이다.

어디 가서 자기의 운명을 함부로 묻지 마라. 코 낄 염려가 있다. 복이 많은 사람에게 양심이 바른 사람에게 물으면 해를 적게 입는다. 복이 적은 사람은 복이 적은 것만치만 본다.

아는 것이 많고 복이 적은 사람을 재승박덕才勝薄德이라 한다. 이게 골 때리는 것이다.

아는 것은 많은데 하는 일마다 일이 잘 풀리지 않으면 사회를 원망하고 부모를 원망하고 시절을 원망하고 남을 원망하게 된다. 자신의 복이 없는 것을 알아차리지 못할 때. 병신칠갑病神漆甲을 하게 되는데, 이때 병신육갑丙辛六甲을 하면 편안하다.

병신육갑丙辛六甲하기란 쉬운 일이 아니다. 지식과 지혜는 다르다. 지혜로운 자는 병신육갑丙辛六甲을 하여 항상 자신을 살피고 은둔의 생활로 시기時期를 잘 아는 것이다.

그러나 지식이 많은 자는 절대로 자신의 박복薄福함을 생각지 않는다. 사주팔자 탓이나 운명 탓을 한다. 지혜로운 자는 사주팔자나 운명을 탓하지 않는다. 묵묵히 오직 지성으로 일할 뿐이다.

복이 많은 사람이 점사를 보면, 맞힐 때는 돈 많고 귀한 사람 것은 잘 맞히고, 틀릴 때는 돈 없는 사람 것이 틀린다. 반대로 복이 적으면 사람이 점사를 보면 가난한 사람 것은 족집게 같이 맞히고, 돈 많고 귀한 사람의 것은 귀신에 홀린 듯이 틀린다. 그러니 누가 돈을 주겠는가?

병을 고칠 때도 가난한 사람 병은 잘 고치는데. 돈 많은 사람 병은 이상하게 더디 낫던지 잘 낫지를 않는 경우가 있다. 그러니 누가 돈을 주겠는가? 가난한 사람은 돈이 없어 못 주고 돈 많은 사람은 효험이 없으니 안 준다. 복이 없으면 막차 탄 사람들만 온다.

요사이 의사나 변호사 등 고급인력이 신용불량자가 많다고 한다. 이들이 학식이나 재주가 없어서 그럴까? 아니다. 복이 없어서 복이 모자라서 그런 것이다.

그래서 자기 자신의 복을 잘 알아야 한다. 남의 운명을 함부로 감정하는 것은 복 까먹는 일이며, 죄를 짓는 것이다. 대개 운명철학을 하는 사람이나 남의 묘 자리를 본다고 풍수를 하는 사람들은 아는 것에 비하여 삶이 넉넉하지 못하고 말로末路가 별로 편한 사람을 못 봤다.

필자도 젊어서 그런 일로 복을 많이 까먹어 노력하는 것만치 효과를 거두지 못하고, 겨우 의식衣食근족僅足하게 산다. 명성은 있으되 실속이 없는 것이 박복의 증상이다.

진경백리震驚百里 유성무형有聲無形 뇌성이 백리까지 울려 놀라게 하지만 소리는 있으되 형체가 없다는 뜻으로 실속이 없다는 것이다. 공부하는데 많은 장애가 생기는 것이다. 영계를 확실하게 보기 전에는 글자에 매달려 사주팔자와 점사를 논하거나 천도제사를 함부로 해서는 안 된다.

하늘이 대답한다.

기문둔갑奇門遁甲, 병신육갑丙辛六甲에 응應이라는 것이 있다. 동응動應과 정응靜應이 있다. 응應이란 대답한다는 것이다. 바로 하늘이 대답하는 것이 천응天應이다. 동응動應은 내가 움직여 사물이나 인물을 마주치는 것이며, 정응靜應이란 가만히 있는데 사물이나 인물이 찾아오는 것이다.

이 응應이 나타나려면 바로 구둔九遁이라는 최상의 길격吉格이 이루어져야 한다. 구둔九遁에는 천둔天遁 지둔地遁 인둔人遁 신둔神遁 귀둔鬼遁 풍둔風遁 운둔雲遁 용둔龍遁 호둔虎遁이 있다.

송을산 선생님에게 기문奇門을 배웠을 때, 풍수지리도 약간은 배웠다. 풍수래야 집짓는 양택陽宅보다는 묘지를 잡는 음택陰宅을 보는데 우선하였다. 그때는 멋모르고 배웠지만 묘를 보는 음택은 절대 배우지 말아야 한다.

명당 중에 가장 좋은 명당은 화장火葬하는 〈불꽃속의 명당〉이 가장 좋은 것이다. 〈불꽃속의 명당〉은 필자의 저술 책이다. 화장은 무해유익無害有益하고, 매장은 잘 써봐야 유해무익有害無益이다.

묘지를 쓰는데 하관下棺 시간이라는 것이 있다. 시체를 땅에 묻는 시간이다. 이때 하관시간을 잡을 때 응應이라는 것을 본다. 기문에만 있는 것이다. 예를 들면 오시午時에 하관한다면 정확한 오시午時가 언제인지 모른다.

낮12∼2시를 오시午時라 하는데 2시간 간격의 긴 시간이 언제가 정확한 오시인지 알 수가 없다. 낮 12시를 기준으로 오전과 오후로 나누고, 밤 12시를 기준으로 어제와 오늘이 갈리기 때문에 밤 12시를 넘어 자시子時로 보아야 하고, 낮 12시를 넘어 오후로 보기 때문에, 오시午時는 오전 11시부터 오후 1시까지가 아니고. 12∼2시까지 본다.

이 하관下棺 시간에 일어날 일을 며칠 전에 미리 예측하는 것이다. 깊은 산속인데, 예를 들면, "다리 다친 여인이 아이를 업고 오리라"하면 그 시간에 하관한다.

"붉은 치마를 입은 여인이 바구니를 이고 가리라."등의 이야기를 미리 알려주고 그때를 기다리면 그 시간에 정말 그런 일이 일어난다.

오시午時면 12 ~2시 사이이니 1시가 넘으면 상주喪主나 선생님은 마음이 초조해진다. 1시 10~20분쯤에 묘지 근처로 정말 이런 사람이 지나간다. 이때를 기해 하관을 한다. 이것이 정응靜應이다. 이쯤 되면 상주喪主는 송선생님께 껌뻑한다.

동응動應이란 내가 움직일 때 일어나는 일이다.
나보다 5살 정도 많은 천안에서 경희대 한의학과를 졸업하여 한의원을 하는 이李 씨라는 분이 있었다. 이분은 나와 같이 송선생님께 기문을 배웠다. 그때 군대를 가기 싫어 별 수단을 다 쓰던 때였다.
선생님이 아무 날 아무 시에 부산행 기차를 타면 열차 안에서 군인 장교를 만날 것이다. 그 사람과 잘 사귀면 군대를 면제 받을 것이라고 하였다. 정말로 장교를 만나 교섭해서 군면제를 받게 되었다. 이것이 동응動應이다.
모든 법은 인연에 의하여 만나고 인연에 의하여 헤어지기 때문에 자연의 이치와 인연의 이치를 잘 알며 복 짓는 일을 알며 실천하면 인간사 살아가는데 큰 어려움이 없을 것이다. 공부도 사업도 운동도 시합도 시험도 복이 있으면 성공하고 복이 없으면 어렵다. 인과법因果法이다
복福 짓는 일은 살생하지 말고, 남의 것을 훔치지 말고, 바람피우지 말고, 거짓말 하지 말고, 술 마시지 않는 것이다. 이것이 불교의 5계戒이다.

9 인간의 꾀와 귀신의 꾀

주역周易 계사繫辭편에 인모귀모人謀鬼謀에 백성여능百姓與能이라는 말이 있다. 인모人謀는 사람의 꾀요, 귀모鬼謀는 귀신의 꾀이다. 모謀란 계략, 술책, 헤아리다, 의논하다. 권모술수 등의 뜻이 있다.

인간의 꾀란 권모술수나 계략에 가깝고, 귀신의 꾀란 순간적 기지나 재치 지혜인 것이다. 백성여능百姓與能이란 무엇인가. 백성이 능히 따른다는 것이다.

야사野史이긴 하지만, 한 예를 들겠다.

이성계의 조선 건국은 그렇게 쉽게만 이루어진 것은 아니다. 충성파도 있었지만 반대파도 많이 있다. 반대파는 과거에도 응시하지 않았고, 아예 은둔한 동네가 있어 두문동이라 한다. 72명의 가족들이 집단 피신한 것이다. 백과사전에 의하면.

「두문동杜門洞은 조선 시대 성거산 서쪽에 고려가 멸망하자 과거 고려의 신하 72명이 살던 곳이다. 두문불출한다하여 두문동이라고 불리었다. 간의대부 차원부가 죽은 후 대부분 고향으로 돌아갔으나 성사제 등의 13명은 회유에 굴복하지 않고 가시덤불을 쌓고 불을 질러 죽었다. 이들 중 맹호성, 조의생, 임선미를 두문삼절杜門三絶이라 부른다.」

도읍을 개성[개경]에서 서울[한양]으로 옮겨야 되겠는데, 이성계의 개국開國을 반역으로 본 백성들이 따라주질 않는다.

이성계의 일행인 정도전 일파 등은 꾀를 내었다. 바로 귀신의 꾀인 귀모鬼謀이다. 옛날이나 지금이나 어려운 일에는 귀신을 팔아먹는 것이 제일 쉬운 일이다.

이성계 일행은 개성에서도 멀고 한양[서울]에서도 먼 계룡산으로 갔다. 거기서 작전은 시작된다. 도읍을 옮긴다고 토목공사를 하는 것이다.

그냥 시간을 보내야 했다. 세월을 낚아야 되고 인심을 낚아야 되기 때문이다. 한 100일정도 공사를 했을 때, 지척을 분간하기 어려운 캄캄한 한밤중에 피곤에 지쳐 깊이 잠들어 있는 인부들의 귀전에 날벼락 같은 소리가 산꼭대기에서 들리는 것이다.

"성계야! 성계야! 나는 계룡산 산신령이다. 너의 도읍은 한양이니라, 계룡산은 정도령의 도읍지니라."

[정도령은 정감록鄭鑑錄에 나오는 인물로 조선이 망하면 계룡산에 새로운 나라를 세울 사람이라 하였다.]

너무도 생생하고 우렁찬 목소리는 분명 산신령의 목소리로 듣기에 충분 했다. 기겁을 한 인부들은 오금이 저려 소변이 마려워도 밤에 소변도 못 볼 정도이다. 이 소리는 공사가 끝날 때까지 밤마다 계속 이어졌다.

이 소문은 삽시간에 입으로 해서 발 없는 말이 천리를 간다고 전국으로 퍼져나갔고, 조선은 계룡산 산신령이 인정하는 이성계의 나라이다. 이렇게 해서 한양 도읍 천도는 쉽게 이뤄진다.

한양도읍은 그 후로 일사천리로 이뤄졌다. 이 계룡산 산신령이 인정하는데, 산신령은 과연 누구이겠는가? 바로 노역을 감시하는 이성계의 최측근인 장군들이 한밤중에 산에 올라가 쇼를 부린 것이다. 아무리 담이 큰 사람이라 할지라도 그 어둡고 무서운 밤에 소리의 진원震源을 파악하러 갈 사람이 어디에 있겠는가? 만약에 갔다면 가다가는 맞아 죽었을 것이다.

이것이 귀신의 꾀인 귀모鬼謀이다.

지금의 귀신을 팔아먹는다는 이야기는 종교의 힘으로 정권을 유지하는 정교政敎유착이다. 고려는 불교, 이조는 유교, 현재의 정치인과 정권은 천주교 기독교와 밀접한 관계에 있다. 다수의 힘에 의한 표를 의식해서이다. 헌법은 정교분리의 원칙을 명백히 밝히고 있다. 국가가 종교의 중립성을 유지하여 정치권력과 종교를 함께 연관시키지 않는 것이 정교분리이다.

중세에 천주교에서 정교유착은 중세의 암흑시대를 가져왔다. 천국행 티켓을 팔아먹고, 그 여파로 문예부흥[르네상스]이 일어났다.

문예부흥이란 엄밀히 말하면 종교 버리기 운동, 즉 천주교 버리기 운동이다. 이에 천주교의 새로운 종교개혁이 일러난다. 종교개혁은 또 다른 악을 잉태하여 더 큰 악을 저지르고 있다.

종교는 개혁이 되면 될수록 본질과 더 멀어져 더 나쁜 악습이 교활하게 보충되는 것이다. 종교는 개혁되면 좋은 것 같으나, 이미 개혁되면 천주교도 아니요 기독교도 아니며, 불교가 개혁되었다면 불교가 아니다. 개혁되면, 별의별 궤변이 나온다.

불교가 개혁이 되었다면 이미 부처님 가르침이 아니다. 예

를 들어 〈살생하지 말라〉라를 자기들 입에 맞게 〈때에 따라
서는 살생해도 된다.〉고 했을 때 이미 불교가 아니다. 종교에
서 잘못된 것은 개혁이 아니라 그냥 버려야 한다.

　보이지 않는 신이나 귀신을 팔아먹기가 제일 쉬운 것이니
까. 귀모鬼謀는 고도의 정치술수이며 백성을 기만하는 새로운
종교행위로 발전할 수 있다. 이것을 모르고 지금도 계룡산의
신도안에는 종교취락. 신흥, 유사종교 단체가 산재해있다

　필자가 생각하는 풍수는 옛날이나 지금의 풍수 원칙의 〈첫
째가 왕래가 편한 교통이며 둘째가 경관이다.〉 그런데 계룡산
은 국가의 중심지역도 아니고 물이 넉넉한 강江이 있는 것도
아니다. 그렇다고 산이 빼어나게 아름답거나 웅장한 것도 아
니다. 정치 쇼에 넘어가 지금도 헤매고 있는 사람들이 많다.

　현대의 귀모鬼謀란, 모든 불행한 사고는 조물주의 뜻에 맡
기고, 좋은 일은 자기들의 공으로 돌리면 된다. 귀신장사를 하
면 말로가 좋지 않다. 모두 지옥감이다.

10 　끝없는 욕망이 병신신육갑病身神肉鉀

　모든 생명들에게는 근본 욕구인 삼욕三慾이 있다. 첫째가
생존본능인 식욕食慾이고, 둘째가 종종種種번식 종족種族번식
인 성욕性慾이고, 셋째가 휴식과 안정 휴면休眠인 수면욕睡眠
慾이다.

　인간에게는 2개의 욕망慾望이 더 있어 오욕五慾이라는 것이

있다. 명예욕名譽慾과 재욕財慾이다. 명예욕과 재욕도 따지고 보면 식욕 성욕 수면욕을 쉽게 채우기 위한 몸부림의 방법이라고 보면 된다.

이 몸부림에서 몸도 마음도 병들고 철갑으로 갑옷을 두루는 병신신육갑病身神肉鉀이 시작된다. 명예욕이나 재욕은 적당히 지킬 줄 알면 발전적이나, 지나치면 신경성으로, 몸으로는 모든 병의 근원이 되고, 정신적으로는 스트레스 신경질 등 온갖 성질이 속으로 깊이 배어, 마음이 병드니 몸도 병들어 기본욕구인 식욕도 없어지고, 식욕이 없어지니 성욕도 없어지고, 스트레스로 인한 불면증으로 수면부족으로 수면욕이 사라져 죽음을 초래하는 것이다.

인간의 진정한 행복이란 무엇인가. 행복이란 길흠한 것이다. 흉凶한 것이 없는 길흠함이 행복이다. 그 길흠이란 무엇인가, 길한 것은 아름다운 것이며, 좋은 것이며, 복이 있는 것이다.

황석공 소서素書에 나오는 말이다.

길막길어지족吉莫吉於知足 : 길하기로는 만족함을 아는 것보다 더 길한 것이 없다.

불경佛經에 지족상족知足常足 : 만족할 줄 알면 언제나 만족하다는 말이 있다.

인간이 사는데 행복해지는 기본적인 것이 오복五福이다. 오복이란. 첫째, 죽기를 싫어하고 오래 살기를 원하는 목숨 수壽이다. 둘째, 넉넉하게 잘 먹고 재산을 모을 수 있는 부富이다. 셋째, 건강하게 지내는 강녕康寧이다. 넷째, 덕을 좋아하여 남에게 인정받고 존경받고 싶어 하는 유호덕攸好德이다. 다섯째, 모든 생명은 언젠가는 반드시 죽는다. 이 죽음이 객사客死나 비명횡시非命橫死같은 흉한 죽음이 아니라, 제명에 편안하게 임종을 맞이하는 죽음을 고종명考終命이라 한다.

이 오복도 결국은 오욕의 근원적 바탕에서 나온 것이지만, 오욕을 잘 다스리면 오복과 연결이 된다.

모든 생명은 태어나면서부터 고통과 괴로움을 수반한다. 태어남이 괴로움이요, 늙음이 괴로움이요, 병듦이 괴로움이요, 죽음이 괴로움이다. 부처님이 말씀하신 네 가지 성스러운 진리인 사성제四聖諦이다.

그러나 인간이 살아가며 상대적으로 느끼는 괴로움을 사람들은 더 싫어한다. 구하고자 하나 구하지 못하는 것을 괴로워한다.

그래서 황석공黃石公소서素書에,

"고막고어다원苦莫苦於多願 : 괴롭기로는 많이 원하는 것보다 더한 괴로움이 없다."라고 한 것이다.

바라는 것이 많으면 많을수록 구하는 것이 많으면 많을수록 이보다 더 괴로운 것은 없다. 천당을 구하고 지옥을 피하려는, 이런 못난 행위는 정말 병신칠갑病神漆甲하는 것이다.

천당과 지옥은 본래부터 있는 것이 아니라, 그 행위와 그 취미에 따라 생기는 것이다. 천당 가는 것도 취미요, 지옥 가는 것도 취미이다. 천당 · 아수라 · 인간 · 축생 · 아귀 · 지옥을 취미로 가기 때문에 육취六趣라 한다.

구치소나 형무소를 지옥으로 비유한다면, 죄 없이는 형무소에 들어가고 싶어도 못 들어간다. 그런데 한번 들어가기 시작하면 취미가 붙어 마약 중독자 같이 자주 드나들게 된다. 죄가 있으면 들어가기 싫어도 반드시 들어가게 되어 있다. 천당이나 극락도 마찬가지이다.

낙막낙어호선樂莫樂於好善 : 즐겁기로는 선善을 좋아하는 것보다 더한 즐거움이 없다.

복재적선福在積善 : 복은 선을 쌓는 데서 생기고

화재적악禍在積惡 : 재앙은 악을 쌓는 데서 생긴다.

적선積善이란 선을 쌓는다는 말인데 선을 쌓는 것이 무엇인가. 베푸는 행위가 선이다. 인색하지 않고 베푸는 만큼, 복이 쌓이는 것이다. 무엇을 베푸는가? 목숨을 살리고, 먹거리를 나누고, 진실 된 말 등이 베푸는 것이며, 적악積惡은 악행을 쌓는다는 것인데, 악행이란 남의 것을 빼앗는 것보다 더한 악행은 없다. 남의 목숨을 빼앗는 것, 재물을 빼앗고 손해 입히는 것. 남의 여자를 능욕하는 것. 거짓말 등이 악행이다. 이런 악행은 반드시 재앙이 따르고 반드시 지옥에 가게 되는 것이다.

"병신病神 꼴갑骨甲 떨고 있네"

요즘 모든 분야, 심지어 어린이들 숙제까지 컴퓨터가 처리하고, 근래에는 결혼 중매까지 컴퓨터가 대행하는 세상이 되었다. 한 노총각이 중매 사이트에 접속, 다음과 같은 배우자 조건을 입력시켰다.

첫째 : 키가 커야하고,　　둘째 : 몸이 날씬해야 하며,

셋째 : 숫처녀야 하고,　　넷째 : 미인이어야 하며,

다섯째 : 가문이 좋아야 하고,

여섯째 : 학벌도 좋아야 하며,

일곱째 : 나이가 젊어야 하고,

끝으로 : 재산도 많아야 한다.

잠시후

컴퓨터에서 다음과 같은 설문을 띄워왔고, 해당란의 각 문항에 솔직히 답하라 했다.

첫째 : 당신은 키가 큽니까?　　둘째 : 체격이 우람합니까?

셋째 : 숫총각 입니까?　　넷째 : 미남입니까?

다섯째 : 가문이 훌륭합니까?

여섯째 : 학벌이 좋습니까?

일곱째 : 나이가 젊습니까?

끝으로 : 재산이 풍부합니까?

노총각인 이 사내는 한참 고민하다가 아무리 컴퓨터이지만 진실은 통할 것이라는 생각으로 모든 난에 '아니오.'라는 글을 입력했다.

그러자 '잠시만 기다리라' 는 말이 컴퓨터에 뜨더니, 조금 기다리자. 다음과 같은 회신이 올라오는 것이었다.

"정말 꼴갑冑甲하십니다!"

백과사전에 까지 나오는 불륜6걸 엔하위키 미러

┌─────────────────────┐
│ 불륜 6걸 검색바람 │
└─────────────────────┘

세상에서 가장 무서운 것이 무엇인가?

무서움의 대상은 성별이나 나이 지역에 따라 다를 수 있으나 근본은 죽음이다. 당신은 무엇이 가장 무섭습니까? 라고 묻는 다면 선뜻 대답을 못할 것이다. 사실은 모르는 것에 대한 두려움과 공포, 경험하지 않은 것에 대한 두려움과 공포일 것이다.

경험해보지 못한 죽음은 경험해보지 못했기 때문에, 죽음으로 인한 이 세상과 완전한 이별은 사랑하는 친족親族간의 이별이기 때문에 두려운 것이다.

모든 생명은 내면의 깊이에 경험해 보지 못한 죽음에 대한 두려움과 공포가 가장 무서운 것이다. 죽음을 경험해 본 사람은 단 한사람도 없다. 죽으면 다시 살아날 수 없어 죽음의 체험이나 경험은 할 수가 없는 것이다.

경험하거나 체험했다면 가사假死상태인 가짜 죽음이지, 정말로 진짜 죽었다면 다시 살아날 수 없다. 예수라면 모르겠으나? 하하 !

인간들은 이 체험 해보지 못한 경험을 두려워하고 무서워하는 것이다. 바보나 천치일수록 또는 동물근성이 강하게 있는 사람일수록 죽음을 더욱 무서워한다.

죽으면 끝이라고 하는 단멸론斷滅論 자들도 죽으면 모든 것이 끝인데 죽지 못한다. 죽음에는 고통과 아픔이 뒤따르니, 극도의 아픔은 곧 죽음과 연결되는 것이다.

이 경험해보지 못한 것을 왜 두려워할까? 사실은 불교적 입장에서 보면 우리는 윤회를 통하여 무수히 많은 죽음을 경험해 왔기 때문에 죽음을 겁내고 두려워하는 것이다. 지옥도 경험해 봤고, 천당도 경험해 봤기 때문에 천당을 좋아하고 지옥을 싫어하는 것이다.

경험해보지 못한 것을 두려워 한다는 것은 '바로 무지無知와 무지無智이다. 이 무지無知와 무지無智가 두려운 것이다. 무지란 알지 못하는 어리석음이다. 어리석음을 치癡라고 한다. 탐내고, 성내고, 어리석음을 마음의 세가지 독소라 하여 삼독三毒이라 한다.

욕망과 탐욕의 무지, 성냄과 질투 싸움의 무지, 오지 않은 미래의 것에 대한 괜한 걱정으로 지옥을 만드는 어리석음의 무지, 이 중에서 어리석음에 대한 것이 가장 두렵고 무서운 것이다.

죽음도 경험해 보지 못했는데, 죽음을 두려워하고, 죽어서 경험해 보지 못한 지옥을 두려워한다. 특히 기독교인들은 가보지 못한 지옥을 엄청 두려워하고. 가보지 못한 천당을 엄청 동경한다.

기독교의 논리라면, 죽어서 반드시 지옥이나 천당 둘 중에 하나만을 가야한다. 잘 믿으면 천당, 못 믿으면 지옥, 양단간에 선택의 여지는 없다. 하느님의 선택에 의하여 가야하는 것이다. 그것도 아주 영원히! 지옥은 두려움의 대상이요, 천당은 즐거움의 대상일 것이다.

불교적 입장에서 보면, 지금은 기독교인이라 할지라도 과거 전생에는 무수히 많은 삶을 통하여 지옥과 천당을 오고가는 경험을 했을 것이기 때문에 지옥을 싫어하고 천당을 좋아하는 것이라 믿는다.

불교에 천당은 삼계三界를 통하여 욕계欲界천상[천당] 6개와 색계色界천상[천당] 18개와 무색계無色界천상[천당] 4개가 있어, 최소한 선행善行을 한 사람은 욕계천상에 갔다 오는 경험을 했을 것이며, 악행을 한 사람은 18개나 되는 지옥을 갔다 오는 경험을 수만 겁劫을 통하여 해보았을 것이기 때문에 지옥을 두려워하는 것이다.

우리는 경험해보지 못한 것에 대한 지식이나 지혜는 없는 것이다. 불경일사不經一事면 부장일지不長一智라 한다. "한 가지 일에 경험이 없으면 하나의 지혜가 늘지 않는다." 는 것이다. 지혜란 경험에서 생긴다.

기독교적 입장에서는 지옥이나 천당을 경험해 볼 수 없는 것이다. 지옥에서 다시 인간계에 온다거나, 천당에서 다시 인간계에 온다는 것은 기독교 교리에 있을 수 없기 때문이다. 이 지옥이나 천당에 한번가면 거기서 영원히 산다는 것이 천주교 기독교의 근본교리이다.

천당에 가서 천당에서 영원히 사니, 내성耐性이 생겨 천당인줄 모르고 살 것이고, 지옥에서도 영원히 빠져 나오지 못하니 거기에 사는 내성耐性과 습성이 생겨 괴로움 자체를 괴로우려니 그러려니 그렇거니 하고 괴로움이 일상이니, 괴로움이 괴로움인 줄 모르고 살 것이니 천당도 천당이 아니요, 지옥도 지옥이 아닐 것이다.

이 모두가 어리석은 인간들이 이치에도 맞지 않는 엉터리로 혹세무민하는데, 정말로 이 사람들이 병신칠갑病神漆甲하여 지옥에서 벗어날 기약이 없는 것이다.

여기서 칠갑漆甲이란 마음인 정신이 고착固着되어, 옷 칠과 같이 캄캄하여 도저히 구제할 수 없는 구제불능을 의미하는 것으로 맹신猛信 맹신盲信 광신狂信자들에 해당된다.

그러니 한번 교회에 물들면, 양단간에 선택의 여지가 없기 때문에 천당이라는 낚시에 코 끼어 빠져 나오지 못하는 것이다. 사실은 코 끼는 날부터 생지옥이 가슴을 압박하고 있는 것이다.

기독교에서 빠져 나오려면 보지도 못한 지옥의 공포를 엄청 나게 느껴야 한다. 온갖 엄포로 믿지 않으면 지옥에 간다고 협박 공갈로 매일 찾아와 괴롭히는 일이 다반사이다.

〈이 사람만이 이런 것이 아니라. 기독교인 누구나 99%는 이 사람같이 하고 싶은데, 체면상 못하는 것뿐이다. 이 사람은 기독교인으로 용기 있는 사람이다. 십자가를 걸머졌으니 얼마

나 피곤하고 고단하겠는가?!〉 한번 꿰이면 절대 못 빠져나갑
니다. 알아서들 하세요.

　하다하다 안되니, 이제 개도 나섰네요. 인간 여러분! 저 개
도 전도하러 나왔슈! 나오기 싫었는디, 주인이 인간은 이제 전
도가 안 되니 개인 제가 나서야 한답니다. 저 좀 개답게 살게
해 주세요! 개답게...

〈출처, http://cafe.daum.net/AdConversion/5Msu/616〉

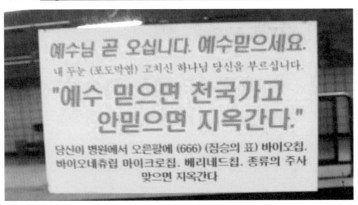

　☀ 예수가 죽었을 때부터 줄곧 예수가 곧 온다고 외쳐댄 것이
2000년이 지났다. 얼마나 많은 사람들이 현혹되고 지금도 현혹되어
패가망신 가산탕진한 사람이 얼마나 많은가?

12 천당의 종류

　기독교인에게 여러 종류의 천당이 있다고 한다면 미친 소리라고 일언지하一言之下에 일축할 것이다. 기독교의 천당은 오직 하나이고, 지옥도 하나이고, 인간이 살 수 있다는 지구도 하나이기 때문이다.

　의식意識의 세계, 정신세계, 영혼의 세계, 등의 여러 가지 마음의 작용에서 일어나는 세계는 아주 미묘微妙하고 미세한 부분이기 때문에, 조그마한 분상粉狀에도 엄청난 차이가 있다.

　그래서 호리유차毫釐有差면 천지현격天地懸隔이라 했다. 미세한 털끝만치 차이가 있어도 나중에는 하늘과 땅 사이로 벌어진다는 뜻이다. 1mm 오차가 나면 나중에는 하늘과 땅 사이로 벌어지는 것이다.

　구체적이고 세밀해도 틀리기 쉬워 결국엔 하늘과 땅 사이로 벌어지는데, 엉성하고 엉터리면 영원히 멀어지는 것이다. 기독교의 천당과 지옥은 구체적이지 못하고 너무 엉성하여 그저 믿으면 천당, 믿지 않으면 지옥이라고 하는 엉성하고 거친 이야기로 되어 있다.

　그러나 불교는 너무 사실적으로 구체적이다.

　천지를 창조했다며 지구가 도는지도 모르고, 우주가 어느 정도 넓은지도 모르며, 식물植物인 나무나 풀들은 3째날 창조하고, 태양과 달과 별들은 4째날 창조했다는 멍청이 같은 소리를 믿고, 믿지 않으면 부모형제를 가차 없이 죽이라고 하는 악랄하고 사악한 여호와 신神을 하느님이라고 믿고 있는 천주교 기독교인을 보면 내 눈에는 마치 멍청한 유치원생 정도로 뿐이 안 보인다.

눈뜬 사람들은 똑같은 생각을 가진 사람들일지도 모른다. 그래서 일까? 기독교인을 개나 믿는 개독이라고 한다. 개독이라는 낱말은 백과사전에도 나온다.

우주에는 무수히 많은 은하들이 있고, 무수히 많은 은하들 속에는 무수히 많은 태양이 있고, 무수히 많은 지구와 같은 혹성들이 있다.

이 우주에는 무수히 많은 은하들이 중중히 겹치고 무궁무진하여 중중무진重重無盡이라 하고, 빈틈없이 가득 차서 서로가 인연과 조건으로 둥글게 융합하여 찰찰원융刹刹圓融이라 하고, 초끈의 원리로 모두가 연결되어 우주라는 큰 바다가 그물같이 연결되어 제망찰해帝網刹海라 한다.

이 우주를 불교에서는 삼천대천세계三千大天世界라고 한다. 소천세계小千世界는 태양계가 천千개 모인 것. 중천세계中千世界는 소천세계가 천개 모인 것, 삼천대천세계는 중천세계가 천개 모인 것이다.

아래의 글은 전재성 박사가 번역한 부처님 원음原音인 빠알리 대장경인 「니까야」에서 그대로 옮긴 것이다.

불교가 발생하기 이전부터 인도印度에는 많은 신神들과 하느님[브라흐마]을 많은 수행자들이 깊은 명상과 삼매三昧 등을 통하여 직접체험하고 확인된 신들이며 하느님들이다.

불교의 세계관은 일반적으로 알려진 것처럼 단순히 신화적인 비합리성에 근거하는 것이 아니라, 인간의 정신세계인 명상 참선 수행의 경험에 따른 순서에 따라 대응하는 방식으로 합리적으로 조직되어 있다.

물론 고대 인도의 세계관을 반영하고 있는 것은 사실이지만 부처님이 직접 경험한 우주의 정신세계를 다루고 있는 것이다.

여기서 세계의 존재[유有: bhavo]라고 하는 것은 엄밀히 말하면 육도윤회 하는 무상한 존재를 의미하며, 감각적 쾌락에 대한 욕망의 세계[욕계:欲界], 미세한 물질의 세계[색계:色界], 비물질의 세계[무색계:無色界]라는 세 가지 세계의 존재가 언급되고 있다.

감각적 쾌락에 대한 욕망의 세계, 즉 감각적 욕망계의 존재[욕유欲有:kāmabhava]는 지옥, 아귀, 축생, 수라, 인간과 하늘에 사는 거친 육체를 지닌 존재들을 의미한다.

미세한 물질의 세계, 즉 색계에 사는 존재[색유色有: rūpabhava]는 하느님의 세계의 하느님의 권속인 신들의 하늘[범중천:梵衆天]에서 궁극적인 미세한 물질로 이루어진 신들의 하늘[색구경천:色究竟天, 유정천:有頂天]에 이르기까지 첫 번째 선정(禪定)에서 네 번째 선정에 이르기까지 삼매의 깊이에 따른 조건으로 화생(化生)되는 세계를 말한다.

따라서 이들 세계는 첫 번째 선정의 하느님의 세계의 신들[초선천:初禪天]에서부터 청정한 삶을 사는 하늘나라의 신들

[Suddhavasakayika devā : 정거천;淨居天]은 무번천無煩天, 무열천無熱天, 선현천善現天, 선견천善見天, 색구경천色究竟天까지의 이름으로도 불린다. 초선천부터 하느님의 세계에 소속된다.

가장 높은 단계의 세계인 비물질의 세계, 즉 무색계에 사는 존재[무색유:無色有 : arupabhava]에는 '무한공간의 하느님의 세계의 신들[공무변처천:空無邊處天], 무한의식의 하느님의 세계의 신들[식무변처천;識無邊處天], 아무것도 소유함이 없는 하느님의 세계의 신들[무소유처천:無所有處天], 지각하는 것도 아니고 지각하지 않는 것도 아닌 하느님의 세계의 신들[비상비비상처천(非想非非想處天]이 있다.

'무한공간의 세계에서 지각하는 것도 아니고 지각하지 않는 것도 아닌 세계에 이르기까지는 첫 번째 비물질계의 선정에서 네 번째의 비물질계의 선정에 이르기까지 명상삼매의 깊이를 조건으로 화현(化現)하는 비물질의 세계이다.

이들 하늘나라[천상계:天上界]나 하느님의 세계(범천계:梵天界)에 사는 존재들은 화생化生, 인간은 태생胎生, 축생은 태생胎生 난생卵生 습생濕生 화생化生의 발생 방식을 택하고 있다. 그것들의 형성 조건은 윤리적이고 명상적인 경지를 얼마만큼 성취했는지에 따라 달라진다.

하늘나라의 감각적 쾌락에 대한 욕망의 세계에 태어나려면 믿음과 보시와 지계持戒와 같은 윤리적인 덕목을 지켜야 한다. 인간으로 태어나기 위해서는 오계五戒에 대한 인식이 있어야한다. 그리고 아수라는 분노에 의해서, 축생은 어리석음과 탐욕에 의해서, 아귀는 인색함과 집착에 의해서, 지옥은 잔인함과 살상殺傷을 저지르는 것에 의해서 태어난다.

미세한 물질의 세계에 속해 있는 존재들은 첫 번째 선정禪定에서부터 네 번째 선정[사선:四禪]에 이르기까지 명상의 깊이에 따라 차별적으로 하느님의 세계에 태어나며 하느님도 된다. 미세한 물질의 세계의 최상층에 태어나는 존재들은 돌아오지 않는[불환과不還果] 과위의 경지를 조건으로 한다.

물질이 소멸한 비물질적 세계의 존재들은 '무한공간의 세계'에서 '지각하는 것도 아니고 지각하지 않는 것도 아닌 세계'에 이르기까지 비물질적 세계의 선정의 깊이에 따라 차별적으로 각각의 세계에 태어난다.

불교에서는 여섯 갈래의 길(육도:六道)은 천상·인간·아수라·축생·아귀·지옥을 말하는데, 이때 하늘나라[천상계天上界]는 감각적 쾌락의 욕망이 있는 하늘나라[욕계천欲界天]와 하느님의 세계[범천계:梵天界]로 나뉘며, 하느님의 세계는 다시 미세한 물질의 세계와 비물질의 세계로 나뉜다.

그리고 부처님이나 아라한은 이러한 육도윤회의 세계는 물론 하느님의 세계도 뛰어넘어 불생불멸하는 분들이다. 여기 소개된 천상의 세계, 즉 하늘의 세계에 대하여 이 책에서는 다음과 같이 번역하였다.(전재성박사)

❀ 불교 욕계欲界의 6가지 천당의 설명이다.
1) 감각적 쾌락에 대한 욕망의 세계의 여섯 하늘나라

① 네 위대한 왕들의 하늘나라

  (Cãtummaharajikã devã : 사왕천四王天)

② 서른셋 신들의 하늘나라.

  (Tãvatirhsã devã 삼십삼천三十三天 =도리천忉利天)

③ 축복 받는 신들의 하늘나라.

  (Yãmã devã : 야마천耶摩天)

④ 만족을 아는 신들의 하늘나라.

  (Tusitã devã : 도솔천兜率天)

⑤ 창조하고 기뻐하는 신들의 하늘나라.

  (Nimmãnaratï devã: 화락천化樂天)

⑥ 남이 만든 존재를 지배하는 신들의 하늘나라

  (Paranimmitavasavattinodevã: 타화자재천他化自在天)

욕계(欲界) 천상 6개의 욕계천당		
천당 가는 방법 : 1.믿음 2.보시 3.지계 (持戒)	천당의 종류	수명(壽命)
	6. 타화자재천(他化自在天)	16,000 천상년
	5. 화락천(化樂天)	8,000 천상년
	4. 도솔천(兜率天)	4,000 천상년
	3. 야마천(耶麻天)	2,000 천상년
	2. 삼십삼천= 도리천	1,000 천상년
	1. 사천왕천(四天王天)	500 천상년

이상의 욕계欲界천상을 간략하게 설명한 것이고, 미세한 물질의 세계에 속해 있는 존재들인 색계色界의 18천은 첫 번째 선정禪定에서부터 네 번째 선정[사선:四禪]에 이르기까지 명상의 깊이에 따라 차별적으로 하느님의 세계에 태어나며 하느님도 된다.

미세한 물질의 세계의 최상층에 태어나는 존재들은 돌아오지 않는 [불환과不還果] 과위의 경지를 조건으로 한다. 물질이 소멸한 비물질적 세계의 존재들 즉 무색계無色界 4개의 천天은 '무한공간의 세계'에서 '지각하는 것도 아니고 지각하지 않는 것도 아닌 세계'에 이르기까지 비물질적 세계의 선정의 깊이에 따라 차별적으로 각각의 세계에 태어난다.

구분	천 상	중생수명 (천상 년)	중생수명 (인간년 환산)	천상의 1일	천상의 1월 (30일)	천상의 1년 (12개월)
6	타화 자재천	16000 천상 년	92억1,600만, 인간 년	1,600 인간 년	48,000 인간 년	576,000 인간 년
5	화락천	8,000 천상 년	23억400만 인간 년	800 인간 년	24000 인간 년	288,000 인간 년
4	도솔천	4,000 천상 년	5억7,600만 인간 년	400 인간 년	12,000 인간 년	144,000 인간 년
3	야마천	2,000 천상 년	1억4,400만 인간 년	200 인간 년	6,000 인간 년	72,000 인간 년
2	삼십삼천 =도리천	1,000 천상 년	3,600만 인간 년	100 인간 년	3,000 인간 년	36,000 인간 년
1	사대왕천	500 천상 년	900만 인간 년	50 인간 년	1,500 인간 년	18000 인간 년

이렇게 넓고 광활한 세계와 시간을 잴 수 없는 겁(劫)이라는 단위의 기간을 어떻게 잴 수 있으며 어떻게 알았을까.

화엄경華嚴經에

일념즉시무량겁 一念卽是無量劫

무량원겁즉일념 無量遠劫卽一念

한 생각이 무량한 겁[시간]이요

무량한 겁[시간]이 한 생각이다.』

삼매에 들면 무한한 우주는 물론 천지가 생기기 이전의 모습과 멸하는 모습도 한 순간에 아는 것이다.

〈우주재호수宇宙在乎手하고 만화생호신萬化生乎身 우주가 손바닥 한가운데에 있고, 천변만화가 몸에서 일어난다.〉

　불교는 수행만 잘하면 하느님도 될 수 있어, 그 누구의 간섭도 받지 않는 진정한 자유, 진정한 우주의 주인이 되는 것이 불교이다. 지금도 우리는 창조주의 간섭 없이 각자 자기스스로 본분의 주인노릇을 잘하고 있다.

　조물주나 창조주가 있어 사람을 만들고 만물을 창조한 것이 아니라. 어리석은 인간이, 잡신雜神들린 박수무당이 존재하지도 않는 엉터리 가짜 하느님을 무지無智가 만들어 놓고 스스로 종이 되길 자처하며 멍청한 똥개나 교활한 사냥개 노릇을 한다.

　내 일기장에 똥을 보고 된장이라고 착각하고, 새끼줄을 보고 뱀이라고 착각하고, 여우를 보고 송아지라고 착각하여 일기장에 일기를 썼다면 그 일기장이 맞는 것일까? 그리고 그것을 믿으라고 아우성이다, 어리석어 모르고 못 본 사람들은 믿을 것이다.

　천당이 그렇게 좋으면 저 혼자 슬며시 가면되지 무엇하러 같이 가자고 아우성인가? 천당은 같이 가고 싶어도 같이 가지는 곳이 아니며, 지옥은 혼자가기 싫어도 같이 가게 되는 곳이다. 물에 빠지면 같이 못나오고 같이 죽듯이 병신칠갑病神漆甲은 100% 지옥행이 아니겠나?

진짜 하느님이 되는 법.

욕계 6천을 설명했다. 제1천인 사대왕천의 하루는 인간세상 50년이다. 1년은 인간세상 18,000년이다. 그 이상은 말할 것도 없이 무한히 긴 시간이다. 불경에는 천당의 생활습관과 사는 방법, 먹는 음식, 생활방법 남녀의 사랑행위에 대해서도 욕계6천까지 자세히 설명이 되어있다.

그런데 천주교 기독교에는 천당이나 천국에 대한 설명이 없다. 그냥 믿으면 천국, 믿지 않으면 지옥이란다. 그것도 예수를 통하여 구원이 되어야 천당에 간단다. 바보 유치원생보다 못한 인간들이나 믿을 것이 아닐까.

불교에서 색계천色界天부터 하느님세계라고 한다.

색계천인 하느님세계는 욕계천상에 가듯이 믿음[부처님 가르침을 믿는 것]과 보시[布施:베풀고 나누는 것] 지계[持戒:계율을 지키는 것]에 의해서 갈 수 있는 곳이 아니다.

여기는 선정[禪定:깊은 명상]의 힘에 의해서 갈 수 있는 곳이다. 선禪의 깊이에 따라 초선初禪 2선禪 3선禪 4선四禪까지 있는데. 색계 18천중에

초선初禪을 닦으면 범중천梵衆天 범보천梵輔天 대범천大梵天의 하느님이 된다.

2선二禪을 닦으면 소광천小光天 무량광천無量光天 광음천光音天의 하느님이 된다.

3선三禪을 닦으면 소정천少淨天 무량정천無量淨天 변정천遍

淨天의 하느님이 된다.

불교세계관 형성조건에 따른 무색계(無色界) 색계 하느님들의 세상					
형성조건	생성방식	명 칭		수 명	분 류
무형상 無形象	화생 化生	(4) 비상비비상처천(非想非非想處天)		84,000 대겁	무 색 계
		(3) 무소유처천(無所有處天)		60,000 대겁	
		(2) 식무변처천(識無邊處天)		40,000 대겁	
		(1) 공무변처천(空無邊處天)		20,000 대겁	
사선 四禪	화생 化生	(18) 색구경천(色究境天)	⑤	16,000 대겁	색 계 계 界 1 8 천
		(17) 선견천(善見天)	④	8,000 대겁	
		(16) 선현천(善現天)	③	4,000 대겁	
		(15) 무열천(無熱天)	②	2,000 대겁	
		(14) 무번천(無煩天)	①	1,000 대겁	
		(13) 무상유정천(無想有頂天)		500 대겁	
		(12) 광과천(廣果天)		500 대겁	
		(11) 복생천(福生天)		200 대겁	
		(10) 무운천(無雲天):		100 대겁	
삼선 三禪	화생 化生	(9) 변정천(遍淨天)		64 대겁	
		(8) 무량정천(無量淨天)		32 대겁	
		(7) 소정천(小淨天)		16 대겁	
이선 二禪	화생 化生	(6) 광음천(光音天)		8 대겁	
		(5) 무량광천(無量光天)		4 대겁	
		(4) 소광천(小光天)		2 대겁	
초선 初禪	화생 化生	(3) 대범천(大梵天)		1 무량겁	
		(2) 범보천(梵輔天)		1/2 무량겁	
		(1) 범중천(梵衆天)		1/3 무량겁	

(분류 우측열: 하느님계 / 범천계 梵天界)

4선四禪을 닦으면 무운천無雲天 복생천福生天 광과천廣果天
무상유정천無想有頂天 ①무번천無煩天 ②무열천無熱天 ③선현
천善現天 ④선견천善見天 ⑤색구경천色究竟天의 하느님이 되
며, ①~⑤는 정거천淨居天이라고도 한다. 색계 18천天은 하
느님들이다. 무색계 4천도 하느님들이다.

❀ 도표를 참고

불교는 수행만 잘하면 하느님 되고 천당 가는 것은 그리 어
려운 일이 아니다. 잘하면 부처님도 되는 것이 불교이다.

그래서 불교는 믿는 순간부터 각자 스스로 만유의 주인이
됨을 깨닫게 되어 두려움이나 죽음의 공포는 사라지는 것이
다. 이것이 정말 병신육갑丙辛六甲하는 길이다.

천주교 기독교에서는 존재하지도 않고 검증되지도 않은 허
깨비 하느님을 만들어 놓고 스스로 종을 차처하고 심판과 지
옥의 공포에 사로잡혀 불안에 떨며 목매어 "주主여! 종이로소
이다."라고 외쳐대고 울부짖으니 이것이야말로 정말 병신칠갑
病神漆甲이다. 100% 정말로 진짜로 무간지옥행이다.

14 부르는 위치에 따라 달라진다.

아버지를 아빠라고 부르니 다르다고 못 알아듣는 병신病神
도 있고, 아버지를 엄친嚴親이라고 부르니 다르다고 못 알아
듣는 병신病神, 아버지를 부친父親이라고 부르니 못 알아듣는
병신病神, 또 어머니를 자친慈親이라 하면 믿겠는가?

한사람의 아버지를 두고 부르는 위치에 따라 다음과 같이
여러 가지로 부른다.

춘부장春府/ 椿府丈 : 남의 아버지를 높여 이르는 말.

가군家君 : 남에게 자기 아버지를 이르는 말.

가대인家大人 : 남에게 자기 아버지를 이르는 말.

가부家父 : 남에게 자기 아버지를 이르는 말.

가엄家嚴 : 남에게 자기 아버지를 이르는 말.

가존家尊 : 자기와 남의 아버지를 높여 이르는 말.

가친家親 : 남에게 자기 아버지를 높여 이르는 말.

엄군嚴君 : 남에게 자기 아버지를 높여 이르는 말.

엄부嚴父 : 남에게 자기 아버지를 높여 이르는 말.

엄친嚴親 : 아버지를 정중히 이르는 말.

장인丈人 : 아내의 아버지,

빙장聘丈 : 다른 사람의 장인丈人을 이르는 말.

이외에 아빠 애비 아범 사투리로 아바이라 불러도 부르는 위치만 다를 뿐 똑같은 한 사람의 아버지이다.

한 사람의 어머니도 부르는 위치에 따라 호칭을 여러 가지로 할 수 있다.

자친慈親 : 남에게 자기 어머니를 높여 부르는 말

자당慈堂 : 남의 어머니에 대한 존칭

모친母親 : 어머니를 정중히 이르는 말

자모慈母 : 사랑이 깊다는 뜻의 어머니

빙모聘母 : 아내의 어머니

장모丈母 : 아내의 어머니

이외에 엄마 애미 오마니, 등 어머니의 여러 이름이다. 발음이 다르다고 어머니가 다른 것은 아니다.

이와 같이 하느님을 부르는 것도 지역에 따라 다르지만 똑같은 하느님의 뜻을 가지고 있다.

하느님, 하나님, 하늘님, 한울님, 한님, 한배님, 옥황상제, 구천상제, 한배검, 알라, 여호와, 브라흐마, 시바, 비슈누, 천주天主 천왕天王 천존天尊 천제天帝 천황天皇 제석천帝釋天 등을 순수 우리말로 하면 하느님이다.

천주天主의 뜻은 하늘의 주인이다. 하늘의 주인이니
　　　하느님이 아니겠나?
천왕天王)은 하늘에 왕이니 하느님이 아니겠는가?
천존天尊은 하늘에서 가장 높은 분이니 하느님이
　　　아니겠는가?
천제天帝는 하늘에 임금이니 하느님이 아니겠는가?
천황天皇은 하늘에 황제이니 하느님이 아니겠는가?
제석천帝釋天은 도리천 천주이니 하느님이 아닌가?

☀ 천주天主 천왕天王 천존天尊 천제天帝 천황天皇 제석천帝釋天은 불경에만 나오는 불교의 고유용어이다. 그러니 하느님이라는 우리말은 불교에서 최초로 사용한 불교의 고유용어인 동시에 우리한민족의 고유용어이다.

이슬람교에서 그들의 절대絶對신이며 하느님이라는 '알라'를 그냥 '알라' 라고 부르듯이, 천주교 기독교의 여호와(야훼) 신神은 그냥 '여호와(야훼)'라고 불러야 한다. 하느님이나 하나님이라고 부르는 것은 이치에 맞지 않는다. 한국인의 진정한 하느님은 단군한배검이다.

한배검이란 한자로 표기하면 천조신天祖神이 된다. 한은 천

天이니 하늘이오. 배는 조祖이니 조상이오. 검은 신神이다. 그러므로 한배검이란 하늘·조상·신이 합쳐진 것으로 곧 하느님이다.

그래서 하느님은 우리 조상의 최고 신神으로 최고의 존엄한 최고의 지존인 신중의 신으로 받들고 있는 것이다.

불교에서 보살이라고 부르는 천신天神들은 모두 하느님이다. 인도에서 석가모니부처님이 출현하시고 나서 인도의 진짜 하느님인 브라흐마 신神 시바 신神 비슈누 신神 등은 대승불교에서 보살로 불러지게 된 것이다.

그래서 관세음보살은 관세음보살하느님, 문수보살은 문수보살하느님. 보현보살은 보현보살하느님이라고 불러야 한다. 보살은 보살하느님이라고 불러야 우리 것을 찾아오는 것이다.

15 성령聖靈 성신聖神 영혼은 어떻게 다른가.

『성령[Holy Spirit,聖靈] 〈출처, 그리스도교 |브리태니커〉

Paraclete, Holy Ghost(고대 영어로 '영혼'이라는 뜻의 gast 에서 유래)라고도 함. 그리스도교 신앙에서 삼위일체의 제3위. 〈사도행전〉에는 성령이 임한 많은 사례가 언급되어 있는데, 그 가운데 병 고침·예언·귀신축출·방언 등은 특별히 성령의 활동과 관련되어 있다.

[기독][천주] 성부聖父, 성자聖子와 함께 성삼위聖三位의 하나. 하느님의 영靈을 뜻하며, 신자信者들이 영적생활을 하도록 근

본적인 힘이 되는 본체이다.』

靈 신령 령(영)

㉠신령神靈 ㉡혼령魂靈, 혼백魂魄, 영혼靈魂 ㉢귀신鬼神, 유
령幽靈, 도깨비 ㉣정기精氣, 영기靈氣 ㉤정신精神, 감정感情
㉥존엄尊嚴 ㉦하늘, 천제天帝 ㉧영적인 존재 ㉨죽은 사람에
대한 명칭 만물지령萬物之靈 망령위亡靈位 망령제亡靈祭 대령
大靈 대령對靈 영약靈藥 영장靈長 영물靈物 영산靈山

영혼靈魂이나 성령聖靈이나 성신聖神이나 혼魂이나 귀신鬼
神이나 혼백魂魄이나 신령神靈이나 도깨비나 영신靈神이나 신
神이라는 것은 눈으로 보이지 않는 세계의 다른 이름들이다.

하느님을 알라, 브라흐마, 비슈누, 시바 여호와 옥황상제 등
으로 부르듯, 아버지를, 어머니를 여러 이름으로 부르듯이 성
령이나 도깨비는 부르는 위치에 따라 다른 것이다.

불교 쪽에서 신神이라는 개념 자체를 하나의 의식意識작용
으로 본다. 의식작용意識作用은 여섯 가지 감각기관을 통한
제1안식第一眼識눈, 제2 이식耳識귀, 제3 비식鼻識코, 제4
설식舌識혀, 제5 신식身識몸, 제6 의식意識 :뜻, 여기서 여섯
번째의 식識을 의식意識이라 한다. 이 의식의 작용에 따라 영
靈 혼령魂靈 신神 신령神靈등으로 부를 수 있다.

제7 식識인 말라식末羅識, 제8 식識 아뢰야식阿賴耶識이 있다.

때문에 기독교에서 계시 받았다. 성령을 받았다. 등은 하나
의 신들림 현상으로 인한 의식意識의 산비散飛현상 즉 의식의

흩어져 휘날림의 현상으로 혼魂 나갔다고 하여 다른 의식의 접합관계로 보는 것이다.

여기서 다른 의식意識이란, 즉 다른 혼 또는 혼령 귀신 등으로 불러지는 육신이 떠난 육신이 없는 의식이 귀신이나 영혼靈魂이라고 하는 것이다.

우리가 죽으면 의식이 떠나는 것이 아니라, 육신의 기능이 정지되어 몸이 떠나는 것이다. 우리의 눈으로는 보이지 않지만 의식이라는 영혼은 그대로 육신의 주위에 맴돌고 있으므로 몸이 떠나는 것이다. 몸은 기능이 정지되는 즉시 부패하고 산화하며 원소로 흩어지기 시작하여 한 달 정도면 형체를 알아볼 수 없다.

그러므로 육신이 떠나는 것이지 의식이라는 마음이나 영혼이라는 혼이나 귀신이 떠나는 것이 아니다. 의식인 마음이나 생각은 죽기 싫어 몸을 떠나기 싫어하는데 죽는 것은 몸의 기능이 멈춤으로서 몸이 떠나는 것이다.

육신이 없이 허공에 떠도는 타의식他意識 즉 허공에 떠도는 영혼이나 귀신이라는 혼에 접속되었을 때를 신들림이나 계시로 착각하는 것이다. 이 신들림의 현상은 강력하게 밖으로 신들을 불러냈을 때 오는 것이다.

그래서 산에서 허공에 대고 '주여- 주여'하고 외쳐대면 허공에 떠도는 귀신이 달라붙어 예수인 체 예수노릇을 하는 것이다. 그래서 한국에 자칭 하느님 20명, 재림예수 50명 있다. (한겨레 2013. 02. 28 13:19) 모두 잡신雜神과 악신惡神 들린 박수들이다.

어차피 사이비지만 차라리 재림예수보다는 자칭 하느님은 자기가 주인이라는 것을 앎으로 백배는 낳다.

　기독교의 성령聖靈이라는 것을 생각하면 하나의 잡념雜念에 의한 잡신雜神 정도로 보고, 거기에 성령聖靈들렸다고 날뛰는 것을 보면 귀신들려 날뛰는 발광發狂 정도로 밖에 안 본다.

　기독교에서 불교의 불상을 보면 하나의 우상으로 볼 것이고 기도하는 행위를 보면 하나의 우상숭배 행위로 볼 것이다. 왜 나하면 의식意識의 세계를 모르니까!

　주역周易에서는 신神이 무엇인가? 음양불측지위신陰陽不測之謂神이라. 음과 양을 측량기 어려운 것이 신神이라 한다.

　신야자神也者는 묘만불이위언자야妙萬物而爲言者也 신이라는 것은 만물의 묘한 것을 말한다. 결국 신이라는 것은 자연의 음양이치에 해당하는 것이다. 그래서 신무방이역무체神无方而易无體라 했다. 신神에는 방위가 없고 역易에는 고정불변의 몸뚱아리가 없다는 뜻이다.

황석공 소서素書에서는 신막신어지성神莫神於至誠은 "신神이라고 하는 것은 지극한 정성보다 더한 신神이 없다." 중용中庸에서는 지성여신至誠如神=정성이 지극하면 신神과 같다. 고 했다.

모든 신神이라는 것은, 도깨비가 됐든, 영혼이 됐든, 성령이 됐든, 성신이 됐든, 온갖 계시나 신들림 현상은 결국 마음의 작용에서 생기는 지극한 정성의 징발徵發에서 오는 것이다.

같은 인간인데, 같은 종교인인데, 왜 기독교인들에게는 발작發作증세가 강한 것인가? 이 사람들은 그야말로 미칠지至 있다. 미칠 광狂 아닌 미칠 지至, 끝까지 가다至. 그야말로 정성이 지극하다.

새벽 예배부터 일주일 내내 11조 헌금까지 내며 철야기도를 몸을 아끼지 않고 하는 그 열성이 바로 지성至誠인데, 이 지성이 정상적인 미칠 지至가 아닐 땐 그야말로 비정상적인 미칠 광狂이 된다. 그래서 광란狂亂은 세상을 어지럽힌다.

사람의 마음 씀이 성스러우면 일반 영혼靈魂도 성스러운 성령聖靈이요, 성신聖神이다. 사람의 마음 씀이 악하면 일반 영혼도 악령惡靈 악신惡神이 되는 것이다. 성령이다, 악령이다. 라는 것은 결국 마음 씀씀이에 따라, 부르는 위치에 따라 다른 것이다.

깨달은 사람이 보면 기독교의 성령이나 성신이라는 것은 그들의 이익에 반하여 붙여진 이름일 뿐, 대체로 비논리적인 행태를 보이므로 악령이라고 보여 진다.

삼계三界는 욕계欲界 색계色界 무색계無色界를 말한다. 위의 〈천당의 종류〉와 〈진짜 하느님 되는 법〉에서 욕계 6천과 색계 18천의 하느님들에 대해서 도표로 설명했다. 거기에 태어나는 법, 수명도 설명되었다.

도導란, 이끌고 간다. 인도한다. 다스린다. 제도한다. 통한다. 등의 여러 가지 뜻이 있다. 사師란, 스승 전문인 등의 뜻이 있다.

삼계도사란 삼계를 잘 뛰어넘게 제도하고, 인도하는 스승이라는 뜻이다. 그러니까 삼천대천세계의 온 세계의 중생들에게 삶의 길을 잘 가르치고 잘 제도하는 스승이라는 뜻이다.

사생자부四生慈父에서 사생四生이란

알에서 태어나는 난생卵生, 태에서 태어나는 태생胎生 습기에서 생기는 습생濕生, 변화해서 생기는 화생化生이 있다.

난생卵生의 종류로는 조류鳥類인 새들의 종류와 파충류의 뱀, 어류인 물고기 등이다. 태생胎生으로는 사람, 개, 말, 소, 사자, 호랑이, 코끼리, 고래, 등 무수히 많다.

습생濕生으로는 세균 곰팡이 지렁이 등 습기濕氣에서 생기는 일체의 종류이다.

화생化生으로 변화해서 생기는 종류인데, 여기서 화생化生이란 온갖 귀신鬼神종류, 정령精靈 영혼靈魂 천당天堂 지옥地獄등이 화생化生이다. 사람 죽어 귀신鬼神되고, 사람 죽어 영혼靈魂되고, 사람 죽어 천당 가고, 사람 죽어 지옥 가는 것이

지, 살아 있는 상태에서 가는 것이 아니다. 그래서 화생이라
한다. 천신天神도 화생이요, 산신山神 수신水神 해신海神 용龍
목신木神등 온갖 신이 모두 화생이고 하느님이나 천신들도 화
생化生이다. 또한 새롭게 자꾸 생기는 신종바이러스 등의 종
류이다.

사생의 자부慈父란 어진 아버지라는 말이다. 그러니 보이는
생명체 보이지 않는 생명체, 온갖 신들과 조물주라는 하느님
도 화생이므로 불교에서는 중생으로 들어간다. 이 중생들을
교화하는 어진 아버지가 자부慈父이다.

다음은 필자가 쓴 "하느님들의 유일한 스승 석가모니불"이
라는 책에 나오는 〈찬탄기도수행 성취 문〉의 일부 내용이다.
『깨달은이는 욕계·색계·무색계의 큰 스승이시며,
난생·태생·습생·화생의 자비로운 아버지니라,
화생은 신들과 귀신들, 천신인 하느님도
화생이므로, 신들이나 하느님도
깨달은이의 자식이며 제도 받을 자,
만유의 스승이며, 만생의 자비로운 아버지이니라.
깨달은이의 은혜는 바닷물을 모두 마시고 우주를
헤아린다 해도 그 공덕을 다 말할 수 없네.
깨달은이의 수명은 한량없는 것,
열반 또한 중생 교화를 위한 방편인 것을,
하늘 위나 하늘 아래 깨달은이와 비교할 자 없으니,

오직! 깨달은이의 법 유일하며 깨달음이 유일하네.』

웃기는 불교다. 지신들 예불禮佛문의 첫머리에 나오는 말인 "지심귀명례 삼계도사 사생자부 시아본사석가모니불"을 매일 하며, 〈하느님〉을 찾아다가 사용하지 못 하니 병신육갑病神肉鉀이 아닌가?

천주교 기독교가 한국 땅에서 선교에 성공한 4가지 이유가 있다. 바로 용어의 선택과 사용에서 승리이다.

① 여호와 신神을 **하느님 하나님**으로. ② 바이블을 **성경聖經으로** ③ 잡신들인 영혼들을 **성령聖靈으로** ④ 질투와 증오를 **사랑으로** 사용이다.

아무리 똑똑한 사람이라 할지라도 멍청이라고 부르면 멍청 이인줄 안다. 아무리 멍청해도 박사님이나 선생님이라고 부르면 그런 줄 안다. 용어의 사용이 아주 중요한 것이다. 성스러운 성聖자가 들어가고 신령스럽다는 령靈자가 들어가면 대개 사람들은 껌뻑한다.

불교에서 하느님이라는 용어를 천주교나 기독교 용어로 고착 시켜주면 이미 포교는 끝난 것이다. 불교나 대종교 단군교 우리 민속종교에서 하느님을 되찾아 하느님 용어를 많이 써야 하고 인식시키고 전파해야 한다.

천주교 기독교에서 하느님이라 할 때는 반드시 여호와하느님 하나님이라고, 대종교나 단군교에서는 단군하느님 불교에서는 보살하느님이라 부르면 된다.

17 눈은 있어 볼 줄은 아는데, 뜻을 모르니.

눈이 있어 글씨는 볼 줄 아는데, 글 뜻도 모르는 이런 맹추, 병신육갑病神肉鉀이 어디 있겠는가?

내가 실제 경험한 일이다. 하느님 용어 되찾기 운동의 일환으로 〈사악한 악마를 왜! 하느님이라 하는가?〉라는 책과 신문을 들고 어느 중들의 모임에 갔다. 여기서 왜 스님들의 모임에 필자는 중들이라고 했을까?

모든 스님들이 다 그런 것은 아니지만, 대체로 중들이나 스님들도 아상我相이 높다. 대개 중들은 성질이 급하고, 남의 이야기를 듣기보다는 제 이야기 먼저하고 고집이 센 대단히 이기주의적인 사람이 많다.

그래서 옛 속담에 이리 뛰고 저리 뛰는 벼룩 세 마리는 몰고 갈 수 있어도 중 한명은 데려가기 힘들다고 했다. 나에게 설명을 들을 겨를도 없이 다자고자 "왜, 하나님이 사악하다는 것이냐?" 라고 따지는 것이다.

나는 어이가 없어 "하느님이 사악한 것이 아니고, 사악한 악마를 왜, 하느님이라고 하느냐?"라고 대답을 했다.

그래도 그 뜻을 알아듣지 못하고 도리어 "사악한 악마가 왜 하느님이냐?" 고 도리어 따지는 것이다. 신문도 책도 읽어보지도 않고, 제목만 보고 따지는 것이었다. 그러면서 자비문중慈悲門中에서 남의 종교를 비방하면 쓰겠냐는 충고 아닌 충고도 빼놓지 않고, 기독교 하느님이 왜 사악하냐고 느닷없이 공격이다.

이 중僧의 머릿속에는 이런 공식이 잠재되어 있었다. 물론 사회의 일반인들도 이미 그럴 것이다. 〈하느님은 천주교 기독교〉 〈천주교 기독교는 하느님〉으로, 알고 있다고 보아야 한다. 하느님은 천주교 기독교의 전유물이 돼갔다.

이 중은 불교의 뜻도 모르고, 진정한 자비의 뜻도 모르며 목탁이나 치고 요령이나 흔드는 박수 같은 놈이다.

〈하느님들의 유일한 스승 석가모니불〉이라는 제목의 책을 써서 출판했다. 불교계 법보신문에 광고를 광고부에 부탁했다. 답변은 간단하다. 기독교 반발이 염려되어 못 낸다는 것이다. 불교계 신문의 운영진도 〈하느님은 천주교 기독교〉 〈천주교 기독교는 하느님〉이라는 공식이 각인 되어 있는 것 같다.

이런 공식이 일반화 되어있으면 기독교에서 아무리 참사가 많이 일어나고 삼풍백화점 붕괴, 오대양사건, 세월호 참사, 버지니아공대 총기난사 32명 사망, 브레이빅 총기 난사 사건 등이 있어도 끄떡없다.

왜 그런가? 하느님이라는 용어 때문에, 하느님은 전지전능하다고 믿기 때문에, 하느님이라는 절대적인 인식은 그 누구도 넘을 수 없기 때문이다. 그러니 죽이고 살리는 섭리는 하느님만이 안다고 하므로 천주교 기독교는 위대한 종교로 각인되어 온갖 비합리적 사건이 발생해도 그냥 넘어간다.

나쁜 일은 하느님이 잘못한 것이 아니라, 인간들이 잘못했다고 떠넘기고, 좋은 일은 하느님께 감사해야 한다고 혹세무민해도 그대로 넘어간다.

그러니 한국의 타종교에서는 이미 포교의 한계성에 봉착하는 것이다. 일반적인 사람들의 인식이나 설령 불교인이라 해도 하느님과 부처님 중에 누가 더 높고 위대하고 전능하다고 생각합니까? 라고 묻는다면 80〜90%는 하느님이라고 대답할 것이다.

한국불교는 부처님불교가 아니라, 보살불교라고 해도 과언이 아니다. 대체로 만나는 스님이나 중들마다 또는 신도들도 〈관세음보살〉 또는 〈지장보살〉을 제일 많이 하고 간혹 〈나무아미타불〉을 합장하며 인사한다. 〈석가모니불〉하는 사람은 드물고 거의 못 봤다.

일반인들의 인식이 부처님도 하느님만 못하다고 생각하는데 보살이 아무리 신통방광해도 하느님이라는 용어를 능가하겠는가? 그러니 한국에서는 천주교 기독교의 하느님이 토착화하여 〈하느님은 기독교, 기독교는 하느님〉이라는 인식이 뿌리깊이 박혀있어 뽑아내기가 힘든 것이다.

이 병신신육갑病身神肉鉀은 이런 때 써먹는 것이다. 제 것을 남에게 빼앗기고 찾아오지 못하는 어리석은 불교인들은 지붕위에 닭 쫓던 똥개처럼 한심하기 짝이 없다. 이것이 한국불교의 현실이다. 불교인이 각성하지 못하면 불교는 망하게 되어 있고, 불교가 망하면 인류와 국민은 불행해진다.

18 우기면 이기고, 우기면 진다.

우기면 이기고, 우기면 지는 원리는 잘 알아야 한다. 힘없는 자가 우기면 매 맞고 지고, 힘 있는 자가 우기면 때리고 이긴다. 그러나 제 자신도 보지 못한 모르는 엉터리를 아주 멍청하게 죽을 때까지 매 맞으면서 박박 우기면 이기는 수가 있다. 이것이 서구의 순교殉敎이다.

이것이 무엇인가? 보이지 않는 세계를 박박 우기면 그럴듯하여 엉겁결에 이기는 수가 있다. 지식인들일수록 보이지 않는 귀신이야기에 홀딱 넘어간다.

필자가 직접경험한 일이다. 어느 대학의 국문학교수가 자기 아버지 장사葬事를 지내고 묘지를 썼는데, 풍수쟁이와 무당이 흉당凶堂이라고 하니까, 나에게 찾아와 울고불고 애걸복걸을 하는 것이다. 그래서 그냥 화장火葬하라고 했고 그렇게 간단히 끝이 났다.

내가 병원에 잠시 입원한 적이 있었다. 6인실인데 공교롭게 천주교인이 옆자리에 들어왔다. 나보다 3일 정도 늦게 들어왔다. 이 사람은 알고 보니 대학교수를 지냈고 원자력에 권위 있는 박사로 이름만 대면 모두 아는 사람이다. 이름에 걸맞게 화환과 선물을 든 방문객이 쉴 틈이 없었다.

수술하기 전에 손으로 가슴에 † 를 그리며 기도하느라 난리이다. 어려운 수술이 아니니 수술은 무사히 마쳤고 회복기에 복도를 나와 몇 명이 걷게 되었다.

그 원자력박사라는 사람이 벽에 걸려 있는 인체해부도 그림을 보고 심각하게 하는 말이 가관이다. 하느님은 참으로 오묘하단다. 인간을 멋있게 완벽하게 창조했다는 것이다.

그래서 내가 하는 말이 〈박사님 과학자답게 살아야지요.〉했다. 나는 하느님은 누가 만들었는데요. 그 박사는 멍청히 나를 쳐다보고 있었다. 〈하느님이 사람을 만듭니까? 아니면 멍청한 사람이 하느님을 만드는 것이 아닌가요?〉라고 되물었다. 그 박사 화를 내며 하느님이 어쩌고 성경이 어쩌고 하는 것이다.

그래서 나는 "바이블의 여호와요." 하고 물으니, 바이블이 뭐고 여호와가 뭐냐는 것이다. 바이블이 성경聖經이고 여호와가 하느님이라고 우긴다.

〈성경은 성인聖人이 말씀한 책이 성경이 아닌가요?〉〈하느님은 옥황상제나 단군이 하느님이 아닌가요.〉하고 나는 되물었다.

이 박사라는 사람! 남의 종교 비방하면 안 된다고 역정을 낸다. 천주교 기독교인들은 자기들이 우기며 핏대내면 선교이고, 종교의 자유이고, 다른 사람이 옳은 말을 하면 종교탄압이고 비방이란다.

나는 〈사악한 악마를 왜 하느님이라 하는가?〉라는 책과 신문을 주었더니 열심히 읽어 보고는 얼굴을 붉히고 쪽팔린 얼굴로 꽁지를 빼는 것이다. 지금도 나는 카톡으로 아직도 사악한 악마를 하느님으로 믿습니까? 하고 문자를 보낸다.

천주교인들의 자부심은 대단하다. 자기들은 기독교와 완전히 다르다고 생각하고 오히려 불교와 가깝다고 생각을 한다. 참으로 난센스도 보통이 아니다. 멍청한 불교인은 한수 더 뜬다 천주교는 불교와 비슷하고 점잖다고, 참으로 웃기는 일이다.

내가 중학교 2학년 때 수학여행을 속리산으로 갔다. 그때 서울서 시골로 전학 온 아이가 나와 한 반이었고 내 옆자리에 앉았다. 여럿이 말하는 도중에 속리산 이야기를 하며 바위와 기암괴석에 대하여 이야기하는데, 서울서 온 아이가 설악산이 더 크다는 것이다.

그래서 나는 설악산을 가보지는 못했지만, 내 일생에 처음 본 속리산이 큰 것 같아, 야 이 새끼! 속리산이 커, 이 아이는 속리산도 가보고 설악산도 가본 아이다.

내가 친구들과 함께 주먹을 불끈 쥐며 너 맞을래, 속리산이 크다면 큰 줄 알지! 그 아이는 주먹이 무서워 나에게 졌다. 그때 친구들은 내편이었다. 내편을 든 아이들은 설악산도 속리산도 가보지 못한 애들이다.

이와 같이 어느 종교의 맹신자들은 아예 바이블도 불경佛經도 다른 책들은 일체 읽어보지 않고 목사나 신부의 이야기만 듣고 다니는 사람들이 많다. 저명인사라는 사람들도 책을 읽은 사람들이 별로 없다. 책을 읽고 다닌다면 글자는 보데, 뜻도 모르는 멍청이나 다름없지 않은가?

내가 나중에 어른이 되어 설악산에 가보게 되었을 때, 비로소 부끄러움을 알았다. 설악산이 더 크고 높다는 것을 알았다. 힘으로 다수의 폭력으로 억지로 우기면 이기듯 신앙문제나 종교문제에 있어 다수의 힘으로 믿는 이것이 병신신육갑病身神肉鉀 병신칠갑病神漆甲하는 것이다.

군대에서 사단장의 종교에 따라 연대장 중대장 소대장 분대원의 종교 성향이 바뀐다. 무지한 일반인은 사회의 저명인사의 종교에 따라 방향이 다르게 된다.

해방되고 미국에서 양키 똥이라면 게걸스럽게 먹어대던 정신적 박약의 똥개들이 물고 들어온 미신과 광신이!- 여기에 물들어 온 학자나 정치인들 특히 이승만 같은 철저한 기독교인은 한국의 정신사상과 종교 판도를 완전히 바꿔 났다.

하기야 미국이 구세주이지! 해방도 미국이 시켜주었으니까. 2차 대전이 아니었으면 우리는 지금쯤 완전히 일본 사람이 되었을 것이다.

여호와께 무릎 꿇는 이명박대통령 부부와 부처님께 절하는 이명박 대통령 후보.

한일합방은 1910년에 되었고 2차 세계 대전은 1939년 9월 1일에 시작하여 1945년 9월 2일에 끝이 났으니 미국이 승리하지 않았다면 지금쯤 우리는 거의 일본사람이 되어있지 않았겠는가?

천국과 같은 미국에서 기독교를 믿고, 대학교수가 믿으니까. 박사가 믿으니까, 국회의원이 믿으니까. 장관이 믿으니까, 대통령이 믿으니까, 기독교를 믿는다는 쓸개 빠진 인간들의 군상이 한국 종교인의 실태가 아닐까.

그러므로 한일합방 일제식민지. 위안부의 당위성, 남북분단의 6,25전쟁, 삼풍백화점 붕괴. 세월호 참사 등이 모두 하느님의 섭리라며, 이런 시련이 우리 민족을 강하게 하기 위한 것이다. 라는 정신병자 수준의 등극 같은 인물이 총리에 지명되기까지 하는 비참한 현실이 병신신육갑病身神肉鉀 병신칠갑病神漆甲하는 것이다. 여야與野 논할 것 없이 전체가 기독교인이니 한국의 미래는 불 보듯 뻔한 것이 아니겠나? 병신칠갑病神漆甲은 100% 지옥이다.

〈하나님이 공연히 세월호를 침몰 시킨 것이 아니다. 나라가 침몰하려고 하니, 하나님께서 대한민국 그래도 안 되니 이 어린 학생들, 이 꽃다운 애들을 침몰시키면서 국민에게 기회를 준 것이다. 라고 설교하는 김S환 목사.〉

명성교회의 kim,s,h 목사는 분명 몸도 마음도 병든 정신병자 수준의 병신신육갑病身神肉鉀을 떨고 있는 것이 분명하고, 그야말로 앞뒤가 캄캄한 병신칠갑病神漆甲으로 영원한 지옥행이 분명하다.

이것을 불교에서는 무간지옥無間地獄이라 한다. 이것도 여호와 신神이 보내 주는 것이니까? 나에게 항변하지 말았으면 좋겠다.

19 병신육갑(丙辛六甲)의 뜻.

'병신육갑'이라고 하면 남을 혐오하거나, 욕하고 비방하며 업신여기고, 깔보고, 농락하는 것으로 알고 있다. 그러나 병신육갑丙辛六甲의 원래의 뜻은 남을 비하하고, 업신여기며, 깔보고, 농락하는 혐오스러운 것이 아니다.

알고 보면 정말로 병신육갑丙辛六甲은 도인道人들이나 할 수 있는 고도의 처세술이다.

병신육갑丙辛六甲은 거두절미去頭截尾의 뜻이다. 거두去頭란 앞머리를 버리고, 절미截尾란 꼬리를 잘라 낸다는 뜻이다. 즉 앞뒤의 복잡한 과정을 버리고 핵심적인 본론만을 잘 다스리는 뜻이다.

역술易術 가운데 기문둔갑奇門遁甲이라는 학문이 있다. 여기서도 육십갑자六十甲子로 운용되지만 갑甲이라는 글자는 보이지 않는다. 그래서 둔갑遁甲 갑甲이 숨었다. 갑甲이 달아났다고 하여 둔갑遁甲이라 한다.

물론 세속적으로 어떤 술수術數의 도술道術면에서 둔갑遁甲이란, 몸을 숨긴다든지 신출귀몰神出鬼沒하는 은신술隱身術의 의미이기도 하다.

천간天干에 10개가 있어 10천간天干이라 한다. 갑甲·을乙·병丙·정丁·무戊·기己·경庚·신辛·임壬·계癸의 10개의 글자 중에 앞의 갑을甲乙을 버리는 것이 거두去頭요. 뒤의 꼬리인 임계壬癸를 잘라 내는 것이 절미截尾이다.

그래서 甲·乙·丙·丁·戊·己·庚·辛·壬·癸의 10 글자 중에 甲·乙·壬·癸의 4글자를 빼면 丙에서 辛까지 ①丙 ②丁 ③戊 ④己 ⑤庚 ⑥辛이 6글자로 甲이라는 글자는 없지만 육갑六甲이라 한다. 그래서 병신육갑丙辛六甲이다.

丙에서 辛까지 甲이라는 글자는 없다. 甲이라는 글자가 없는데 왜! 육갑이라 할까. 기문둔갑奇門遁甲에서는 甲이 숨었다하여 둔갑遁甲이라 한다. 둔遁이라는 글의 뜻은 '달아나다' '숨었다'는 뜻이다.

육갑六甲은 ①갑자甲子 ②갑술甲戌 ③갑신甲申 ④갑오甲午 ⑤갑진甲辰 ⑥갑인甲寅도 육갑이라 한다.

기문둔갑奇門遁甲을 잘 아는 사람이 병신육갑丙辛六甲도 잘 하는 것이다. 병신육갑은 욕이 아니다. 그러나 욕이라고 할 수 있는 글자가 있다면, 몸과 정신이 병들어 몸집만 불리고 비개덩이로 갑옷을 걸치는 병신신육갑病身神肉鉀이 있다고 억지로 글자를 만들어 말할 수 있지 않을까?

기문둔갑에는 9성星 8문門으로 국국을 이루는데, 지반地盤에 9개의 별[星]로 설국設局을 하는데, 갑甲이라는 글자는 빠져 있다. 무戊 기己 경庚 신辛 임壬 계癸 정丁 병丙 을乙의 9개 글자 중에 戊 己 庚 辛 壬 癸의 6글자를 6의儀라 하고, 丁 丙 乙의 3글자를 3길성吉星이라 하여 3기奇라고 한다.

6의儀 3기奇와 8문門인 휴문休門 생문生門 상문傷門 두문杜門 경문景門 사문死門 경문驚門 개문開門 중에 개문開門 휴문休門 생문生門을 3길문吉門이라 하여 3문門이라 한다.

3奇 3門 중에서 3을 빼면 기문奇門이 되고, 6儀인 戊·己·庚·辛·壬·癸의 6글자 중에 甲이 없어 둔갑遁甲이라한다. 병신육갑丙辛六甲도 丙에서 辛까지 甲이 없는 것은 둔갑과 같다.

둔갑遁甲은 신기묘하여 천문天文 지리地理 인사人事에 두루활용되었다.

여기서 이 책에서의 내용은 역서易書로서 인간의 운명이나길흉을 논하고자 하는 것이 아니라. 정말로 인간의 행복과 불행은 어디에서 오는가를 고사古事와 야사野史에 얽힌 지혜로서 세상 돌아가는 이야기를 하고자 한다.

원만한 처세處世로 위기를 모면하고, 물러날 때 물러날 줄아는 피흉취길避凶就吉 즉 흉한 것은 피하고 길한 것을 취하는병신육갑丙辛六甲을 해야 한다.

생각이 없는 무뇌한無腦漢과 같이 온천지를 들쑤시며 몸도마음도 병들었지만, 몸만은 아까운줄 알고 고기 덩이에 철갑鐵鉀을 두른 듯, 몸은 멀쩡한데 마음인 정신이 병든 병신육갑病神肉鉀인지, 혹세무민하여 돈 버는 재주에 뛰어난 맹신육갑盲信肉鉀인지, 미쳐서 날 뛰는 광신육갑狂信肉鉀인지, 아예 무개념無概念의 앞뒤가 캄캄한 정신병자의 도度를 넘어선 구제불능의 병신칠갑病神漆甲이 있을 때, 세상은 그야말로 생지옥을 만들고 있는 것이다.

우리는 우리의 삶을 되돌아볼 때라고 생각한다. 우리의 삶에 진정한 깨달음이 없다면 분명 이 여러 가지 육갑들을 하면

서 서로 저 잘났다고 살아갈 것이다. 육갑보다 더 무서운 칠
갑漆甲은 하지 말아야 할 것이다.

우리는 지금 무슨 육갑을 하고 있는지 이 책을 읽으며 조용
히 사유하고 생각해 볼 필요가 있지 않겠는가.

정말로 병신신육갑病身神肉鉀이나 병신칠갑病神漆甲이 아닌
병신육갑丙辛六甲을 하면 살기 좋은 세상이 될 것이다.

20 세상에서 가장 무서운 살기殺機

이 우주에서 인간만치 잔악한 동물은 없다. 일반 동물은 먹
이만 있으면 잔인하게 죽이고 싸우지 않는다. 인간은 그렇지
않다. 제 생각과 다르면 저주하고 원망하고 잔인하게 죽이고
연좌 죄까지 씌워 친족은 물론 일가친척까지 깡그리 죽이는
잔인성이, 바로 사랑을 내세우는 종교를 믿는 인간들의 잔악
상으로 산채로 불에 태워죽이고 사지를 찢어 죽인다.

먹을 쌀이 부족해서도 아니고, 입을 옷이 부족해서도 아니
다. 안 믿으면 부모 형제 자식은 물론 불특정 다수까지 깡그
리 죽인다.

버지니아 공대의 한국 기독교인의 무차별 총기난사사건, 노
르웨이의 브레이빅의 무차별 추적까지 하며 죽이는 총기난사
사건은 근세의 일이지만, 천주교 기독교인들의 북미대륙과 남
미대륙에서 원주민 씨 말리기 살생은, 도망 다니는 원주민을
추적을 하며 잔인하게 죽인 수가 무려 1억 명이 넘는다.

1차 2차 세계대전보다 더 많은 수의 인명을 죽인 사악하고 유일한 마귀집단이 바로 천주교 기독교이다. 여호와(야훼)는 조물주나 창조주로서의 하느님이 아니라, 잔인하고 포악하고 악랄하고 교활한 사악한 마귀일 뿐이다.

음부경陰符經에 이런 말이 있다.
천발살기天發殺機면 이성역숙移星易宿하고
지발살기地發殺機면 용사기륙龍蛇起陸하고
인발살기人發殺機면 천지반복天地返覆이라.
"하늘에 죽이는 틀이 일어나면, 별자리가 옮겨지고.
땅에 죽이는 틀이 일어나면, 용과 뱀이 뭍으로 오르고.
사람에 죽이는 틀이 일어나면, 천지가 뒤집어진다."

살기殺機 살기殺氣 중에 가장 무서운 것이 인발살기人發殺機이다. 정말 사람의 살기는 천지를 뒤집어 놓는다. 앞으로 광적狂的인 인간들의 무지無智로 핵무기가 폭발한다면 지구는 산산조각이 날 것이다.

사람이 살기를 띠면 천지가 뒤집어진다. 지구의 종말이나 인류의 종말을 고하는 영화나 가상 시나리오가 가끔은 나온다. 그것도 자연재해나 외계인의 침범 같은 소재이지만, 사실 인류의 종말을 고하는 것은 바로 어리석은 인간들이 병신칠갑病神漆甲하는 것이다.

사람이 살기殺機를 내는 것. 이것보다 무서운 것은 없다. 9.11 테러를 기억할 것이다.

911테러 사망자수 얼마나 될까? 2001년 9월11일 발생했던 비행기 테러로 인해 엄청나게 많은 사상자가 발생되었던 종교 테러이다. 관련 자료를 잠깐 조사해서 그때의 사건을 볼 것 같으면, 위키피디어에 간단히 요약된 사건의 정황이다.

911테러 총 사망자는 2977명 (테러범 19명은 제외한 숫자라고 함), 부상자 6291명 이상이었으며, 911테러 총 사상자수는 9,268명을 넘어가는 대형 참사였다.

이들에게 소형의 핵무기나 핵배낭이 있었다면, 미국이나 전 세계는 이미 끝났을 것이다. 자기주장을 위해 나죽고 너 죽자는 무차별 자살테러는 비록 이슬람교의 소행이지만 그 발생과 원인은 기독교에 있다고 보아야 한다.

천주교나 기독교는 똑같은 종교이다. 다만 이름만 다를 뿐이다. 교과서가 똑같다. 믿음의 주체인 하느님이라는 신이 똑같은 이름의 여호와(야훼)라는 이스라엘민족의 씨족신이다. 가르치는 선생이 다를 뿐이다.

이슬람교의 성경인 교과서도 천주교 기독교의 구약舊約을 똑같이 믿는다. 그래서 그들도 인류의 조상을 '아담과 하와'라고 믿고, 아브라함의 자손이라고 믿는다. 모세도 예수도 똑같은 선지자로 믿고 있다. 다만 여호와(야훼)라는 신이 아랍어로 '알라'이다. 부르는 이름만 바뀌었을 뿐, 창조주며 유일 절대자라고 믿는 그들의 똑같은 하느님이다.

그 똑같은 그들의 하느님을 믿으며 죽기 살기로 싸운다. 시아파 수니파, 기독교와 이슬람교 구교와 신교, 이들은 똑같은 조상에 똑같은 형제인데, 그들의 전쟁은 지구가 산산 조각나 없어져도 전쟁과 증오는 끝나지 않을 것이다.

그들의 교리와 말대로라면 지옥이나 천국은 영원한 것이며 지구는 한계가 있으니 그들이 지옥에 간다고 싸우지 않는다는 보장이 없고, 천국에 간다고 싸우지 않는다는 보장이 없다.

21 이렇게 믿어 설령 천당 간들 행복할까?

✱✱ 천주교 기독교 성경 신명기 13장 6 ～ 11절

『다른 신을 믿으면 사랑하는 아내나 아들이나 딸·형제·친구 가릴 것 없이 긍휼히 보지 말며 애석히 여기지 말며 덮어 숨기지 말고, 용서 없이 돌로 쳐 죽여라』

✱✱ 천주교 기독교 성경 에레미야 19장 9 ～10절

『아들·딸·친구를 잡아 그 고기를 먹게 하겠다.』

✱✱ 예수 말씀 누가복음 19장 27절

『나(예수)의 왕 됨을 원치 않던 저 원수들을 이리로 끌어다 내 앞에서 죽여라.』

❀이것이 예수 사랑이다. 예수가 직접 한말이다. 정적政敵인 원수들을 끌어다 예수 앞에서 죽이라는 독설毒舌적인 저주와 명령이다. 이런데도 천주교 기독교인들은 "예수님은 당신을 사랑하십니다." 라고 하며, 인류의 죄를 대신하여 죽었다고 거짓말을 한다.

✱✱ 천주교 기독교 성경 레위기 27장 29절

『아주 (제물로) 바친 그 사람은 다시 속하지 못하니 반드시 죽일지니라.』

버지니아공대 총기로 32명 죽인 기독교인, 노르웨이 93명을 죽인 기독교인 북남미 대륙의 1억여 명을 끝까지 추격하여 죽인 인간사냥의 기독교 만행. 500만 명을 십자가에 매달아 산 채로 불태워 죽인 천주교의 마녀사냥. 부모를 죽이고 자식을 죽이는 기독교인의 병신칠갑病神漆甲의 광신적 작태를 이대로 보고 있을 것인가.

[정부청사, 그리고 38km 밖 우토야 섬의 악몽]
오슬로 시내 전체가 흔들… 청사 앞에 화물차 세우고, 원격 조종장치로 터뜨려 그는 악마였다… 숨은 사람들 찾아내 쏘고, 쓰러져 있으면 확인사살, 23일 오후 3시쯤 평소 집권 노동당의 친親이민정책을 못 마땅해 하던 채소농장 운영자 안데르스 베링 브레이빅(32)이 오슬로 시내 한가운데 자리 잡은 정부 종합청사 앞에 소형 화물차를 몰고 나타났다.

화물차엔 화학비료(총 6t)를 재료로 만든 폭약이 가득 실려 있었다. 그는 주위를 살펴 경계가 허술한 점을 확인한 뒤 도로변에 차량을 세워둔 채 안전지대로 물러났다. 잠시 후 원격 조종장치로 기폭장치를 터트렸다.

고막을 찢는 듯한 엄청난 폭발음과 함께 정부 청사와 주변 건물 유리창이 산산 조각났다. 폭발음은 오슬로 시내 건물 전체가 흔들릴 정도로 엄청났다. 사방팔방으로 튄 건물 파편과 유리 파편에 7명이 즉사하고 수십 명이 부상했다.

◆ 폭탄테러 후 이동해 총기난사

브레이빅은 이어 준비해 둔 차량을 몰고 오슬로에서 북서쪽으로 38㎞쯤 떨어진 티리피요르드호수 휴양지로 향했다. 다음 공격 타깃으로 정한 우토야섬이 있는 곳이다. 이날 우토야섬에선 매년 여름 노동당이 주관하는 청소년 캠프가 열리고 있었다. 캠프는 14 ~ 25세 청소년을 대상으로 스포츠·정치토론 등으로 진행되며 이번에 600여명이 참가했다. 옌스 스톨텐베르그 노르웨이 총리도 이 캠프에 참가해 꿈을 키웠다.

보트를 타고 섬으로 들어간 브레이빅은 정부 청사 테러 소식을 듣고 웅성거리고 있는 청소년들에게 다가갔다. 일부는 경찰복을 입은 브레이빅에게 다가가 소식을 묻기도 했다. 그는 조금 뒤 청소년들에게 "할 얘기가 있으니 이쪽으로 모이라"고 소리쳤다.

잔디밭 한쪽 구석으로 청소년들이 모이자 그는 아무 말 없이 갑자기 소총을 꺼내 들고 총기를 난사하기 시작했다. 브레이빅은 오클라호마 시티 '폭탄테러'와 조승희 '총기난사' 사건을 결합한 듯한 행각을 벌였다.

◆ 엽총으로 확인 사살

수백 명의 청소년들이 공포에 질린 채 혼비백산해 섬 전체로 흩어졌다. 브레이빅은 조금도 자비심을 보이지 않았다. 소총과 엽총을 번갈아 난사하며 청소년들을 조준 사살했다. 쓰러진 채 신음하거나 숨진 척 누워 있던 청소년에게 다가가 머리 부위를 엽총으로 확인 사살했다.

50여명은 선착장 쪽으로 달려가 호수에 뛰어든 뒤 육지 쪽으로 필사적으로 헤엄치며 탈출을 시도했다. 브레이빅은 선착장까지 달려가 헤엄치는 청소년들에게도 총탄을 난사했다. 몇 명은 헤엄치던 중 총에 맞아 목숨을 잃었다.

◆ 브레이빅, 무서울 정도로 침착

23일 오후 기자가 참극의 현장을 찾았을 때 호수 주변 순볼렌 호텔에는 임시 사고대책본부가 차려지고 현장을 탈출한 청소년들이 수용돼 경찰 조사에 응하고 있었다.

생존자들은 경찰이 외부인과의 만남을 통제하고 있는 가운데 주어진 시간에 호텔 밖으로 나와 세계 각국 취재진의 인터뷰에 응했다. 호텔 앞에는 미국 CNN, 영국 BBC, 독일 ZDF 등 세계 각국에서 몰려든 취재진 수십 명이 진을 쳤고 호텔 앞 호숫가엔 캠핑카 대신 위성 송출 장비를 갖춘 방송사 차량 십 여대가 주차돼 있었다.

생존자들과 주민들이 전하는 참상은 생지옥 그 자체였다. 청년 노동당원 스틴 레나테 하헤임(27)은 "정부 청사 폭탄 테러 소식을 듣고 불안해하다 경찰이 지키고 있으니 여기는 안전하다고 말하고 있었는데 갑자기 경찰복을 입은 사람이 총을 쏘기 시작했다"고 말했다.

또 다른 목격자 요르겐 베노네는 "사람들이 놀라 호수로 뛰어들고 일부는 바위 뒤에 숨고 또 어떤 사람은 죽은 듯이 엎드려 있었는데 범인은 총을 맞고 쓰러진 사람들에게 다가가 엽총으로 머리에 다시 총을 쏘며 확인 사살까지 했다."고 몸서리를 쳤다.

헤엄쳐 섬을 탈출한 한 소녀는 "범인은 무서울 정도로 침착해 천천히 섬을 돌면서 사람들이 보이는 족족 총을 쐈다"고 현지 방송 TV에 증언했다.

브레이빅이 총격을 시작한 지 50여분 뒤인 오후 5시 40분 헬기를 타고 출동한 경찰특공대가 현장에 도착했다. 범인은 경찰 헬기가 섬 주변을 선회하는데도 총기를 계속 난사했다.

경찰이 보트를 구하지 못해 우왕좌왕하는 사이 희생자는 계속 늘었다. 경찰 특공대가 범인을 제압했을 때 섬은 10대 청소년들의 시신이 널브러진 지옥으로 변해 있었다.

기독교도들이 기독교 안 믿는 모든 이를 죽이는 게임 장면이랍니다. 안 믿어도 살려면 거짓말이라도 믿는다고 해야겠어요.

다음 이글은 인터넷의 댓글이다.

『노르웨이에서 엽기적인 테러사건이 벌어졌습니다. 사망자가 거의 100명에 육박 합니다. 그런데 국내 방송사의 보도 태도가 아주 이상하군요. 메인을 상식하는 뉴스에서 약간 밀려 난 것은 물론, 중국의 열차사고 보다 뒤쪽에 배치되더군요.

노르웨이 테러사건이 중국 열차사고 보다 사망자도 더 많습니다. 게다가 사건의 파급력을 따져보아도, 테러사고가 열차사고보다 더 비중 있는 거 아닙니까?

열차사고 터졌다고 국제정세나 경제에 영향을 미치는 게 아닙니다. 반면에 테러는 국제정세나 경제에 영향을 끼칩니다. 그리고 대륙의 인재人災는 어제 오늘일이 아니죠.

솔까말, 중국의 인재는 이제 그다지 쇼킹 하지도 않아요, 딱 한 가지 감에 잡히는 게 있습니다. 테러범이 극우 개독이라는 게 드러나자, 그 때부터 국내 방송사가 생까는 것 같습니다.

충격적인 것은 범인이 개독[기독교]이라는 걸 방송에서 말하지 않는다는 겁니다!!!! 인터넷 뉴스에서는 그 내용이 떴는데, 방송뉴스는 입을 다물고 있는 거에요!

정말 충격입니다!

극우 광신 이슬람이 테러를 일으키면, 뉴스메인을 차지하고, 알카에다와 극우 이슬람에 대한 분석은 잘도 하더니만. 반면에 극우 광신 개독[기독교]이 테러를 일으키면 잠잠? 와! 진짜 해도 너무 하네요.

그렇지 않아도 현직 개독 목사가 "우리 아이들 절대 교회 보내지 말라" 는 책을 출판하여 가뜩이나 어수선한데, 이런 살인

마 개독이 설쳐대니 개독들이 방송사에 줄을 대어 모종의 압력을 넣은 모양이지요. 그냥 놔두었다가는 쪽팔려서 얼굴을 들 수가 없을 테니까요. 그러나 한국 개독들도 안심해서는 안 될 것 같습니다.

당장은 민간인 총기소지 금지로 인하여 별 일이 안 일어날 것 같지만, 단군상에 도끼질, 장승에 톱질, 태백산 천제단 뽑아 엎어버리기, 불상에 해머질, 절간 불 싸지르기 등등의 사건을 되돌아볼 때 개독들이 총기를 불법 절취하거나 아니면 국제암시장 같은데서 밀수해 무장하고 잔혹한 살인극을 벌일 개연성은 배제할 수 없을 것으로 추정합니다.』

정말 한국이라는 나라는 참으로 한심한 나라이다. 세계에서 정신적으로 제일 미개한 나라이다. 자기 나라 좋은 것은 버리고, 서양에서 쓰다가 버린 쓰레기 잡신雜神의 공인된 악마집단을 목숨 걸고 믿고 있으니!!!

노르웨이의 오슬로 도심 차량 폭탄 테러 사건으로 16년 전 미국 오클라호마시티에서 일어난 연방건물 폭탄 테러 사건이 다시 주목받고 있다.

911 테러 전까지 미국에서 일어난 최대 테러 사건으로 꼽히는 오클라호마시티 폭탄 테러는 1995년 4월 19일 티머시 맥베이(당시 26세)가 연방건물 밖의 트럭에 폭탄을 장착해 건물을 폭파시킨 사건이다. 이 테러로 168명이 숨지고 600명 이상이 다쳤다.

군 복무 경력이 있는 경비원이었던 맥베이는 1993년 연방

수사 당국이 텍사스주 와코의 종교 집단 '브랜치 데이비디안'이 운영하던 농장을 공격해 요원 4명과 신도 6명이 사망한 사건을 계기로 범행을 저지른 것으로 알려졌다.

맥베이는 50일 동안 계속된 작전 당시 신도들을 지지하려고 와코까지 찾아갔으며 총기를 사용할 권리를 옹호하는 전단과 스티커를 배포했다.

맥베이는 이 사건으로 연방정부에 반감을 품었으며, 2년 뒤 복수를 하기 위해 연방건물을 표적 삼아 범행을 저질렀다.

살인죄로 기소된 멕베이는 2001년 사형됐으며, 그의 군대 동료인 공범 테리 니콜러스는 현재 콜로라도의 한 교도소에서 복역하고 있다.

◆ 인민사원 사건

〈출처, 위키백과, 우리 모두의 백과사전.〉

『인민사원人民寺院, Peoples Temple)은 1978년11월 18일 가이아나 존스타운에서 일어난 집단 자살로 널리 알려진 종교 집단이다. 1953년 짐 존스 목사가 미국 인디애나 주 인디애나폴리스에 세운 예배당(사원)이 그 시초이다. 존스 목사의 기괴한 행위와 신도들의 집단자살로 인하여 사이비종교의 반反사회성을 보여주는 대표사례로 언급된다.

곧 진실을 은폐하기 위해, 짐 존스 목사는 신도들에게 억지로 집단자살을 명했고, 무장경비원들에게 둘러싸인 신도들은 청산가리를 탄 주스를 마셨다.

심지어는 어린이들에게 강제로 독극물을 먹이기까지 했으며, 일부 신도들은 총을 맞거나 목이 졸리기도 했다. 존스 자신은 머리에 총을 맞은 채 발견되었는데, 살해당했는지 자살했는지는 정확하게 알 수 없다.

이 집단자살로 총 914명이 죽었고 그중 276명은 어린이였다. 이전에도 존스 목사는 신도들을 대상으로 집단 자살 연습을 시켰다. 다만 1978년 11월 18일은 연습이 아니었던 것이다. 당시 죽은 사람들은 최소 2세부터 최고 84세까지 다양한 연령대의 사람들이었다.』

이것은 사이비가 아니라 천주교 기독교가 모두 사이비로 오대양사건 같은 것이다. 천주교 기독교 교리의 교과서인 바이블의 부도덕한 내용에 세뇌된 목사들이나 광신도들은 이슬람교도들의 자살폭탄테러나 똑같다고 보아야 한다.

'금강경' 야부송金剛經 冶父頌에 이런 말이 있다.
"정인설사법正人說邪法 사법실귀정邪法悉歸正
　사인설정법邪人說正法 정법실귀사正法悉歸邪"
"옳은 사람이 삿된 법을 설명하면, 삿된 법도 옳게 돌아가고, 삿된 사람이 옳은 법을 설명하면, 옳은 법도 삿되게 돌아간다."
아무리 훌륭한 법이라도 사용을 잘해야 한다. 훌륭한 법도 사용하기 힘든데, 엉터리를 바르게 쓰기란 100% 불가능한 것으로 거의 어려운 일이다.
가장 엉터리이고 비과학적이고 비논리적이고 비합리적이고

비도덕적인 반인륜적인 바이블(성경)을 읽고 바르게 쓰기란 100% 불가능한 것으로, 교리신학을 믿음으로 연구하는 학자나 목회지는 전부 미쳐버렸다고 한다. 그래서 기독교 천주교는 조직신학만 있다고 한다. 조직이란 커지면 비리가 발생하는 것이다.

인류의 독약이며 마약이며 조직화된 신앙적 테러집단이 바로 이들이므로 지구는 물론 우주에서 영원히 사라져야 하고, 바이블에 근거한 모든 신앙인 유대교 천주교 기독교 이슬람교는 아주 사라져야할 바이러스다. 국가는 무엇을 하고 있는가? 한심한 노릇이다. 알아도 어려운 판에, 무엇을 알아야 면장을 하지 않겠나?

22 한국도 멀지 않았다.

광란의 핏빛으로 물들 날이!

우리나라도 기독교 천주교 인구가 1000만이 훨씬 넘었다. 이제부터 광란의 축제가 열릴 날이 얼마 남지 않았다. 그 전조前兆는 이미 시작되었다. 믿지 않는다고 자식이 어머니를 죽이고, 아버지를 죽이고, 광신狂信의 어머니는 하느님의 시험이라고 어린 아이를 죽인 사건이 무수히 일어났지만 언론이나 교육기관에서 등한시 하고 축소 은폐하기에 급급했다. 정말 한심한 국가이다.

한국에도 짐 존슨 목사의 독살 사건같이 이미 오대양 사건으로 32명이 죽었는데도 건망증이 심한 한국인은 2-3개월만 지나면 잊어먹는다. 오대양은 구원파라는 또 다른 조직이 세월호의 참사를 만들지 않았는가?

제 2 제 3의 브레이빅 짐 존슨 버지니아 공대의 무차별 총기난사가 나오지 않는다는 법이 없다.

봉은사 땅 밟기. 절 법당에 들어가 예배하기. 불상 부수기, 말뚝 박기 등은 사회로 치면 남의 집에 무단 주거침입을 하여 밥해먹고 잔치하는 것이나 다름없다. 불교가 순해서 망정이지 이슬람 같았으면 당장 죽였을 것이다.

〈어른은 넋 빠져 벌렁 누웠고 어린이들까지 미쳐 발광하는 모습〉

사진에 있는 여기 이 사람들은 일반인이 보기엔 비정상적인 사람으로 보이지만, 천주교 기독교의 성경교리로 본다면 이 사람들이 오히려 지극히 정상적인 사람들이다. 기독교의 구원 사상은 살아있는 이대로의 구원이 아니라, 반드시 최후의 심판을 맞이하여 세상이 멸망할 때, 즉 세상의 멸망 후 예수의 재림으로 인하여 구원받는다는 것이다.

일단 구원을 받으려면 반드시 죽음이 따라야 하는 심판은 선결 조건이다. 정말 하느님의 좋은 심판이 있어 예수로 인하여 구원이 된다면 얼마나 좋겠는가? 그러나 그런 일은 영원히 없을 것이고, 심판을 기다리다 지친 나머지 어떤 광신자가 대형폭탄이나 핵무기 수위치를 누르는 날에 그날이 바로 심판하는 날일 것이다.

한강 투기 자식살해 사건(2003) 관련범죄: 존속살해

2003년 기독교인이 자신의 6살 아들과 5살의 딸을 한강에 던져 살해한 사건. 범인은 카드빚 등으로 생활이 어려운 상황이었으며 정신장애 3급이 있었다고 한다. 그러나 이 사건이 유명해진 이유는 "기독교인이라 자살은 못했다" 고 말한 뒤 (기독교인이 사람은 죽여도 되느냐는 질문에) "죄는 씻을 수 있다" 고 대답한 장면이 퍼졌기 때문이다. 죄는 씻을 수 있습니다. 항목 검색바람

「교인들의 죄에 대한 인식은 사람을 죽이고 죄를 지어도 여호와(야훼)와 예수께 기도하면 씻을 수 있다는 이런 황당한

생각 자체가 큰 문제이다. 기독교의 교리로 본다면 모든 교인
은 정신장애자라고 보아도 과언이 아니다.

인생에 대한 보상심리, 죄에 대한 보상심리, 삐뚤어진 삶에
대한 보상심리가 많은 사람들이 맹신하는 것이다. 죄는 씻을
수 있다는 생각으로 범죄는 계속 일어날 소지가 다분히 있는
것이다. 참으로 무서운 것이다.」

23 모순矛盾과 괴리乖理

모순이란 불가능하다는 뜻이다. 모矛는 찌르는 창이며, 순
盾은 창과 칼을 막는 방패를 말한다. 다음은 한자 문화권에서
'모순'이라는 말이 유래된 중국의 고사이다.

초나라에서 무기를 파는 상인이 있었다. 그 상인은 자신의
창을 들어 보이며, '그 어떤 방패도 뚫을 수 있는 창이라'고 선
전했고, 또 자신의 방패를 들어 보이며 '그 어떤 창도 막아낼
수 있는 방패라'고 선전했다. 그러자 그 모습을 본 명나라왕
신하 중 한명이 상인에게 "당신이 그 어떤 방패도 다 뚫을 수
있다고 선전하는 창으로 그 어떤 창도 막아낼 수 있다고 선전
하는 방패를 찌르면 어떻게 됩니까?"하고 질문을 던지자 상인
은 아무 대답도 하지 못했다.

그런데 엄밀히 말해서 이 고사의 창과 방패 이야기는 아리스
토텔레스 논리학 대당 사각형에서 말하는 모순이 아니다. 왜
나하면 "이 창은 모든 방패를 뚫을 수 있다."는 문장과 "이 방

패는 모든 창을 막을 수 있다."는 명제는 동시에 거짓일 수 있기 때문이다. 어떤 사실의 앞뒤, 또는 두 사실이 이치상 어긋나서 서로 맞지 않음을 이르는 말이 모순이다. 〈위키백과〉

교회에서 사찰건립 반대하는 현수막, 이것도 모순과 괴리이다.

"종교의 자유 침해하는 사찰 밖 연등설치 위법"
전주시 기독교 교계, 연등 설치 중단 성명서 내

얼마나 웃기는 똥개들인가? 불교에서 절 밖에 연등 설치하는 것이 종교자유침해라고 하며 위법이라고 성명서 내고 법원에 고발장을 제출하는 목사들. 자기들의 현수막과 길거리 선교 소음공해는 선교활동이며 미관상 좋지 않은 옥탑 십자가의 무덤표시는 종교자유이며 선교활동이란다. 이것도 모순과 괴리이다.

영원히 있을 수 없는 것이 모순이다. 쉽게 말하면, 모순은 한마디로 거짓말을 말하는 것이다. 이치에 맞지 않으니 거짓일 수밖에 없는 것이다. 천주교 기독교 성경에 하느님 말씀은 일점일획도 틀리지 않는다고 말한다. 이것이 바로 거짓말이다.

✱✱ 누가복음 9장 24절

"누구든지 제 목숨을 구원코자하면 잃을 것이요, 누구든지 내예수를 위하여 제 목숨을 잃으면 구원하리라."

✱✱ 마태복음 5장 18절

"진실로 너희에게 이르노니 천지가 없어지기 전에 율법의 일점일획이라도 반드시 없어지지 아니하리라."

✱✱ 누가복음 16장 17절

"그러나 율법의 한 획이 떨어짐 보다는 천지의 없어짐이 쉬우리라."

이 말은 세상이 없어져도 기독교의 엉터리 같은 율법은 없어지지 않는다는 것이다. 완전한 엉터리인데 이것을 믿는 것이, 이런 새빨간 거짓말을 믿는 것이 모순이며 병신칠갑病神漆甲을 하는 것이다. 모순이란 두 가지의 판단이나 사상이 서로 배타적이어서 양립할 수 없는 관계이다.

✱✱ 마가복음 12장 31절

"네 이웃을 네 몸과 같이 사랑하라"

✱✱ 누가복음 19장 27절

"나의 왕 됨을 원치 않던 저 원수들을 이리로 끌어다 내 앞에서 죽여라."

** 요한 1서 2장 15절

"이 세상이나 세상에 있는 것들을 사랑하지 말라 누구든지 세상을 사랑하면 아버지의 사랑이 그 속에 있지 아니하니라."

** 누가복음 16장 9절

"내가 너희에게 말하노니 불의不義한 재물로 친구를 사귀라."

☀ 이 문구가 부정부패의 온상이 되는 것이다.

** 요한복음 11장 25∼26절

"예수께서 가라사대 나는 부활이요, 생명이니 나를 믿는 자는 죽어도 살겠고 무릇 살아서 나를 믿는 자는 영원히 죽지 아니하리니 이것을 네가 믿느냐."

예수 본인 자신도 죽기 싫어 안달을 하다가 개죽음을 당했는데 무슨 부활이며 영생인가. 이런 사기가 어디 있나? 얼마나 황당한 말인가. 살아서 믿으면 영원히 죽지 않는단다.

우주에 영원이란 없다. 무엇이 영원한가? 태양도 달도 별들도 결국에는 소멸하는데, 무엇이 죽지 않는 것인지? 육체인가 정신인가? 마음인가?

하느님이 우주를 창조하고 모든 만물을 창조했다는 것이 천주교 기독교 이슬람교의 근본교리이다. 이런 경우의 창조는 어떻게 된 것일까?

창조할 바에는 보다 더 잘생기고 예쁘고, 건강하고 튼튼하게 창조하는 것이 하느님의 진정한 사랑이 아닐까? 생각이 없는 무뇌충無腦蟲과 무뇌한無腦漢같이 맹목적으로 믿는 것이 병신신육갑病身神肉鉀이며 병신칠갑病神漆甲하는 것이다. 100%

지옥 가는 것은 자명하다.

이 사람들은 무슨 죄인가?

미국의 샴쌍둥이 자매의 일상생활이 리얼리티 프로그램을 통해 공개될 예정이어서 관심을 모으고 있다.

미국의 TLC 방송은 오는 28일(현지시간)부터 "애비와 브리타니"라는 제목의 TV리얼리티 쇼를 방영한다.

'애비와 브리타니'는 샴쌍둥이 자매의 이름이다. 1990년 미국 미네소타주에서 태어난 애비-브리타니(22) 자매는 머리와 심장, 폐 등 신체의 일부를 별도로 갖고 있지만 배꼽 아래로는 하나의 몸을 공유하고 있다.

아래 할머니는 이마에 뿔이 엄청 많이 자랐네, 무슨 사슴같이 말이에요. 어떻게 보면 뿔이 동물의 뿔같이 난거 같아요. 이마위로 살에서 튀어나온 뿔이 정확한데요. 일반 사람들과는 다른 사람이라는 것을 볼 수 있어요. 그래서 사는데 지장만 없으면 될 거 같아요. 뿔 달린 사람도 여호와의 뜻인가? 창조주가 있다면 섭리치고는 더럽다.

〈이런 경우 누구의 잘못인가? 물론 창조주라는 여호와의
실수인가? 이 사람 개인의 죄 때문인가?〉

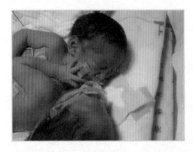

몸은 하나에 머리는 둘을 창조한 여호와하느님의 섭리는 어떤 것일까? 이것이 일점일획도 틀림없이 완전케 함인가?

〈여호와(야훼) 신의 전지전능인가? 장난인가?〉

24 영원한 진리와 거짓

이 세상에 영원한 것은 없다. 천당도 영원할 수 없고 지옥도 영원할 수 없다. 영원하다는 것은 변화한다는 그 자체가 끝없이 변화함으로 변화의 연속성이 영원한 것이다.

천당이 영원하다면 이미 천당이 아니다. 왜냐하면 즐거움도 매일 느끼면 즐거움을 모르는 것이요. 지옥이 영원하다면 지옥의 고통이 습관화 되면 오히려 고통이 고통인 줄 모르고 즐

거울 수 있으므로 이미 지옥이 아니다.

　밝음과 어둠을 사람들은 구분을 하는데, 밝음과 어둠의 경계가 없다. 빛과 그림자에는 그림자의 경계가 있지만, 새벽과 같은 여명의 밝음과 어둠에는 경계가 없는 것이다.

　허공은 밝음도 아니고 어둠도 아니다. 빛이 있으면 밝은 것이고 빛이 없으면 어둡다고 하는데, 빛의 정체는 어디에서 오는 것일까. 중생들의 시각적 감각의 관념에 있는 것이지, 마음의 평온 속에는 빛도 그림자도 없는 것이다.

　그대로 광명이다. 광명에는 그림자가 없다.

　우리의 마음은 허공과 같아 깨우쳐 지혜로우면 밝은 것이고, 생각에 얽매여 관념의 틀에 사로잡혀 집착하면 어두운 것이다. 밝음과 어둠에 경계가 없듯이 어리석음과 지혜로움에도 경계가 없다.

　영원하다는 것은 존재하는 실상들이 변화의 틀에 변화를 알고 변화의 연속성을 이어가는 것이다.

　허공은 늘지도 않고 줄지도 않고 안과 밖이 없어 경계가 없다. 생겨나는 것도 아니고, 없어지는 것도 아니니, 늘지 않으니 줄지 않고, 생긴 것이 아니니 없어지지 않는 것이다. 그래서 허공을 광대무변廣大無邊하다고 한다. 허공은 볼 수 없고 모양도 없다.

　우리의 마음도 모양이 없고 볼 수도 없으나 소소령령하게 존재하는 충만의 싱그러움이 영원한 것이다. 그래서 우리의 마음에도 경계가 없어 늘거나 주는 것이 없고 태어나거나 죽는 것이 없이 광대무변하다고 한다.

허공에서 온갖 물질이 형성되었다 소멸되지만 허공이 없어
지거나 생기는 것은 아니다.

우리의 마음도 이와 같아 마음이 일으키는 분상에 따라 생
각의 물결이 온갖 것들을 만들어 낸다. 슬픔과 기쁨, 행복과
불행, 그리고 여러 가지 모양의 육신을 마음이 짖는 행위에 따
라 찡그리고 울고 활짝 펴고 웃는 형형색색의 얼굴 모양은 우
리들의 마음이 만들어 낸다.

그 모양의 육신들이 생사를 거듭한다고 마음이 없어지는 것
은 아니다. 육신이 없는 집착된 생각, 즉 육신이 떠난 마음을
속된 말로 영혼靈魂이라고 하는 것이다.

마음이 육신을 떠나는 것이 아니고, 육신이 마음을 떠나는
것이요. 영혼이 육신을 떠나는 것이 아니고, 육신이 영혼을 떠
나는 것이다. 죽었다는 것은 영혼이 육신에서 빠져나오는 것
이 아니다. 육신이 숨을 멈추고 그대로 있는 영혼을 떠나 원
소들이 흩어지는 것이다. 그래서 육신은 흩어져 없어지지만
영혼은 그대로 허공과 같이 존재하는 것이다.

별이나 태양이나 행성들이 생겼다 없어진다고 허공이 떠나
는 것이 아니다. 허공이 떠나는 것이 아니라 별이나 태양이
인연 따라 모였다 흩어지는 것이다. 별이나 태양의 원소들이
생기거나 없어지는 것이 아니다. 생기지 않으니 없어지지 않
고 없어지지 않으니 생기지 않는 것이다. 그런 것들이 인연
따라 모였다 흩어지는 것뿐이다.

우리의 몸뚱아리도 마음인 영혼을 몸이 떠나는 것이지, 영혼이나 마음이 몸뚱아리를 떠나는 것이 아니다. 허공이 텅 빈 것 같지만 충만하여 오고감이 없고 생멸이 없다. 우리의 마음이나 영혼이라는 것도 텅 빈 충만으로 오고감이 없는데, 어느 몸으로 들어가고 어느 몸에서 나오겠는가? 충만한 그 영혼[마음]에 몸이 생겼다 사라질 뿐이다.

그래서 몸에는 생로병사生老病死가 있지만 마음엔 생로병사가 없는 것이다. 생로병사는 변화의 연속이지만, 마음이라는 영혼, 몸이 떠난 마음은 텅 빈 것 같지만 충만하여 있는 그대로인 것이다.

종교는 진리의 보금자리로서 마음의 안식처가 되어야 한다. 즉 영혼이 안주安住하는 보금자리로 종교는 진리 그 자체여야 한다.

극락 천당 지옥이 어디에 있겠는가? 극락 천당 지옥에 모양이 없다. 있다면 별들의 세계와 같이 허공이나 우리의 마음에 있을 것이다.

허공엔 안이 없고 밖이 없다. 그래서 모든 세계가 허공 안에 있는 것이 아니고 허공 밖에 있는 것이 아니다. 그냥 허공이 있는 그대로인 것이다. 그와 같이 극락 천당 지옥이 허공에 있는 그대로인 것이다.. 그래서 그 허공에 있는 극락 천당 지옥이 마음 안에 있는 것이 아니요 마음 밖에 있는 것이 아니다. 그냥 그대로 있는 것이다.

우리의 마음에 온갖 실상과 허상들이 그대로 존재하여 인연을 쫓아 생멸生滅이 연속할 뿐이다. 인연은 홀로 이루어지는 것이 아니고, 복합적으로 이루어지는 것으로 반드시 대상이 있고, 직접적인 원인과 간접적인 원인이 결과를 낳는 것이다.

마음이나 영혼은 허공과 같아 생기는 것도 아니고 없어지는 것도 아니기 때문에,- 텅 빈 것 같지만 충만하다. 그래서 텅 빈 충만으로 오고감이 없다. 그러므로 이것이 영원한 것이다.

마음이 지속적이고 영혼이 지속적인데, 이 없앨 수도 없고 새롭게 생겨나게 할 수도 없는 이것이 한 번 속아서 속는 줄 모르면 영혼이 계속적으로 속는 것이다.

한번 속은 영혼은 크게 깨닫기 전엔 집착의 덩어리가 되어 고통의 연속이 쉴 사이가 없는 것이다. 이것이 지옥이며. 쉴 사이가 없으므로 무간無間이라 한다. 바로 무간지옥으로 무간無間이란 틈이 없다는 것으로 영원한 것이다.

서구의 광신狂信과 맹신盲信은 지옥의 고통이 연속되는 꺼지지 않는 영원의 증오의 불로서 세계가 타고 자신을 태우고 모두를 태우는 사나운 불이다.

그래서 중동은 꺼지지 않는 화약고이다. 기독교와 이슬람의 광신적 맹신이 있는 한, 지구가 없어지고 태양이 없어진다 해도 그 불길은 꺼지지 않는다. 마음이나 영혼이라는 것이 없어지지 않기 때문에! 없어지지 않는 영혼이 집착된 어리석음은 생각이 크게 깨닫기 전에는 지옥의 불길을 잠재울 길이 없다. 전쟁이 쉴 사이 없이 이어지는 전쟁의 고통이 어찌 지옥이 아니겠는가?

이것이 천주교 기독교로 인한 지구의 불행이다.

그 변화무쌍한 몸뚱아리에 집착하여 부활이니 승천이니 재림이니 구원이니 하며 떠들고 뭇 생명을 속이는 일이야 말로 영원한 사기꾼이다.

잘못된 신앙은 시공을 초월하여 모든 것을 속이는 줄 모르고 속이며, 자기 자신이 자신을 속이는 줄 모르고 속이는 영원한 사기꾼으로 사기꾼인 줄 모르는 사기꾼이 된다.

잘못된 신앙은 꺼지지 않는 지옥이며 영원히 속이는 줄 모르고 속이는 사기꾼이다. 그 사기꾼들이 바로 악의 축이며 세상을 지옥의 불구덩이로 만들고 있다. 생명을 구제하고 인류를 구원하는 것은 돈과 재물로만 되는 것이 아니다. 마음의 양식을 전 할 수 있는 것이 중요하다.

바로 기독교의 성경이라는 마서魔書이며 악서惡書를 지구상에서 영원히 없애는 길만이 훨훨 불타는 불길을 잡을 수 있다. 사람이 악한 것이 아니라, 바이블성경의 글이 악한 것이다.

25　미치고 발광發狂하는 것

『사전적 의미로는 "미친 듯이 날뜀. 병으로 미친증세가 겉으로 드러나 격하게 행동함. 또는 그런 행동. 정신과 치료를 받고 있는 그는 요즘 부쩍 발광이 잦다." 뭐 이런 것이다.』

기문둔갑奇門遁甲 연파조수가煙波釣叟歌에
육신가을호창광六辛加乙虎猖狂

육을가신용도주六乙加辛龍逃走라는 격格이 있다.

사주에 신辛이 지반地盤이 되고 을乙이 천반天盤에 오면, 辛과 乙이 만나면, 호랑이가 미쳐서 날뛰는 호창광虎猖狂격이라 한다.

을乙이 지반地盤이 되고, 신辛이 천반天盤이 될 경우 용龍이 달아난다는 용도주龍逃走격이다. 용이 달아난다는 것은 기가 빠져 앞길이 막힌다는 것이다. 아마 이 사람들은 모두 이런 사주를 갖고 있을 지도 모른다.

☀ 아프가니스탄 평화축제 사건

아프가니스탄은 국교가 이슬람교이다. 2007년 기독교인이 이슬람국가에 가서 평화축제를 하겠다는 것이, 아프가니스탄 평화축제 사건이다. 국가 단위의 손실을 입힌 최초 사례이다. 한마디로 속된 말로 죽으려고 작정한 환장한 짓이다.

아프가니스탄이 사실 처음부터 반한, 반선교활동 감정을 가졌던 것은 아니었다. 많은 선교사들이 자신의 목숨을 걸고 성경책과 왕진가방 하나만 들고 동분서주하며 의료봉사와 선교활동을 해왔고 선교활동은 둘째 치고 봉사활동 덕분에 아프간에서 한국인에 대한 좋은 평판을 심어왔다

2007년 7월 13일 분당샘물교회 배형규 목사 외 분당샘물교회 남녀 신도 19명이 아프가니스탄 단기선교 목적으로 인천공항을 통해 출국, 베이징과 두바이를 거쳐 14일에 카불에 도착했다. 출국 인원은 (배 목사 포함) 20명이었지만 현지에서 활동하던 한국인 선교사 3명이 통역 및 안내 목적으로 합류하

여 아프가니스탄에 있는 동안 총 23명이 움직였다.

이들은 7월 22일에 아프가니스탄에서 출국하여 23일에 인천 공항으로 입국할 예정이었다. 7월 19일 오후 이들이 카불에서 칸다하르로 버스를 타고 이동하던 중 카불에서 170여 킬로미터 거리에 있는 가즈니 주 카라바그 지역에서 탈레반이 이들을 납치하였다. 배형규 목사는 처형되었다.

한국군의 이라크 철수를 요구한 무장 세력에 의해 납치되어 결국 참수당한 김선일의 경우와 비교해볼 만하다. 정도의 차이는 매우 크게 있지만 결국 '근처에서 알짱거리던 한국인' 이란 사실은 다르지 않은데도 불구하고 여론도, 정부의 대응도 크게 달랐다.

김선일은 누구인가? 많은 사람들이 그냥 돈 벌러 갔다고 생각하지만, 실제로는 선교 목적으로는 비자가 안 나서 미군 군납업체인 가나무역에 취업한 사람이다. 종교적으로 굉장히 민감한 지역에 적대적인 종교의 선교를 목적으로 편법을 동원해 가며 간 것에 대한 논란이 있었다.

인도이니 다행이지!
불교이니 다행이지!
이들이 아마 이란이나 이라크 서부에 있는 메카에 들어가 찬송가를 불렀다면 그 자리에서 바로 총살을 당했을 것이다. 이것이 바로 병신신육갑病身神肉鉀이요, 병신칠갑病神漆甲하는 것이다.

이들로 인한 보이지 않는 국가적 손실과 대가

1. 국가적 이미지 실추

2. 아프간 주둔군 철수

3. 해외여행국민의 안전저해

4. 민간외교 채널 위축

이들로 인한 국민 세금의 직접 손실의 금전적 대가

1. 몸값 약 378억 원(아랍위성방송 알자지라보도)

2. 항공료 약 1억 5천만 원

3. 건강 진단료 950만~ 2100만원

4. 현재 대책반 체류 및 활동비 1억 원(추정)

☀ 불교의 성지 인도 부다가야 사원에서 찬송가

[스크랩] 국제망신 '무개념' 한국인 청년, 불교 성지 부다가야 사원에서 찬송가 불러 퇴장 / 법수스님 묵언수행 중단

『인도의 부다가야 사원에서 찬송가를 부른 한국 청년들이 퇴장 조치 당하는 사건이 발생했다.

지난 2014년 7월 5일 동영상 사이트 유튜브에 올라온 '구원이 뭡니까?!' 라는 제목의 영상에는 한국인 남성 2명과 여성 1명이 불당 사원 내부에서 기타를 치며 찬송가를 부르고 기독교식 기도를 하는 모습이 담겨져 있다.

이 영상을 게재한 누리 꾼에 따르면 "인도에 거주 중인 지인이 직접 이 일을 겪고 영상과 글을 보냈다"며 "영상은 지난 4일 오후 5시경 인도 부다가야에 위치한 대법당 마하보디사원에서 촬영됐다"고 설명했다.

인도 부다가야는 석가모니 부처님이 보리수나무 아래서 깨달음을 얻은 곳으로 불교 4대 성지 중 하나로 알려졌으며 유네스코에 의해 세계 문화유산으로 등록돼 있는 장소다. 이들은 자신들의 행동에 대해 "하나님만이 오직 구원"이라며 "이곳에 있는 사람들이 불쌍해서"라고 답한 것으로 전해졌다.』 사진 ㅣ 유튜브 캡처. 동아닷컴 영상뉴스팀)

정말 누가 불쌍할까? 이들은 과연 누구를 위하여 이렇게 목숨 걸고 난리일까? 이것이 예수를 위한 일일까? 자신을 위한 일일까? 기타치고 노래하는 것이 너그러움의 노래일까 아니면 증오의 노래일까?

이들은 구원이 노래가 아니라 속으로는 증오와 멸시에 가득 찬 분노의 노래를 하고 있는 것이다. 한국에 왜! 정신병자가 세계에서 제일 많은가?

정신병원에 가봐라 기독교인들이 태반이다. 왜 이들은 미쳐 있을까? 이 사람들! 겉은 멀쩡한 모습이나 이미 정신병에 크게 걸려 있는 중증 정신병자들이다. 맨 정신에 그랬다면 한국은 이미 희망이 없이 망한 것이다. 천당이 아니라 100% 지옥가는 일만 남아있다.

이슬람교는 건들지 않으면 싸우지 않는다. 이슬람교를 먼저 건드린 것이 바로 십자군 전쟁이다. 하느님의 군대라며 천주교 기독교에서 쳐들어가서 한 번도 이겨보지 못하고 패한 것이 여호와하나님의 십자군 전쟁이다.

여호와 군대라는 십자군이 정말 하느님이었다면 정말 신으로 계셨다면 왜! 쪽도 못쓰고 패했을까? 여호와는 전지전능한 것이 아니라 무지無知무능無能했기 때문이다. 여호와 신神이 알라신神에게 쪽도 못쓰고 패한 것이다.

☀ 동국대학교 교내 선교사건 (2011)

2011년 11월 29일자로 동국대학교 정각원에서 공식 성명을 발표하면서 언론에 보도된 사건이다. 다수의 개신교인들이 교내에서 무단으로 선교활동을 벌여왔다. 지금까지는 좋은 말로 내보내 왔지만 선교단체가 선교행위를 제지하던 학교 소속 스님을 도리어 모욕, 강취, 폭행, 업무방해 등 혐의로 고소하기에 이르자. 재발방지를 위해 성명을 내기에 이르렀다고 한다.

문제는 개신교인들이 해왔던 행동이 단순히 선교활동만이 아니었다는 데 있다. 동국대학교 공지사항에 올라온 내용을 정리하면 다음과 같다.

- 교내 불상에 붉은 페인트로 십자가를 긋고 "오직 예수" 라

고 낙서

- 교내 정각원 법당 안에 대소변을 배설하고 문짝을 파손
- 제등행렬에 사용할 코끼리 등에 방화하여 등이 전소됨
- 한밤중에 목사 등이 대형버스 여러 대에 타고 교내 광장에 난입해 땅 밟기 집회.
- 교회 전도사들이 학생 명의를 빌려 강의실을 불법 대관해 종교집회 진행.
- 교내 법회 때마다 목탁소리가 시끄럽다며 학교 측에 욕설로 항의하고 행정당국에 소음이라며 고발.
- 외부인 출입이 통제된 대입 수험장에 잠입해 선교 포스터 부착
- 화장실, 강의실 등에 수시로 허가 없이 개신교 홍보 포스터 부착.
- 교내에서 개신교 관련 설문지와 교회 소개 유인물을 살포, 제지하던 스님을 도리어 경찰에 고소.

이건 선교가 아니라 다 때려 부수러 간 거다! 그 전에 영역 다툼하는 짐승들도 아니고 명색이 종교인이 남의 종교 건물 문짝을 부숴놓고 대소변을 보면 영역표시 주변에서 개신교를 참으로 청결하고 문명화된 종교로 보겠는가?

종교간 충돌이라는 관점을 적용하지 않더라도 민사법상, 형법상 충분히 처벌받을 만한 일들을 저질러 놓고서 오히려 적반하장으로 스님을 고발함으로서, 동국대학교 측의 인내심이 바닥난 것이다.

☀ 불상훼손 장면

동화사에 들어가 법당에 오줌을 갈기고 있는 성목사(42) ▲ CCTV 촬영. 성기가 썩어 자손 생산이 어려울 것 같은데.

2012년 8월 20일경 울산광역시의 한 전직 목사가 대구 동화사에 난입해서 불경을 찢고 탱화와 벽화에 낙서를 하고 향로에 소변까지 보는 만행을 저질렀다. 이는 법당의 CCTV에 고스란히 찍혀서 체포되었는데 조사 과정에서 불경에 헛된 것이 적혀있어서 훼손했다고 말했다.

그런데 여기서 끝나지 않고 경찰조사 중 여죄가 있는 것으로 드러났다. 울산의 한 가톨릭성당에서 성모상을 넘어뜨리고 소변을 보고, 이후 다시 침입하여 대소변을 싼 뒤 배설물을 성모상의 몸과 얼굴에 묻히는 짓을 했다.

「충남 예산군에 소재하는 한 교회의 A 목사는 2013년 4월 19일, 수덕사에서 찍은 사진을 본인의 SNS에 프로필 사진으로 올렸다. 사진 속 A 목사가 들고 있는 기와 상단에는 '마태복음 24:14'라는 문구와 '십자가 그림'이 적혀있으며 그 밑에는 '수덕사는 예수님의 이름으로 무너질 것이다. 이곳의 중들은 주님아… 돌아올지어다.'라는 글이 쓰여 있다.」

목사의 정신수준이 이정도면 기독교인들의 정신수준이야 빤한 것이 아니겠나?

26   누가 누구를 어떻게 구원하겠다는 것인가?

구원의 의미를 알아보자.

구원 [salvation, 救援] 종교 | 브리태니커

『구속救贖이라고도 함. 종교에서 사용하는 말로, 고통·악·유한성·죽음과 같이 근본적으로 부정적이거나 불가능한 상황에서 인류를 구출하는 것을 뜻함, 어떤 종교에서는 자연적인 세계보다 더 높은 경지 또는 상태로 회복되거나 올라가는 것을 뜻한다.

구원 또는 구속은 보편적인 종교개념이지만, 이 교리가 가장 뚜렷하게 나타나는 종교는 그리스도교일 것이다. 그리스도교에서 구원이란, 하느님이 역사 속에서 예수 그리스도의 삶과 죽음과 부활을 통하여 인류를 죄와 죽음에서 구해내는 행위를 뜻한다. 그리스도교 신학에서는 그리스도의 희생 행위가 자발적인 사랑에서 나왔음과 구원이 값없이 은혜로 주어지며, 그리스도의 행동은 스스로 아무것도 할 수없는 인간들을 대표 또는 대리하는 것임을 강조한다. 또 그리스도 안에서 먼저 사랑을 베푼 하느님에게 믿음과 예배와 새로운 삶으로 반응을 보일 필요가 있음을 강조해왔다.

성서에서는 구원이 좀 더 제한된 배경을 가진다. 〈신약성서〉에 따르면, "우리가 그리스도 안에서 그의 은혜의 풍성함을 따라 그의 피로 말미암아 구속 곧 죄 사함을 받았다"(에페 1 : 7)고 한다. 성서에서는 구원을, 땅의 일부를 되사거나, 노예로 있던 어떤 사람을 값을 치르고 사는 일로 비유하고 있다.

일반적으로 그리스도교에서는 구속받는 대상이 개인 영혼이라고 말하는데, 어떤 이들은 구원이 자발적인 믿음 덕택이라고 하며, 또 어떤 이들은 하느님의 선택 덕분이라고 한다.

반면 동양의 종교들은 인생의 괴로움이나 죽음에서 구원받거나 구출되는 것이 수련이나 수행을 통한 자기노력의 문제라고 믿는 경향이 있다.』

위에서 말한 고통·악·유한성·죽음에서 구원되거나 구제된 사람은 전 인류를 통하여 단 한사람이라도 있나 살펴보자. 고통에서 누가 구원되었는가?

악에서 누가 구원되었는가? 악惡의 기준이 무엇인가? 유한 有限에서 무한無限성으로 간 사람이 단 한사람이라도 있는가? 죽음에서 벗어나 지금까지 살아 있는 사람이 단 한사람이라도 있는가? 이런 허무맹랑한 생각으로 결국은 자기를 괴롭히고 남을 괴롭히다 못해 도적질하고, 죽이고, 테러하고 하는 것이 과연 구원인가?

예수의 무엇을 믿으라는 것인가? 처녀가 애비 없이 성령으로 잉태하여 아이를 낳았다는 것을 믿어서 무엇이 어떻다는 것인가? 죽었다 다시 살아났다는 부활을 믿어서 당신도 죽었다 다시 살아나는가? 다시 살아났으면 그 당시부터 지금까지 육신으로 보존하여 내가 예수라고 외치고 다녀야 할 것이 아닌가?

정말로 예수가 다시 살아났다는 부활을 해서 인류에게 무슨 도움과 변화가 있었는가? 예수교로 인한 전쟁은 지금도 쉴 줄 모르고 있고, 세계는 여전히 질병과 기아의 고통에서 허덕이는 사람이 무수히 많다.

또한 다시 살아난 예수가 어디 있다가 오는 것인지는 모르지만 재림을 한단다. 그 재림을 믿으라는 것인데, 재림이라는 것은 기독교인에게는 좋을지 모르지만 일반인에게는 아주 고약한 멸망인 것이다.

재림할리도 없지만 재림한다하더라도 믿는 자 14만 4천명만, 그것도 이스라엘 민족만 구원하는 것이다.

믿음의 문제에 있어서도 "믿고 싶어도 믿어지지 않는다."고 하면 "믿음도 하나님이 선택하여야만 믿게 된다."는 황당한 이야기를 한다. 그러니 어차피 여호와를 믿건 안 믿건 우리의 소관이 아니다.

부처님 말씀대로 살생하지 말고, 도적질하지 말고, 사음邪淫하지 말고, 거짓말 하지 말고, 술 마시고 취해서 객소리 하지 말라는 것이 진정한 자기 구원이 아닌가!

어느 것이 더 급할까

깊은 물에 빠져 수영을 못하면 100% 죽는다. 물속에서 허우적거리며 혼비백산하여 죽음의 공포로 인한, 이 죽음의 순간이 바로 지옥의 고통이 아니겠는가?

이 물에 빠진 사람에게 지푸라기라도 있으면 잡겠는가 안 잡겠는가? 옆에 사람이 있으면 잡고 놓겠는가. 안 놓겠는가? 이 사람은 죽어가고 있지만 죽어도 놓지 않는다.

그래서 물에 빠진 사람에게 함부로 대들지 못한다. 잡히면 같이 빠져 죽는다. 물귀신 작전이라는 것이 바로 이런 것이다. 한번 잡으면 놓지 않는 것이다.

물에서 빠져 나올 때 옆 사람을 생각할 겨를이 있겠는가. 없겠는가? 저 빠져나오기 급급한데, 어느 누가 옆 사람을 챙기겠는가! 그것도 수영을 못한다면 아예 불가능한 일이다. 수영을 할 줄 알아도 저 나오기 바쁘지, 남 구할 여지가 어디 있겠나? 정말 어려운 일이다. 세월호 선장과 직원들을 보라.

천당 가는 일이 물에서 빠져나오는 일보다 더 급할까? 죽음의 순간 물에서 빠져나오는 것이 바로 지옥에서의 탈출이라고 생각하지 않는가?

천당이 그렇게 좋으면 혼자서 조용히 가라.

믿지 않는다고 아우성치지 말고! 물에 빠졌을 때 믿는다고 빠지지 않고 구원이 되고? 믿지 않는다고 빠지며 구원이 되지 않는가? 믿어도 빠지면 죽고, 믿지 않아도 빠지면 죽는다. 믿지 않아도 빠지지 않으면 죽지 않고, 믿어도 빠지면 죽는다.

천당에 같이 가자고 하는 사람은 수영도 못하는 사람이 물에 빠져 허우적대며 지푸라기라도 잡으려고 혼신의 힘을 다하는 것이나 별다름 없다.

물에 빠졌을 때, 이를 지옥에 비유한다면 나올 때가 천당일 것이다. 천당은 요란하게 선동한다고 가지는 곳이 아니다. 가고 싶으면 조용히 혼자서 가라. 제 자신도 나오지 못하며 남을 건져주겠다고 하는 헛소리는 공허한 메아리일 뿐 일종의 정신착란이다.

믿으면 100% 천당 가고. 믿지 않으면 100% 지옥 간다. 이 말은 기독교에 해당되는 말이다. 그래서 〈예수천당 불신지옥〉이라는 팻말을 들고 다닌다. 병신신육갑病身神肉鉀이며 병신칠갑病神漆甲이다.

그러나 불교나 유교 도교 등의 동양종교는,

믿어도 천당 못가고, 믿지 않아도 지옥 가지 않는다.

믿지 않아도 천당 가고, 믿어도 지옥 간다.

이 말은 무슨 뜻인가? 아무리 열심히 믿고 울고불고 소리쳐도 살생하고 도적질하고 싸우고 술 마시고 취하여 제정신이 아니며 거짓말하면 100% 지옥에 간다.

믿지 않아도 살생하지 않고 생명을 살리며, 도적질하지 않고 베풀며, 싸우지 않고 사랑하며, 술 마시고 취하지 않고, 거짓말하지 않고 진실하면, 100% 천당에 가고 지옥엔 절대로 가지 않는다.

이것이 불교와 힌두교와 도교 등의 오계五戒이다. 홍익인간弘益人間 이세치화理世治化 사람을 널리 이롭게 하고, 이치로서 세상을 다스리는 것이 우리 한민족의 조상인 단군하느님의 교훈이다.

27 땅 밟기는 남의 나라를 침략 전쟁행위이다.

땅 밟기는 엄연한 강도나 전쟁행위이다. 그런데도 고맙게 느껴진다. 이 땅 밟기는 멍청한 똥개나 미친 똥개가 하는 짓이다. 교활한 여우사냥개는 안 한다.

미친 똥개는 눈에 보이니 구분이 쉬워 때려잡기도 쉬워 오히려 다행이다. 그런데 교활한 여우사냥개는 변신을 잘해 잡기가 어렵다.

땅 밟기는 남의 집에 무단 가택침입을 하여 잔치를 하며 노래하고 춤추는 꼴이며, 남의 나라에 들어가 자기나라 국기를 꽂는 격이다. 맞아 죽기 딱 알맞은 행동이다. 그래서 미친 똥개나 멍청한 똥개일 뿐이다.

미친 똥개나 멍청한 똥개는 눈에 잘 보이니 때려잡든지 내

쫓든지 하면 된다. 땅 밟기는 오히려 국민에게 각성의 계기로 좋은 일이다. 멍청하고 미친 똥개가 오히려 반기독교시민운동을 하는 꼴로 불교를 도와준 셈이 된다.

멍청한 똥개의 하는 짓을 보고 누가 기독교의 여호와를 믿겠는가? 참으로 무종교인이나 타 종교인에게는 고마운 일이다.

참으로 멍청한 똥개보다 더 무서운 개는 교활한 여우사냥개이다. 교활한 여우사냥개는 자비하지 않으면서 자비한 체한다. 남의 것을 훔치면서, 훔치지 않은 체한다. 남의 것을 흉내 내면서 흉내 내지 않은 체한다. 속으로는 악하면서 겉으론 선한 체한다.

참으로 땅 밟기 하는 멍청한 똥개에게 고맙다고 생각해야 한다. 이들을 통해서 교활한 여우사냥개와 똥개의 정체는 한통속이라, 같은 교과서를 배운다.

천주교 기독교는 똑같은 종교이다. 겉모양만 다를 뿐 속은 똑같다. 왜 그런가하면 교리의 근본바탕이 되는 교과서인 바이블이 같다. 기독교의 신구약 66편이라면, 천주교는 한편 더 많은 67편이다. 그래놓고 천주교에서는 기독교와 다르다고 차별성을 강조한다.

천주교 기독교는 제사를 지내는 행위를 우상숭배라고 하여 여호와 하나님께서 진멸하고 멸절滅絶시킨 일이 있다. 그런데 천주교에서는 불교를 흉내 내며 토착화의 명목으로 제사를 지내며 49재도 하고 있다.

이들이 왜! 조선에서 박해를 받았는가? 처음부터 박해를 받은 것이 아니다. 대원군의 부인과 애첩 등 일가도 처음엔 천주교를 믿고 대원군도 천주교에 대하여 너그러웠다. 조상제사의 반대로 이들이 수난을 겪으며 박해를 받았는데, 이제 와서 토착화 명목으로 염주도 돌리고 절도 하고 제사도 지낸다. 이것이 교활한 여우사냥개의 본체이다.

28 환부역조 換父逆祖

환부역조란 아버지를 바꾸고 조상을 거스른다는 이야기이다. 천주교 기독교인들은 아버지를 바꾸고 전통과 조상을 거역하고 있다. 그들의 아버지는 여호와이며, 자기 조상에게 허리 숙여 절하며 제사 지내는 것을 우상숭배라고 거부했다.

한국에서 가정불화가 일어나고 가정의 화목이 깨지는 첫째 원인 중 하나가 집안에 기독교인이 있으면 명절이나 제사 때,

알력으로 인하여 형제간에 우애가 상하고 부부간에는 신앙의 갈등으로 이혼에 이르게 된 예가 허다하다.

조상을 거스르고 매국한 예를 한번 읽어보자.

1801년 신유사옥辛酉邪獄때 104명의 천주교인이 절두산에서 죽었다. 천주교인들이 아니었다면 조선의 문호가 좀 더 일찍 개화될 수 있었을 것인데, 천주교인들의 환부역조하는 교리로 인하여 대원군은 어쩔 수 없이 더욱이 쇄국의 문을 조였던 것이다.

황사영(1775 - 1801년) 백서사건의 일부를 읽어보자. 황사영은 경상도 창녕昌寧 사람으로 정약현丁若鉉 : 정약용의 맏형)의 사위이다. 중국 천주교회 사제인 주문모周文謨신부에게 알렉산드로라는 세례명으로 영세를 받았다. 정약용도 한때 천주교에 관심을 가졌지만 이념의 차이로 천주교를 멀리하여 귀양 보내져 사형을 면했다. 정약용은 절대 천주교인이 아니다.

그는 어려서부터 재주가 뛰어났으며, 1791년(정조 15) 17세의 어린 몸으로 진사進士에 합격하여 시험관을 놀라게 하였고, 정조로부터 그의 학문적인 재능에 대한 칭찬과 학비를 받았다.

황사영은 북경에 있는 프랑스 주교에게 길이 62Cm 너비 38Cm 되는 흰 명주비단에 10자씩 121행 도합 1만 3천여 자를 검은 먹으로 깨알같이 쓴 긴 편지를 북경주교에게 전달하려 했다가 발각되어 104명이상이 처형된 것이다.

다음은 백서 내용을 간추린 것이다.

① 서양제국의 동정을 얻어 성교聖敎 : 예수교를 받들어 나가고 백성들의 구제에 필요한 자금을 요구.

② 청나라 황제의 동의를 얻어서 서양인 신부를 조선에 보낼 것.

③ 조선을 청국에 복속시키고 친왕親王에게 명하여 조선을 감독케 할 것.

④ 전쟁을 모르는 조선에 군함 수백 척과 강한 군사 5-6만 명으로 서양 전교대傳敎隊를 조직하여 선교사의 선교를 쉽도록 할 것 등이다.

천주교인들이 왜 박해를 받아야 했겠는가? 대원군이 쇄국정치를 해서 조선의 개화를 더디게 한 것이 아니라, 이 이면에는 국가의 존망이 뒤흔들릴 수 있는 환부역조換父逆祖하는 배후 서양의 미신적 세력인 천주교가 물밀 듯 들어올 것을 걱정하여 개화를 못한 것이다.

근자에 더욱 웃기는 일은 국가 반역죄로 죽은 김대건 신부를 비롯하여 2014년까지 123명이 하루아침에 로마 교황청으로부터 성인聖人으로 추대되었다는 사실이다. 참으로 무서운 조직들이다. 반역죄로 죽으면 순교자이다.

정말로 하나님이 있어 교리의 우수성에 감복하여 순교를 했다면 얼마나 멋있는 장렬한 죽음이었겠는가? 천주교(기독교) 성경의 내용을 읽어 보아서 알겠지만 여호와는 100% 완전 UFO에 의한 외계인으로 완전한 사악한 살인마로 살인을 능사로 여기는 문명인으로 절대 신神으로서 하나님이 아니다.

지금 내가 외계인이라는 것을 설명하듯이 목회자들은 여호와가 하나님이라는 것을 바이블을 통하여 과학적으로 설득력 있게 증명하여야 할 것이다. 만약에 이것이 증명되지 못한다면 이들의 죽음을 교황청에서 아무리 성인이라고 추대를 했어도 영적으로나 현실적으로 개죽음에 지나지 않는 것이다.

근자에도 열렬한 교인들 중에는 절에 들어가 불상을 부수고, 몰래 방화를 하여 천년을 이어온 민족의 혼이 담겨 있는 전통사찰을 불태워 왔다. 그뿐이겠는가! 초등학교 교정에 세운 우리의 국조인 단군상을 우상이라고 부수는 교인들! 이 몰지각하다는 교인들이 오히려 더 양심적인 여호와 신神하나님)의 충실한 종들이다.

똥으로 향을 만들겠다고 변증적 논법을 쓰는 사특하고 간특한 목회자나 몰지각한 지식인들의 들뜬 행동이 문제이다. 원숭이가 사람 흉내를 낸다고 사람이 될 수 없고 앵무새가 소리를 따라한다고 그 뜻을 아는 것은 아니다.

천주교에서 불교 의식을 따라 바이블성경)의 교리에도 없는 제사를 지내는 행위, 49재를 지내고 염주를 따라 묵주를 걸고 다니는 것을 보면 그나마 여호와가 신神으로서 하나님이 아니길 다행이지, 정말로 신이었다면 그들의 교리대로 한국의 천주교인들은 여호와하나님의 진노震怒로 씨 말리는 죽임을 당할 것이다.

한국의 천주교인들은 그들의 하느님인 여호와가 우상숭배

하지 말라는 제사도 지내고 있으니, 이들은 변질된 이단으로 기독교에서 보거나 불교에서 보면 완전 사이비임에 틀림없다. 원숭이가 사람 흉내 낸다고 사람이 되겠는가?

이들의 사고방식은 조국과 민족의 정서엔 하등에 관계가 없는 사람들이다. 특히 정치에 있어서 자기 이익을 위하여 언제든 양심을 저버릴 수 있는 기본이 안 된 사람들로 원칙이나 정의 같은 것은 없다. 기본원칙을 무시하고 자기들 편리한대로 원칙과 민주방식을 파기하는 사람들이다. 이것이 병신칠갑 病神漆甲이다.

- 이스라엘 백성과 모세를 흉내 내며 피켓을 들고 서있는 저 사람들!. <이 사람들은 만약에 한국과 이스라엘이 전쟁이 나면 이스라엘 편들 사람들이 아니겠나?>

☀ 다음은 인터넷 글이다.

『만고의 역적. 매국노 황사영마저, 순교자. 성인으로 추존하고, 매국 역적질의 아지터 배론 토굴마저 성지화 한 한국의 천독교[천주교].

개독[기독교]보다 무서운 천독교[천주교] 박멸 시급

천주교는 개독의 분열적 에너지와 달리 매우 합리적인 일사불란함을 갖추고 한국의 전통문화와 전쟁하고 있다.

천독교는 개독들과 같이 겉으로 드러나게 우리의 역사와 전통을 말살하려는 전술을 쓰지 않고 전통 문화와 종교와 갈등하지 않는 척하는 전술을 구사하지만, 속으로는 개독보다 무섭게 은밀하고 전격적으로 전통 문화와 종교를 박살내고 교체해 버리고, 아예 전통종교화 문화로서 군림해 버린다.

이런 전술에는 정신을 바싹 차리지 않는 한 결코 싸워 이길 수가 없다. 참으로 무서운 일이다.

조선말, 구한말의 천주교 박해사를 모조리 왜곡해서 조선조정이 천주교의 매국질을 엄단한 것을 박해라는 단어로 교체해 버렸다. 그리고 조선조정이 천주교의 매국질을 엄단한 인물과 장소들을 모조리 천주교 성지화. 성인화 해 버렸다. 참으로 무서운 일이다.

조선말, 구한말 전국에 있는 천주교인 매국질 엄단 장소에 가보아라. 모두 천주교 측에서 순교. 성지화 해 버렸다.

대한민국 정부의 문화부에서는 즉각 전국 각지의 천주교도 엄단장소에 대한 성지화 구조물들을 모두 철거하고 조선정부의 천주교도 처형장소라고 역사 안내문을 고쳐 역사 왜곡을 바로 잡아야 한다.

참고로 천진암도 본래 천주교도들을 숨겨주고 보살펴준 사찰이었는데, 신속한 천독교측의 성지화 작업으로 배은망덕하게도 사찰 티가 아닌 천주교 성지화가 되어 있다.

얼마나 신속하고 은밀하고 전격적으로 자신의 영역을 점령해 나가는 게릴라 부대들인지 오싹하게 느껴질 것이다. 현장에 가봐야 느낄 일이다. 모든 왜곡의 현장을 바로 잡는 이 작업들은 반드시 실천해야 한다. 참으로 오싹할 일이다.

오늘은 조선을 청나라에 팔아넘기기를 간절히 청원하고, 서양군대를 대규모 파견해 조선을 붕괴시키고 민중을 살해해 천주교 성교를 맘대로 하기 위한 오직 천주교 선교만을 위해 국토유린, 전쟁, 조선말살, 역사말살, 속국 자청을 간곡히 청한 황사영 매국노 짓을 미화한 성인화, 순교영웅화 한 천주교의 더러운 치부를 드러내 보자. 』인터넷 검색 생활화하자.

29 구약舊約과 신약新約과 영약靈約

중세의 암흑시대라는 것을 역사를 배운 사람이라면 알 것이다. 내용은 자세히 몰라도 단어는 들어봤을 것이다. 이 중세의 암흑시대란 천주교시대를 놓고 하는 말이다.

암흑暗黑이란 칠흑漆黑과 같이 깜깜하다는 뜻이다. 미래와 희망과 꿈이 없었던, 이 얼마나 앞이 보이지 않는 답답한 세상이었으면 암흑시대라 했겠는가? 정치 경제 사회 문화 인륜 도덕이 모두 깜깜하다는 것이다.

바로 예수의 출현과 동시에 일어난 일들이다. 바이블을 구약舊約과 신약新約으로 나눈다. 구약이란 옛 약속이고, 신약이란 새로운 약속이란다. 예수 태어나기 전의 약속은 구약이고, 예수 출현 후에 약속이 신약이다. 이 약속은 누구와의 약속인가?

이스라엘 백성과 여호와 신神의 약속이다.

〈.출애굽기 19장 5-6절〉 "5절, 세계가 다 내게 속하였나니 너희가 내 말을 잘 듣고 내 언약言約을 지키면 너희는 열국 중에서 내 소유가 되겠고 6절, 너희가 내게 대하여 제사장 나라가 되며 거룩한 백성이 되리라 너는 이 말을 이스라엘 자손에게 고할지니라."

여호와의 말을 잘 들으면 제사장의 나라가 되어 좋은 땅에 살게 해준다는 여호와의 언약言約이다. 그러나 이 약속은 단한 번도 지켜지지 않았다.

이스라엘 민족은 처음에 이집트[애굽]에서 노예로 살았다. 이집트에서 노예로 살 때 모세가 이끌어 냈다는 것을 기록한 것이 구약의 출애굽기이다.

모세가 지팡이로 홍해를 가르는 기적으로 유명하다. 이스라엘 민족이 이집트를 탈출하는데 최고의 클라이맥스이다.

그러나 이 홍해의 기적은 완전 뻥 구라로 유치원생에게나 어울리는 말이다.

지도에서 보는 봐와 같이 이집트의 수도 카이로와 시나이반도 이스라엘은 육지로 연결되어 있고 직통이다. 그런데 홍해로 나가려면 1000리 길을 더 돌아야 하고 더구나 바다를 건너야 한다.

홍해의 북쪽 넓이는 200km 남쪽은 360km 평균 넓이는 250km는 될 것이다. 대략 600백리는 족히 넘는다. 대략 서울서 구미와의 거리다. 제일 깊은 곳은 2,213m라 한다. 한라산 높이보다 훨씬 더 깊다.

홍해는 〈V 자〉 모양의 수중 협곡으로 형성되어 있고 육지에서 10m 만 들어가도 수직 절벽이 나온다.

이곳을 60만 명의 이스라엘 백성이 홍해를 건너가기 위해서는 60만 명이 하루에 100리 씩 걸어간다 해도 6일이 걸리고. 그것도 건강한 장정이 쉬지 않고 평지를 걸었을 때 가능한 이야기다.

바다 속 땅의 지형도 육지의 산과 땅같이 오르락내리락 해야 하니 절반도 못 갈 것이다. 어린이와 노약자와 먹을 음식도 준비해야 하니, -- 소 . 대변은 어디서 보고 상상해봐라 가능한가? 병신신육갑病身神肉鉀을 하던지 병신칠갑病神漆甲을 하면, 물론 하나님의 전지전능으로 가능하겠지?

여하튼 이집트에서 구출된 이스라엘민족은 어떻게 되었는가? 그 후 로마제국의 식민지로 로마의 노예로 살았고, 예수의 어머니 마리아는 로마병정 판텔라에게 강간당하여 예수를 낳지 않았던가? 그 후 이스라엘 민족은 나라 없이 2000년을 유리방황하다가 1945년 2차 세계대전의 종식으로 지금의 이스라엘 땅에 정착하여 팔레스타인과의 전쟁은 지금까지도 끝나지 않고 있다.

이것은 마치 무엇과 같은가? 중국의 만주 지역일대가 옛날에는 한국민족인 고구려와 발해가 살던 지역이다. 지금에 와서 한국민족이 만주 땅은 우리 땅이라고 우기고 살면 분쟁이 나겠는가? 나지 않겠는가? 이스라엘과 중동전쟁은 마치 그와 같은 것이다.

참으로 이스라엘의 종교문화와 아랍권의 종교문화는 같은 맥락이면서 극을 달리고 있다. 하나님과 예수로 인한 구원은 사랑이 아니라. 피 말리는 고통의 연속일 뿐이다.

옛 구원의 약속이라는 구약舊約도 새로운 약속이라는 신약新約도 결국은 하나도 지켜지지 않은 채 공허한 메아리로 끝났다. 앞으로도 지구가 없어지는 날까지 아마 그럴 것이다.

요사이는 정신 나간 미친 똥개들이 머리 쥐어짜며 쓴다는 것이 고작 사전에도 없는 영약靈約이라는 말을 만들어 하나님의 영적靈的인 약속인 영약靈約의 시대라고 사람들을 홀리고 있다.

역사는 맑고 밝은 거울이다. 역사는 미래를 비추는 것이 아니라 과거를 돌이켜 봄으로서 과거의 잘못된 과오를 범하지 않고 좋고 홀륭한 일을 본받자는데 의의가 있는 것이다.

그들의 하나님이라는 여호와와 예수가 과연 인류를 위하여 무엇을 했는가? 평화와 자유와 행복을 주었는가? 전쟁과 증오와 순교의 살육만이 있었을 뿐이었다. 역사가 증명한다. 지구상에 일어난 전쟁의 90%가 모두 예수교 전쟁이다.

사회와 가정에서는 믿지 않는다고 부모를 죽이고, 하나님의 시험이라고 어린 자식의 배에 십자가를 그려 죽이는 이런 미신을, 형제들끼리 알력이 생기고 이웃 간에 대화가 단절되고, 믿는 자들끼리도 서로 간에 교파가 다르면 이단이라고 싸우고 난리를 치지 않던가! 사회악 중에 가장 큰 사회악이요 마약 중에 가장 독한 마약이 아닐 수 없다. 병신칠갑病神漆甲이다.

황당한 발 없는 말이 천리 간다.

이조시대 조선말기 나라의 정세가 풍전등화요, 위란지세였다. 조선시대 복福 많은 재상 하면 조선 전기는 황희 정승이요, 조선 후기는 정원용鄭元容(1783~1873) 대감을 꼽는다.

〈야반삼경에 대문빗장을 만져 보거라.〉 도서출판 밀알 1982년 판에서 읽은 이야기이다.

조선 후기는 서강열국들이 한반도에서 각축전을 벌이고 있

- 128 -

던 때라. 한 치의 앞을 가늠하기가 어려웠다. 조선 말기는 상놈도 돈만 있으면 양반이 되는 세상이었으며, 관직을 돈으로 사는 매관매직이 성행할 때였다.

그런 세상에서 정원용 대감만은 40여년이나 벼슬을 하며 정승을 했다. 고종 때는 한 달도 안 되어 군수자리에서 쫓겨나기도 했다. 새로운 사또[군수]가 도임했다. 매관매직의 한 예이다.

하루는 정원용 대감이 아침에 일찍 뒷간에서 일을 보고 부인에게 말을 했다.

"여보, 부인 내가 뒤를 보는데 똥구멍에서 파랑새가 푸드득 날라 가지 뭐요. 참으로 이상하지, 이는 필시 내가 왕이 될 모양이니 아무에게도 말하지 마시오. 만약에 소문이 나면 우리 집은 멸문滅門을 면치 못할 것이오." 하며. 멸문滅門이라는 말을 아주 강조하며 정원용은 심신당부 했다. 3대가 죽는 일이라고--.

그러나 입이 근질근질한 부인은 참을 수가 없었다. 참다 참다못한 부인은 방안 청소하는 침모枕母에게 이렇게 또 말했다. "여보게 침모 우리 대감이 어쩌고저쩌고 하며 똑같이 말하며 소문이 밖으로 나가면 우리 모두 죽는 일이다."라고 강조하며 입단속 하라고 말했다.

그러나 이 침모도 입이 근질근질하여 참을 수가 없었다. 부엌에서 일하는 식모에게 말 했고, 식모는 동네 우물가에서 친한 친구에게 말했다. 이렇게 해서 고종임금의 귀에까지 들어가게 되었다.

하루는 고종임금이 정원용 대감을 불러 말했다.

"대감 소문에 이상한 소리가 들리는데 무엇이요, 역모라도 한다는 이야기요, 똥구멍에서 파랑새가 날아가는 것이 임금이 되는 것이라며 어찌된 일이요" 하고 하문했다.

정원용대감은 이렇게 말했다.

"상감마마 어찌 똥을 누는데 똥이 나오지 파랑새가 나올 리가 있겠습니까? 더구나 3족이 멸하는 역모의 말인데도 자신이 죽는 줄 모르고 소문을 내겠습니까?

그러나 사람들은 그렇지 않습니다. 이렇게 3족이 멸하고 자신이 죽는 일인데도 소문은 주상전하의 귀에까지 들어오지 않았습니까? 이와 같이 뜬금없는 저를 모해하는 소문은 그칠 날이 없을 것입니다. 소문에 연연하지 마시고 반드시 당사자를 불러 확인하신 다음에 일을 처리하셔도 늦지 않으니 확인하시고 처리하심이 옳은 줄 아옵니다."

이렇게 해서 1 - 2년도 넘기기 어려운 벼슬자리를 그 풍진모략 속에서도 정원용 대감은 영의정을 10년을 했다는 이야기이다. 사람들은 황당한 소문을 잘 믿는다. 귀신 이야기나 도깨비 이야기가 뻔히 거짓말인줄 알면서 이야기하면 재미있게 듣는다.

성령聖靈이 어떻고 성부聖父 성자聖子 성신聖神이 어쩌고 셋이 하나이며 하나가 셋이라는 이상한 말을 하면 알아듣지 못하면서 그냥 그러려니 하며, 제 깜냥으로 성聖자가 들어갔으니 그냥 거룩하고 위대하게 생각하는 것이다.

그래서 성직자聖職者라는 고급 사기꾼들은 옷도 멋있고 거룩하게 보이게끔 입는다. 옷을 벗겨놓으면 속에는 썩은 비개덩이와 머리에는 잡념雜念과 잡신雜神들이 득시글득시글 대는데도 말이다. 그냥 성스럽다는 성聖자만 들어가면 진짜 훌륭하고 위대하고 성스럽고 좋은 줄 안다. 그러나 그렇지 않다.

30 매독 걸린 교황

◆ 교황 이노센트 1세(재위 401-407년) 아름다운 소녀와 성적 환희를 탐미했고, ◆ 삭스투스 3세(재위 432-440)는 아름다운 수녀들에 휩싸여 성적 유희를 만끽했고, ◆ 요한 12세(재위 955-963)는 베드로 성당에 유곽을 차려 운영하면서 많은 정부情婦를 거느렸고, 그 중 한 여인의 남편에 걸려 살해되었다.

◆ 교황 호노리우스 2세(재위 1124-1130)는 성 기능이 마비될 때까지 환락에 빠졌으며 ◆ 바오로 2세(재위 1464- 1471)는 동성연애자로서 창남과 섹스를 즐기다 급사했다.

◆ 교황 요한네스 23세(재위1414-1418)는 남의 아내와 첩과 딸들을 200명 이상이나 능욕했으며, 능욕당한 수녀도 상당했다고 한다. ◆ 교황 바우루스 3세(1535-1549)는 추기경으로 있을 때, 명문귀족의 아내를 능욕했고, 추기경이 되기 전에는 추기경이 되기 위해 자신의 누이를 교황에게 바쳤는가 하면, 자신도 둘째 누이와 근친상간을 했다.

중세기에 매독에 걸린 교황이 여럿이 있었다. ◆ 알렉산더 6세(재위1492-1503)와 ◆ 율리우스 2세(재위 1503 - 1513), 레오 10세(재위1513 -1521)등이다.

교황이 매독에 여러 명이 걸렸었다면, 역대 교황과 그 외에 성직자\신부. 수녀들의 타락상은 불 보듯 빤한 것이 아니겠는가? 무엇이든 노출되는 것은 빙산의 일각에 불과 한 것이라고 알면 된다.

매독이 생긴 것은 콜럼버스(1492년)가 미 대륙을 발견하였을 무렵이니까! 아마 그 이전에 예수 초기에 매독이 있었다면 어떠했을까. 옛날에 바람을 피웠을 때 발각되는 첫째 요인이 무엇일까? 바로 임신과 연결되는 일이다.

미국에서 아동성추행으로 수감되었다 교도소에서 같은 수감자에게 목 졸려 죽임을 당한 〈존 게인건 신부〉 성 추문을 일으킨 〈버나드 프랜시스 추기경〉, 미국에서 사제[신부] 5,000여명이 성추행한 것으로 들어났고, 그 피해 소년·소녀는 1만 3000여명에 달한다고 2008년 4월 19일자(토) 중앙일보에 기사로 나왔었다.

세계적으로 모든 종교를 통 털어 어린이 성추행 사건이 제일 많이 언론에 나타난 종교가 천주교이다. 교황청까지도 자유롭지 못한 상황에서 한국의 천주교 사제들은 단 1명도 언론에 공개된 것이 없는 것을 보면 정말로 한국의 천주교 사제(司

祭 : 신부)는 청정한가? 의심스럽다.

언론통제가 제일 잘된 나라가 한국이 아닌가 생각한다. 목사들의 성추행과 승려들의 도박비리는 속속들이 언론에 나타나는데, 천주교 신부만은 아주 조용하다. 정말 청정하다면 다행이지만 드러날 날이 얼마 남지 않았다고 본다.

왜! 이런 불륜이 만연하였을까?

모든 생명의 근본 욕구가 무엇이겠는가? 식욕과 성욕이 아닐까. 식욕이 해결되면 반드시 찾아오는 것이 성욕이 아닐까? 배부르고 등 따시면 음행의 생각뿐이 없다고 명심보감에서는 말한다.

채식과 소식으로 일관해도 음욕이 일어나는데, 머리 기르고 복장이 자유로우며, 술 마시고 담배피고 고기는 물론 개고기까지도 마음대로 먹을 수 있는 교리의 체계와 성적으로 타락을 했어도 여호와하나님이 벌을 주기는커녕 여호와의 은총에 변함이 없었다.

이런 사실을 성경을 통하여 잘 아는 교황이나 신부 목사들, 그리고 넉넉한 부富의 축재는 그들의 생활에 있어서 여자관계는 대단히 자유롭게 할 수 있는 조건이 된다.

고아원이 왜 성당에서 생겼으며, 성당의 공동묘지에서 유아의 유골이 왜! 산더미 같이 쌓였는가를 생각해보아야 한다. 지금은 바람을 피워도 각종 피임도구로 안심이 되지만, 그 당시는 어떠했을까 짐작이 간다.

10 계명에 간음하지 말라는 말은 한낮 허구일 뿐, 여호와 하

나님이라는 요상한 능력자도, 매독이 무서워서 벌을 못 준 것인지, 교황이나 추기경 신부들이 벼락 맞아 죽었다는 기사는 없다. 무엇이든 노출되는 것은 빙산의 일각이다.

마틴 루터의 종교개혁

마틴루터가 종교개혁을 한 것은 또 하나의 다른 악습을 만들어 낸 것이다. 썩은 똥을 휘저어서 뒤흔들어 놓고 뒤집어쓰는 방법만을 바꾸었을 뿐이다.

그것도 모르고 종교개혁을 찬양하는 자들이 있는데, 이러한 자들이 거론하고자 하는 것은 처자식을 거느리고 사는 것을 합법화하는 주장으로 달리 표현할 수밖에 없다. 신부와 수녀가 결혼하여 사는 것을 합법화한 사람이다.

애초 캘빈이나 마틴 루터는 신부서약혼인불개한 인물로서 많은 처첩과 자식을 거느린 신부로, 금기시하는 성역을 깬 인물들이다. 라만칼라와 클러치셔츠만 벗으면 일반인과 외관상 똑같아 구별이 안 되는 신부와 수녀의 타락상은 가히 상상이 간다. 보다 깨끗했던 신부가 부르짖었던 개혁이었다면 모르겠다. 마틴 루터의 종교 개혁이 지금 나라를 어지럽히는 개신교의 뿌리다.

전혀 성스럽지 않았던 역대 교황들

교황의 수위권과 무류無謬성은 교황권이 절정에 달한 중세에도 정식으로 규정되지 못했는데 이는 당시 교황들의 비리가 만연하여 대중에게 설득력이 없었던 까닭이었다.

역대 교황들은 베드로의 후계자, 그리스도의 대리자를 자처했지만 그 가운데는 누가 보아도 그 자질이 의심스러운 교황들이 많이 있었다.

형제지간이었던 ◆ 교황 베네딕트 8세(1012~1024)와 요한 19세(1024~1032)는 뇌물로 교황 직을 매입하여 교황이 되었다.

◆ 교황 베네딕트 9세(1033~1045)도 이들과 마찬가지로 교황직을 매입했다가 2명에게 교황 직을 다시 팔아 치부했다.

1045년, ◆ 교황 그레고리 6세(1045~1046)는 전임교황 베네딕트 9세에게 고액의 은전을 지불하고 교황 직을 사들였다가 이 일이 빌미가 되어 이듬해 퇴위 당했다. 교황 직을 매입한 교황들은 당연히 추기경이나 주교직을 많은 돈을 받고 매매했으며, 취임세를 부과하여 재산을 모았다.

교황들이 앞장서서 교황 직을 사고팔았기 때문에 당시 성직매매는 일상적인 일로 간주될 정도로 성직자들의 부패가 심했다. 교황직에 따르는 막대한 세속적 권력과 이익 때문에 교황이 되기 위해 수단과 방법을 가리지 않는 이들도 많았다.

◆ 교황 보니파키우스 6세(896)부터 스테파누스 7세(928~931)까지의 32년간 14명의 교황이 즉위했다. 평균 재위기간이 2년 반이라는 것은 그만큼 교황직 쟁탈전이 치열했음을 의미한다. 보니파키우스 6세는 재임 2주 만에 독살 당했다.

전임 ◆ 교황 레오 5세(903)를 투옥하여 독살한 교황 크리스토포루스(903~904)는 몇 달 후 자기도 전임자와 같은 처지에 내몰려 살해 된다. 그리고 크리스토포루스를 살해하고 등극한 교황 세르기우스 3세(904~911)는 로마 집정관의 딸 마로치아와 타락한 생활을 한 것으로 유명하다.

그리고 그의 정부 마로치아와 그의 언니와 그의 모친은 가톨릭교회의 '원로'가 되어 수십 년 동안 자신들의 정부情夫와 사생아들을 교황으로 밀어 올렸다. 역사가들은 이 시기를 '음녀 정치'라고 칭한다.

마로치아의 언니 테오도라의 지지로 선출된 ◆ 교황 요한 10세(914~928)는 5세의 어린아이를 랭스의 대주교로 임명하기도 하는 등 부정을 저질렀는데 결국 마로치아에게 축출되어 살해되었다. 이후 마로치아의 사랑을 받아 ◆ 교황이 된 레오 6세(928~929)는 다른 여인을 사랑하였다가 마로치아에게 암살당한다.

마로치아와 교황 세르기우스 3세의 아들이었던 ◆ 교황 요한 11세(931~935)는 10대의 나이로 등극했지만 정적들에 의해 독살 당한다.

마로치아의 손자로서 18세에 등극한 교황 요한 12세(955~964)는 살인, 성직매매, 서약 위반, 음행 등의 각종 범죄행위로 종교회의에 회부되었다.

회의 결과 그는 퇴위 당했지만 이를 인정치 않고 자신의 퇴위에 동조한 반대파들을 잔혹하게 처벌한다. 그러나 그는 유부녀와 간통하다가 습격을 받아 며칠 후 사망하게 된다.

교황직을 놓고 다툼이 벌어져 신임 교황이 전임 교황을, 또는 2~3명의 대립교황이 서로를 비난하고 파문했으며, 정적들에게 피의 복수를 감행하기도 했다. 이 가운데 '시체공의회' 사건은 그야말로 엽기적인 것이다.

◆ 교황 스테파누스 6세(896~897)는 9개월 전 사망한 ◆ 교황 포르모수스(891~896)의 시체를 무덤에서 파내어 교황의 옷을 입히고 그의 죄상에 대해 재판했다.

재판 결과 전 교황의 모든 서품과 공적인 행위가 무효화되었으며 교황 퇴위가 선언되었다. 이어서 시체에 입혔던 교황복이 찢겨져 나가고, 교황이 축복을 베풀 때 사용하던 오른쪽 손가락 세 개가 절단된 채 시체는 티베르 강에 던져졌다.

정치적인 이유로 이런 가공할 만한 재판을 벌인 교황 스테파누스 6세는 이 일로 인해 자신도 결국 교좌에서 쫓겨나 교살 당한다. 교황의 성직매매, 축첩, 간음, 사치, 방탕, 정적 살해 등의 비리는 특정한 때, 특정한 교황에게만 해당된 것이 아니었다.

◆ 요하네스 23세(1410-1415)는 볼로냐의 추기경으로 있을 때에 수많은 남의 아내와 첩과 소녀를 능욕했는데 그 수가 무려 200명이 넘었다고 한다.

◆ 파울루스 3세(1534-1549)는 안코나의 교황사절로 재직 시 명문귀족의 아내를 능욕하고 또한 자신의 둘째 누이와도 불륜의 관계를 맺었으며, 또한 추기경 자리가 탐나 알렉산더6

세 교황에게 누이 율리아를 바쳤다.

◆ 교황 율리우스 2세(1503-1513)와 ◆ 교황 레오 10세(1515 -21)는 끝없는 음란 생활로 매독에 걸려 죽었다.

어떤 교황들은 교황으로 선출되기 전은 물론, 선출된 후에도 여러 명의 첩을 거느렸고, 그 가운데서 태어난 자식을 자기 조카라고 속이면서 요직에 앉혔다.

'교황의 조카'들은 어린아이라도 추기경 같은 고위 성직을 받았으며 10대, 20대의 나이에 교황직을 물려받기도 했다. 교황과 성직자들의 음란한 생활은 속담과 풍자화를 통해 민중의 조롱거리가 되었다.

가톨릭에서도 가장 형편없는 교황으로 간주하는 교황 알렉산더 6세(1492~1503)는 끝없는 탐욕과 방탕생활로 결국 매독에 걸려 죽음을 악마로 그려놓은 당시 풍자화는 민중이 타락한 교황을 얼마나 신랄하게 비난하고 있는지를 잘 보여준다.

"로마[교황청]에서는 성령의 날개가 잘려 없어졌다"는 민중의 비아냥거림을 보면 왜 중세 교황들이 그렇게 원했음에도 불구하고 교황의 수위권과 무류성이 공의회에서 가결될 수 없었는지 짐작할 수 있다.

물론 개혁을 추구한 일부 모범적인 교황도 있었겠지만 대부분 교황들의 '인간적인 면모'는 민중에게 결코 '그리스도의 대리자'로 비춰지지 않았던 것이다.

조찬선 목사겸교수 저. 평단문화사의 내용이다.

많은 역대 교황들의 문제점 중에서 그 중, 10가지 정도의 교황의 어두운 역사를 밝힌다.

1. 교황 세루기우스 3세(sergius 3 : 904~911)는 그의 작은 딸 마로지아(marozia)의 남자 첩이었다.

2. 교황 존 10세(john 10 : 914~928)는 그의 큰 딸 데오도라(theodora)의 남자 첩이었다.

3. 교황 존 12세(john 12 : 955~964)는 18세에 교황이 되어 유치한 행각을 벌이다가 유부녀와 통정 중에 발각되어 그 남편에게 맞아 죽었다.

4. 교황 베네틱트 7세 (beneidct 7 : 974~983)와 교황 존 14세(john 14 : 983~984)는 형무소 복역 중에 암살당했다.

5. 교황 그레고리 5세(gregory 5 : 996~999)는 독일인으로 처음 교황이 되었다. 그러나 다시 존 16세(john 16 : 997~998)가 교황이 되어 그를 축출해 버렸기 때문에 독일황제 오토3세는 대노하여 대군을 이끌고 로마에 진군하여 교황 존 16세를 체포하여 그의 귀 · 코 · 혀를 자르고 눈알을 파내고 죽을 때까지 투옥하였다

6. 교황 베네딕트 8세(benedict 8 : 1012~1024)와 교황 존 19세(john 19 : 1024~1032)는 모두 공공연하게 돈으로 교황

직을 매입하였다.

7. 12세에 교황이 된 베네틱트 9세(benedict 9 : 1032~1044)는 문란한 행동을 일삼았는데 이를 더 이상 참을 수 없었던 로마인들에 의해서 교황 직에서 축출 당하게 되자, 실베스트 3세(sylvester 3 : 1045)에게 교황직을 매각하고 그 후 또 그레고리 6세(gregory 6 : 1045~6)에게도 은 천 파운드를 받고 매각하였다가 자기 자신도 교황으로 복귀하였다.

그래서 교황청에는 세 명의 교황이 교황청을 차지하여 로마는 무정부상태가 되었다. 이 광경을 보고 참다못한 황제 하인리히 3세(heinrich 3)는 무력으로 이들 세 교황을 축출하고, 1046년 새 교황 클레멘트 2세(clement 2 : 1046~1047)를 세웠다. 이것은 하나님이 교황을 임명한 것이 아니라 황제가 교황을 임명한 것이다.

8. 클레멘트 2세 (clement 2 : 1046~1047)는 교황이 된 지 9개월 만에 독살되었다.

9. 교황 필립(philip : 768)은 7월 31일에 즉위하고 그날로 물러나서 1일간 교황이 되었고, 교황 스티븐 2세(stephen 2 : 752)는 3월 23일에 선출되었으나 즉위하지 못하고 25일 물러나서 3일간 교황이 되었고, 교황 우르반 7세(urban 7 : 1590)는 9월 15일에 즉위하여 27일에 물러나서 13일간 교황이 되었고, 교황 다마서스2세(damasus 2 : 1048)는 23일 간 재위 후에 독살되었고, 교황 피우스 3세(pius 3 : 1503)는 26일간 재위하였고, 교황 레오 11세(leo 11 : 1605)는 27일간 재위하였다.

10. 교황 알렉산더 3세(1159~1181) 때 사제들의 독신제가 확정되었으나 실제로 실행되지는 못하여 성직자나 교황들은 16세기까지 결혼도 하고 자녀도 가지고 오입도 하며 살았다. 때로는 교황청으로 고급매춘부들을 불러 들였다.

11. 교황 알렉산더 6세(alexander 6 : 1492~1503)는 교황과 교황의 젊은 아들 추기경 세사레는 물론 교황의 가족 및 첩들까지 **총** 17명이 2개월 이내에 매독에 걸렸다.

교황 알렉산더 6세(1492~1503)는 스페인에서 태어난 사생아였으며, 이름이 로드리고였다. 그의 아버지는 발렌시아의 대주교였으며 그의 어머니는 친여동생인 호아나였다.

로드리고는 근친상간으로 태어난 사생아였으나, 후일 교황이 된 아버지의 권능으로 불과 25세의 나이에 대주교가 되었고, 교황 이노센트 8세(1484~1492)가 죽었을 때, 로드리고의 아버지가 성직과 성물매매로 이룩한 막대한 유산으로 교황자리를 사려고 하였으나 추기경회의에서 한 표가 모자랐다. 반대한 한 표의 주인공은 베니스의 한 수도사였다.

그 수도사는 5,000크라운의 돈과 당시 아름답다고 소문난 로드리고의 12살 된 딸 루크레씨아와 하룻밤을 자는 것을 조건으로 제시하였다. 로드리고는 그 조건을 수용하고 드디어 교황의 자리에 올랐다.

교황이 된 로드리고 즉, 알렉산더 6세는 이젠 거칠 것이 없이 마음대로 했다. 교황은 당시 절세의 미소녀로 이름난 15세의 귤리아라는 여자를 위조죄에 걸린 그녀의 오빠를 용서해

주는 대가로 손에 넣었으며, 한 참후에 그녀의 결혼식 주례를 해주고는 신부를 자기의 방으로 데리고 갔다. 교황이 초야권을 행사한 것이다.

성에 문란한 교황은 자기의 친 딸 루크레씨아와 근친상간 하였고, 아버지의 덕택(?)으로 12살 때부터 남자를 알게 된 루크레씨아는 아버지 못지않게 남성편력이 심했다.

그녀는 아들을 낳았는데 아이의 아빠가 친 오빠인 세사레라고도 하고, 친아버지인 교황알렉산더 6세라고도 하는 교서가 전해졌다고 한다.

루크레씨아는 로마궁전에 살면서 아버지인 교황 알렉산더 6세는 물론 추기경인 친오빠 세사레와도 근친상간한 것이다.

교황 알렉산더 6세는 당시 절세의 미인 귤리아와 친 딸 루크레씨아를 자기의 소유물로 만들어 데리고 살았으며 그것도 모자라 발렌시아에서 온 수녀도 범하였다.

이 시대에 유럽전역에 매독이 유행하였는데 교황과 그의 아들 추기경 세사레는 물론 교황의 가족 및 첩들까지 총 17명이 매독에 걸렸다.

천주교의 그 많은 잘못들[마녀사냥·종교재판, 중남미 약탈 선교, 십자군원정 , 면죄부 등] 중에서 몇 년 전 서거한 교황 요한 바오로 2세는 많은 역사상의 실수와 과오를 인정하고 반성했다. 반성할 것이 아니라 지구상에서 없어져야 할 사악한 미신단체이다.

세계 기독교   출처 : 기독교죄악사, 조찬선 목사 저

(1) 십자군 전쟁(1096년~1291년)

1. 교황이 십자군을 하나님 뜻이라 선포했으나 십자군은 패배 했다. 알라신과 여호와신의 대결에서 알라신이 승리 했으니 여호와 신은 별 볼일 없음, 여호와의 거처(예루살렘 성지 지성소)를 알라신이 점령(오마르회교성전 건립)

2. 십자군출정 역설한 성 버나드 설교내용
『그리스도의 전투사로서 이교도들과 싸우는 것은 주님을 위해서다. 그것은 악한 일을 하는 자들에 대해 주님의 한을 풀어드리는 것이다.』

3. 종군성직자 수기내용 『예루살렘이 회교도들의 피로 씻겨 져야 한다는 신의 심판은 정당한 것일 뿐만 아니라 찬양할 만하다.』

4. 여호와하나님의 이름으로 학살·약탈·강간·방화 → 하나님께 영광 드리는 일로 믿음.

5. 십자군 : 구약성경(보복의 신 여호와)에 충실했다.

참고 : 십자군전쟁

1. 1095. 11. 27프랑스 클레르몽 종교회의에서 교황 우르바누스 2세가 회교도들로부터 성지인 예루살렘성 탈환을 위해 십자군창설을 공포.

2. 목적 : 동방교회 위협하는 회교도 방치할 수 없음. 로마천주교·희랍 정교회를 단일화하여 로마제국 황제권까지 제

압하려는 의도.

　3. 십자군 종군자들에게 주어진 특권

　　ㄱ. 모든 죄 사해 줌　　　ㄴ. 죽은 후 천당보장

　　ㄷ. 출전기간 전리품 (보석·미녀 등) 사유화 등

　4. 결과 : 9회 출정 중 일시적 승리(1차)는 있었으나 결국 약 200년 동안 계속 패배 계속 패하자 죄 없는 소년소녀들이 출전 그러나 상인들 농간에 노예 신세로 전락.

　5. 십자군은 현지조달방식으로 연명. 따라서 처음에는 노자 부족하면 약탈·강도행각.

　6. 점차 악랄한 폭력배로 변모, 부녀자 성폭행, 세탁부란 명칭 하에 위안부까지 강제동원

　참고 : 십자군의 잔악상 사례(마랏안뉴맨성 점령때)

　1. 약탈, 남녀노소 불문하고 죽이는 전멸작전 → 시체 밟지 않고서는 걸을 수 없음.

　2. 노예로 팔 수 있는 자는 안티옥 노예시장에서 매각.

　3. 그 지방 사람들이 보물을 배속에 감춘다는 소문 듣고 톱으로 배를 가름.

　4. 식량이 떨어지자 인육을 구워먹기도 함.

　(2) 중남미 :

　콜럼버스(천주교인, 1492년 상륙)와 천주교도들 만행

　1. 원주민 학살

ㄱ. 중미의 원주민인구[백인기록에 의하면] : 1492년경 약 2,500만 명에서 1592년경 100만 명으로 감소.

ㄴ. 16세기 초 페루일대에서 840~1,350만 명 [그 지방인구의 94 %] 학살.

ㄷ. 16세기 중 중남미에서 6,000 ~8,000만 명 학살.

ㄹ. **약 350년 동안** 북중남미의 1억 2천만 명의 원주민 무차별 학살.

2. 원주민 문화와 종교 말살 : 잉카·타이노·마야문명의 자료를 소각, 강제 개종.

3. 약 350년 동안 북중남미의 광대한 영토 [유럽의 4배 초과]와 자원을 약탈.

4. 교황이 중남미를 스페인·포르투갈 [천주교국가]이 분할 점령하도록 선포하고 잔인하고 교활한 침략행위가 복음전파·선교 등 하나님이름으로 자행함 침략행위를 개척·발전·기독교 선교라고 자화자찬 그러나 공개사죄한 적 없음. → 그런 선교는 누구를 위한 선교인가? 상대방을 위한 선교는 절대 아님.

참고

1. 신대륙발견당시 타이노 원주민은 백인 환영, 배에 접근해 각종 과일과 필요한 물자제공. 그러나 콜럼버스는 2차 항해에서 원주민촌 습격하여 노예로 매매.

2. (도미니카 인근 섬) 하늘에서 내려온 천사로 알고 만찬

베풀고 배까지 수리, 죽을 위기에서 구해주기도 했으나 콜럼버스는 은혜표시로 만찬에 초청, 가옥에 불 놓아 죽임.

3. 면역성이 없는 원주민에게 의도적으로 천연두, 홍역, 매독 같은 전염병 전파.

4. 콜럼버스는 성경(사11:10)을 토대로 스페인 이사벨여왕을 설득하여 탐험재원 마련.

5. 콜럼버스는 도착한 곳이 인도·일본근처로 착각하여 원주민을 인디언이라 부름. → 신대륙발견 400주년기념일에 콜럼버스를 '성자'란 칭호 주자고 교황에게 청원.

(3) 북미 : 청교도[장로]들의 죄악(1620년 상륙)

1. **신앙 자유** 찾아 아메리카로 이주한 청교도 성직자 : 원주민신앙을 원시미신 간주, 야만적 사교 버리고 기독교로 개종을 강요.(잘못된 편견에 기인한 것임) → 자기들 신앙자유는 존중 그러나 원주민 신앙자유는 부정하고 개종 강요.

2. 초기 힘 약할 때는 원주민과 평화공존 모색, 나중에 힘 강해지자 전멸작전 구사.

3. 하나님의 이름으로, 선교라는 미명하에 약 300년 동안 1억여 명의 원주민 학살. → 잔인한 짓하고도 양심의 가책은 없고, 하나님의 축복의 결과라고 믿었음.

4. 생존 원주민들은 짐승도 살기 힘든 사막지대 수용소에 수용. 반대자는 투옥·처형.
→ 현재 평균수명 : 백인 76~78세, 원주민 40세 중반 →

현재 미국 원주민 인디언 : 약 180만 명 → 278개 수용소에 수용.

　→ 북미 원주민 부족 수 : 1600년 600개 부족 → 2000년 279개 부족[종족말살] 원주민 수용소 면적 : 1881년 1.5억 에이커 → 2000년 0.5억 에이커

　5. 기독교인들은 총칼로 뺏은 땅 개척위해 300년 동안 아프리카에서 1,200 ~1,500만 명의 흑인노예 납치해 남북아메리카·서인도지방 등에 팔아버림.[노예, 매춘여성] → 150만 명 이상의 흑인노예가 배에 실려 오는 도중 사망했다는 기록.

　6. 원주민들의 식량의 근원이었던 야생들소 6,000만 마리를 무차별 학살.

　7. 청교도들은 3백 년 전에 뉴욕 전체를 원주민으로부터 겨우 90달러에 샀음.

　참고 : 청교도

　1.(영국)장로 중심이 되는 칼뱅주의 신학에 입각한 생활 청렴결백 → 1560년부터 청교도라 불림.

　2. 청교도들은 도덕주의자들로 다음의 3대원리를 신봉함.

　ㄱ. 신앙생활에 성경적 형식 엄수,

　ㄴ. 성경적 건전한 교리 확립,

　ㄷ. 신앙과 생활 일치 시키고 깨끗한 교회생활.

　3. 청교도들이 신대륙에 도착해 제일 먼저 한일 : 교회건설은 안하고., 원주민식량 도적질함

4. 미국 7대 대통령 앤드류잭슨 왈曰 "종교 축복 받은 우리들이 서진하는 길에 … 야만인들의 숲·강·땅을 빼앗은 것은 당연지사"라고 자랑.

5. 기독교인들이 아프리카에서 흑인노예를 붙잡아 공장 농장에서 짐승처럼 혹사시키면서 하는 말. "우리는 그들을 아프리카에서 문명사회로 데리고나와 개화시켜주었다."

참고 : 청교도 잔악상 사례.

1. (1620년 12월) 원주민 추장 마사소잇은 병들고 굶주리고 헐벗은 청교도들에게 식량·겨울용 침구 등을 주어 겨울날 수 있게 도움. 농사재배, 물고기 잡는 법도 가르쳐줌, (1622년) 서구인의 식량 도적질에 격분한 인근 타 부족이 공격준비하자, 청교도들은 평화협상 하자고 타 부족 4명의 추장을 초대, 잠복했던 청교도 청년들이 추장들을 암살.

2. 체로키 원주민들이 기독교로 개종했으나 청교도들은 원주민지역을 점령한다. 이에 북부로 피난 간 후 농토에서 찬송가 부르며 추수하던 중 청교도들이 습격하여 곤봉으로 치고 도끼로 찍어 전멸시킨다.

원주민들은 끝까지 찬송가 부르며 무릎 꿇고 두 손 모아 기도하는 자세로 도끼에 찍혀 죽어 갔으며 여자들은 음부를 무참히 찔리고, 어린아이들은 두 팔이 잘려 어머니 가슴에 안겨진다. (사망 : 남자 35, 여자 27, 어린이 34명).

이때 원주민들이 남긴 말 "우리 신은 남을 사랑하고 도우라

고 하는데 당신들의 신은 왜 남을 죽이고 빼앗으라고만 가르
치느냐".

  3. (1637년) 청교도들은 원주민촌 습격, 500명 죽이고 생존
한 부녀자·아이들을 노예로 팔아버리고, "오늘 600명의 이교
도들을 지옥으로 보냈다"고 하나님께 감사예배.

(4) 종교재판소(1232~1834년)

1. 이단색출위해 교황령으로 설치, 후에 이단자 처형이란 미
명하에 재산몰수로 확대 → 한 사람만 발견하여 밀고하면 평
생 팔자를 고칠 수도.(피고인 : 5세~85세)

  2. 잔인하기로 악명 높은 스페인 종교재판소의 처형결과 →
스페인 인구 : 13세기 중반 2,000만 명 → 15세기 중반 600만 명.

  3. 천주교 종교재판과 개신교 박해 통해 순교당한 신도 수
약 5,000만 명.

  4. 칼뱅 [존 칼빈(장로교 창시자) : 춤췄다고, 설교할 때 웃었
다고 투옥, 귀신 쫓는 마법사를 사형하고, 종교법원서 4년간
76명 추방·투옥, 54명 처형함.

  자기 저서 비판한 세르베투스를 산채로 화장하는 장면을 5
시간 서서 지켜봄. '이단'이라는 칼뱅 식 배타성 결과로 오늘
날 전 세계 개신교 교파 수 25,500개

참고 : 종교재판의 처형과 고문방법 사례

1. 칼·송곳 박힌 둥근나무 통속에 이단자 나체로 넣어 굴

리는 방법.

2. 칼·송곳 박힌 판자를 땅바닥에 깔고 나체의 이단자를 높은 곳에서 떨어뜨리는 방법.

3. 이단자 자녀를 잡아 부모 앞에서 살해, 끓는 물속에 던져 삶아버리는 방법.

4. 끓는 납을 이단자 귓속·입속에 부어넣는 방법.

5. 등 뒤에 묶은 두 팔에 밧줄을 매어 공중에 매달아 올렸다가 땅에 떨어뜨리는 방법.

6. 눈을 파내고 혀를 자르는 방법.

7. 나체의 이단자를 거꾸로 매달아 놓고 말려 죽이는 방법.

8. 네 마리 말·소가 사방으로 달려 사지는 찢기고 몸통은 산산조각이 나게 하는 방법.

9. 이런 처형 중 사제[신부]들은 "내가 네 영혼을 마귀에게 주노라" 선포하고, 승리의 찬송가 부름.

(5) 마녀사냥

1. 로마교황 인노켄티우스 8세의 교서에 의해 마녀사냥의 재판은 정당화.

2. 마녀로 찍힌 여성들의 재산은 고문관들에게 상금으로 주어짐.(☀ 300년 동안 5백 만 명이 마녀로 화형 당함)

3. 완전나체인 마녀들을 화형·냄비구이(뜨거운 냄비 속에 넣고 찜 쪄 죽이는 형벌)

4. (16세기 독일농촌) 마녀처형은 사내들 호색적 구경거리

(시장형성, 돗자리 불티)

참고 : 마녀 식별 법

1. 재판관은 함정 파서 유도심문, 고문에 못 견딘 여자들은 백이면 백 모두가 마녀라 자백.

2. 완전나체로 벗겨져 머리카락 제외한 모든 털을 깎음.

3. 철사 줄로 고문대에 묶고 침술사가 전신을 바늘로 찌르면서 악마흔적 찾으려 함.

4. 대개 바늘에 찔리면 얼굴이 일그러지고 아픔을 호소해 마녀로 판명.

5. 그래도 판명이 안 나면 → 욕조에 손발 묶어 집어넣은 다음 떠오르면 마녀판명 화형당하고. (가라앉으면 숨 막혀 어차피 죽음)

(6) 종교전쟁으로 인한 인류 살상

1. 십자군 전쟁, 청교도전쟁, 100년 전쟁, 위그노 전쟁, 30년 전쟁(천주교 대 개신교, 1620~1648년), 기독교의 유대인차별 학대 회교도들과의 충돌 등.

2. 현대 : 아일랜드 사태, 중동전쟁, 이스라엘·팔레스타인 분쟁, 유고슬라비아분쟁.

3. 유고슬라비아 분쟁 때 세르비아 기독교인들은 복음전파란 미명하에 피를 썩어서 정화한다는 구실로 보스니아계 회교도 부녀자들을 성폭행(윤간)함

(7) '기독교죄악사'의 결론

1. 박해받던 기독교가 로마제국 주인이 된 후 도리어 타종교를 박해. 기독교는 타종교를 무시하고 정복한 대표적인 종교.

기독교가 타종교와 공존하기 어려운 이유는 천주교 교황의 베드로 계승권. 개신교 - 사도행전 4장 12절 기독교의 발전은 주로 타의 희생위에 이루어졌다는 사실.

2. 종교전쟁 : 잔인한 짓을 하고도 양심의 가책이 전혀 없고 하나님의 축복의 결과라고 믿음. → 종교전쟁이 길고 잔인한 이유는, 타락한 성직자들이 꾸며낸 맹신·독선·순교정신 등이 엮어낸 역사이기 때문이며. → 독선적인 성직자가 일반시민에 비해 훨씬 더 악하고 잔인하다는 증거 [♣ 한국에서 역적 逆賊으로 죽은 자를 순교자로 하여 교황청에서 성인聖人으로 추존]

3. 세계사와 기독교사는 '강자의 정의'라는 논리에 입각, 기만과 위선의 역사임. → 역사는 승자 편에서 관찰·평가되고 승자논리로 기록, 패자 편 역사는 말살(일반적) → 기독교의 진실 된 역사와 숨겨져 있던 예수의 참뜻을 확인하고 인류구원의 길 모색. → 예수의 사랑의 정신이 다시 부활하기를 바라며 기독교의 현주소를 직시.

4. 예수 : 배척받고 끌려가 죽음으로써 승리 → 타종교 무너뜨리고 뿌리 뽑는 선교 : 성스러운 성령의 역사가 아니고, 말살행위 또는 마귀의 역사이다.

(출처: http://cafe.daum.net/truepicture/4NBJ/99169)

참고 : 조찬선 목사

1. 전前 감리교 신학대학·이화여대·목원대 교수, 전前 전국 기독교 학교 교목 회장.

2. 전 Yuin University 부총장, 미국연합감리교에서 위의 목사님의 고백은 기독교가 밝히지 못한 지난 수천 년간의 악행 비리 살육의 역사를 담담하게 그러나 단호하게 용기를 내어하고 있는 것입니다.

핫이슈 방에 왜 몇 년이 지난 일을 갖고 비판을 하려드느냐 이미 지난일은 비판의 대상이 아니라고 강변을 하시는 분들이 있지만 기독교의 과오에 대한 제대로 된 타문화와 종교에 대한 조직적인 참회와 반성이 없었기에 연로한 목사님이 칼자루를 빼든 것입니다.

기독교의 일제 강점기 시대 매국 친일 행각 독재정권에 결탁해 세력을 키우는 행위 등에 대해 일반인들이 그리고 신앙인들이 제대로 알고 바라보고 있을는지요.

사건 사고 범죄가 터질 때마다 일부다 이단이다 식의 책임회피로 피해자는 속출하지만 정작 책임을 물을 가해자가 없기에 예수천국 불신지옥과 같은 배타적 전도가 기독교와 극단을 달리는 이슬람 문화권에 대한 공격적인 전도가 지속이 되고 보수기독교 세력은 어떠한 비판도 듣지 않고 오직 예수만을 외치고 있는 것입니다.

사회적으로 정치적으로 크나큰 파장을 일으키는 중대형 교회의 목사들을 다 합한다면 결코 소수나 이단이 될 수 없는 다수의 세력이 한국을 얼마나 병들게 하는지 각성해야 합니다.

책에 나온 기독교의 죄악은 타국에서 벌어진 일들에 초점이 맞추어져 있는데 왜 굳이 한국의 노목사님이 기독교 전체의 참회를 이야기하며 불편한 진실을 밝힐까요.

저 위에 나온 모든 일들이 현재진행 형이고 어떠한 문제도 진정한 반성 없이 한국이라는 곳에서 또다시 반복이 되기에 기독교 내부의 압력과 협박에도 불구하고 책을 낸 것입니다.

저에게 왜 단군동상 파괴 사건들을 계속 올려 기독교를 음해하느냐 하시는 분들이 계시는데 그것은 기독교가 한국에 발을 내딛는 순간부터 지금까지 지속되어 온 가장 큰 문제이기에 신앙을 떠나 대한민국인 이라면 모두 알아야 할 중차대한 일이기에 올리게 되는 것입니다.

국조단군에 대한 말살이 어찌 진행되어 왔는지는 다음 기회를 통해 올리도록 하겠습니다. 그밖에 기독교의 범죄 사건들 역시 지속적으로 올리게 되는 건 결코 끊이지 않고 반복되는 일들이기에 기독교내의 처절한 각성 그리고 일반인이 알아야 견제가 가능하기에 어디까지나 사실에 입각해 정당한 비판을 하게 되는 것입니다.

제가 기독교 비판의 글을 올리지 않게 되는 건 기독교내의 자성과 사회적인 견제 및 그에 상응할 수 있는 종교관련 법안이 마련이 되는 그날이 되겠지요.

(출처: http://cafe.daum.net/truepicture/4NBJ/99169)

☀ 필자가 보는 조찬선 목사는 과거의 천주교 기독교 죄악사를 들추어내 회개하고 참회하자고 한 것은 대단히 잘한 일이다.

하지만 조목사의 실수가 있다면 바이블의 모순과 예수의 잘못을 들추어내지 못했다는 점이다. 이것이 목사의 한계이다. 바이블과 예수의 가르침은 좋은데, 인간이 잘못한 것이라는 결론의 대목이다. 교인들은 교과서대로 행동한 사람들이다. 실수한 것이 아니므로 회개하고 참회한다고 될 일이 아니다.

많은 사람들을 죽인 그 사람들은 지극히 바이블[성경]대로 교과서의 지침대로 충실이 이행한 정말로 마서魔書의 글대로 이행한 악마여호와의 충실한 사도들이다.

교과서인 바이블이 문제이지 사람들이 문제는 아니다. 타락한 교황들이 오히려 천주교성경대로 잘산 사람들이고 침략 찬탈 살인 방화 약탈한 청교도들도 기독교성경대로 잘산 사람들이다.

오히려 내숭떨며 착한 척 사랑이 어쩌고 떠들며 이익을 위한 봉사를 하는 사람들이 더 악랄하고 악할 수 있다. 바이블의 비과학적 비도덕적 비윤리적 비합리적 비논리적이므로 인류와 모든 생명을 위해서 반드시 없어져야 할 마서魔書이다.

근원적 원천적으로 잘못된 교과서와 그 추종의 무리들은 고칠 수 없는 것이므로 과감히 버리는 것이 진정한 회개이고 참회이지 고쳐 쓴다고 고쳐지는 것이 아니다.

천주교 기독교는 고치면 이미 천주교 기독교가 아니다. 이

들이 악랄한 것이 바로 바이블의 교리이니 전 우주에서 지구
상에서 영원히 자취 없이 사라져야할 가장 악랄하고 교활한
마서魔書이며 마귀집단이며 사회악이며 종교악일 뿐이다.

☀ 전직목사 교인들이 조계사까지 들어와 난동부리는 광경
정말로 병신육갑病神肉鉀 병신칠갑病神漆甲떨고 있다.

32 벼락 맞는 교황청

천인공노天人共怒한 로마 교황청의 날벼락.

벼락 맞은 교황의 사임 (벼락 맞은 교황 검색 바람)

AH에 올라 온 론의 글을 보니 교황이 사임한 이유는 이탈

리아 정부에서 교황을 기소하기 위해 체포 영장을 발부 하였고, 이를 2013. 2. 15. 집행할 예정이었으나 교황청의 국무장관이 미리 알고 교황에게 보고, 사퇴를 종용하였다는 정보입니다.

죄목은 아동 성추행, 바티칸 은행의 밀거래, 사제들의 성추행 혐의 은폐 시도, 아동 고문 및 살해 등의 혐의인 것으로 보입니다.

ITCCS(international tribunal for crimes church and state)에서 그동안의 교황 및 그 하수인들의 범죄행위를 조사했다고 합니다. 그러나 현 이탈리아 대통령이 2013. 2. 23. 교황과 회담이 예정되어 있다는 사실이 알려지면서 교황 및 범죄공모자를 구명해주려는 시도를 하고 있는 것으로 보입니다. 고 합니다.

그의 말대로 건강상의 이유로 직무를 수행하기 어렵다고 발표한 것이 진짜 사임의 배경이 아니고 체포를 면하기 위해 2013. 2. 12. 전격사임을 발표한 것으로 보입니다.   2013. 02. 15 17:35

교황 사임과 관련하여 제가 올린 글이 내용이 빈약하고 수정할 부분이 있어 재차 글을 올려 봅니다. 사안이 핵폭탄 급이라 머리가 빙빙 돌고, 사태 파악이 힘드네요. 일단 AH에 포스트 된 론의 글을 면밀히 읽어보니 ITCCS라는 단체는 NGO 단체라고 여겨지며, 그동안 그 단체는 로마 교황청의 범죄 사실을 광범위하게 조사하고, 범죄사실을 각국 정부에 제공함으로써 기소하도록 하는 역할을 하고 있다고 생각되나 정확히 실체를 파악하지 못하겠습니다.

교황 사임의 배경을 정리해 보면 우선 외교 노트가 발각되었는데 이탈리아 정부가 교황 및 고위 사제들의 범법행위에 대해 검찰 및 법원을 통해 체포영장을 발부하려는 움직임이 드러나자, 이를 감지한 로마 교황청 비서실장(추기경)이 교황에게 사퇴를 종용하여 급하게 추기경단 회의에서 교황의 사임이 발표되었던 것으로 보이고요.

『(소수는 이탈리아 미디어로부터 나왔다고 전해짐) 죄목은 여러가지 인데, 우선 아동 성추행 및 그와 관련하여 은폐시도, 바티칸 은행의 돈세탁 등 불법 자금의 거래, 아동 고문 및 살해(캐나다에 있는 가톨릭 학교의 초등학생 5만여 명이 살해되었다고 하는데요. 그곳 원주민이라 합니다.

그 외에 아일랜드에 있는 가톨릭 재단의 세탁소에서 일하던 여성들에 대해 노동 착취, 그로 인한 수많은 노동자들의 죽음 -1만 명)』, 세계 각국에 산재되어 있는 로마 가톨릭 소속의 교회 및 관련 기관들의 범법 행위 등이 있습니다.

easter reclamation 캠페인에 관련된 범죄행위[이에 대해 인터넷을 통해 조회해 보았으나 무슨 내용인지 나와 있지 않음]입니다.

중요한 것은 체포 직전에 베네딕트 16세 교황이 사임하여 체포영장이 불발이 되었는데, 관련 기관에서는 체포를 위해 계속 노력하겠다고 하고 있으며, 차기 교황이 선출되어 위의 "easter reclamation 캠페인"을 계속 진행할 경우 차기 교황도 체포하겠다고 벼르고 있다는 것입니다.

"easter reclamation 캠페인"은 짐작컨대 각 나라의 재산을 강탈하는 금융관련 프로그램인 것으로 보입니다만 실체를 파악하지 못하겠네요. 이참에 교황청 지하 동굴에서 자행된 사탄의식에 대해서는 폭로되었으면 하는데 앞으로의 사태가 어떻게 전개될지 예측이 되지 않는군요.

처자식이 없어도 그렇게 권력과 치부를 다투려고 기 쓰는데 만일, 처자식까지 공식적으로 얻게 된다면 얼마나 더 권력과 부를 탐하게 될까 의심 할 필요도 없다 하겠습니다. 아니, 그들 중 일부는 이미, 처자를 거느리고 있을지도 모르고, 많은 재산을 치부 하고 있기에, 그를 법적으로 사면 받고자 하던지 하나님께 면죄부를 얻으려 하든지 그것이 알고 싶지도 않습니다.

카라Y 2013. 02. 15 11:22 수정 | 답글 | 삭제 | 신고
AH에 올라 온 론의 글을 보니 교황이 사임한 이유는 이탈리아 정부에서 교황을 기소하기 위해 체포 영장을 발부 하였고, 이를 2013. 2. 15. 집행할 예정이었으나 교황청의 국무장관이 미리 알고 교황에게 보고, 사퇴를 종용하였다는 정보입니다.

죄목은 아동 성추행, 바티칸 은행의 밀거래, 사제들의 성추행 혐의 은폐 시도, 아동 고문 및 살해 등의 혐의인 것으로 보입니다. ITCCS(international tribunal for crimes church and state)에서 그동안의 교황 및 그 하수인들의 범죄행위를 조사했다고 합니다. 그러나 현 이탈리아 대통령이 2013. 2. 23. 교황과 회담이 예정되어 있다는 사실이 알려지면서 교황

및 범죄공모자를 구명해주려는 시도를 하고 있는 것으로 보입니다. 그의 말대로 건강상의 이유로 직무를 수행하기 어렵다고 발표한 것이 진짜 사임의 배경이 아니고 체포를 면하기 위해 2013. 2. 12. 전격사임을 발표한 것으로 보입니다.

〈출처 :http://blog.daum.net/petercskim/7864951〉

인터넷 뉴스 신문고. SHINMOONGO 편집 2014. 08. 16.

『교황청이 아동 성추행을 저지른 성직자에 퇴출 요구를 담은 유엔 보고서에 대해 "지나친 간섭"이라고 주장하고 나섰다.

유엔아동인권위원회는 5일 보고서를 통해 바티칸이 가톨릭계를 정화하겠다고 거듭 밝혔으나 약속을 지키지 못했다고 비판하면서 성추행 혐의가 있거나 그렇게 알려진 성직자들의 명단을 공개하고 이들을 퇴출시킬 것을 요구했다.

보고서는 구체적으로 바티칸이 성추행 사실이 확인됐거나 의혹을 받는 이들을 즉각 현직에서 배제하고 관련 사안을 주재국 법 집행 당국에 넘겨 수사하고 기소하도록 해야 한다고 강조했다.

이에 대해 바티칸은 성명을 내고 "유엔아동인권위원회 보고서를 충분하게 검토하고 아동 권리 보호와 옹호에 적극 나설 것"이라면서도 "인간의 존엄에 대한 가톨릭교회의 교리에 대해 간섭하려 하는 것은 유감"이라고 반박했다.』

천주교의 신부들에 의하여 얼마나 많은 아동들이 성추행을 당하고 있는지 〈매독 걸린 교황〉에서 보아서 알았을 것이다. UN에서 조차도 문제의 심각성을 알고 신부들에 의하여 일어나는 아동성추행 문제를 교황청에 문제의 신부들을 퇴출하고 자료를 요구했으나 오히려 교황청에서는 교리의 간섭이라고 일축하고 있다.

참으로 이상한 것은 한국의 천주교 신부들의 깨끗함이다. 목사들의 성추행은 다반사이로 친딸까지도 폭행을 한다. 승려들의 도박사건도 가뭄에 콩 나듯이 어쩌다 나지만 세계적으로 어린이 성추행이 가장 많은 천주교의 신부들인데, 한국에서는 전혀 언론에 들어난 것이 없다. 정말로 청정함인가? 언론 통제를 하는 것일까 의심스럽다.

[신문고뉴스] 이나휘 기자 = 프란체스코 교황이 방한 이틀째인 2014년 8월15일 오후 8시쯤 공식 일정에 없던 서강대를 방문한 사실이 알려져 관심이 쏠린다. 서강대는 설립 당시 카톨릭, 그 중에서도 예수회가 주축이 되어 예수회 재단으로 세운 학교이며, 프란체스코 교황은 최초의 예수회 출신 교황이기도 하다.

교황의 이러한 갑작스런 예수회재단 학교의 방문으로 예수회에 대한 눈길이 쏠리고 있는 가운데, 지난 2월 미국의 독립 언론 매체인 USA Watch Dog과의 인터뷰에서 전직 세계은행 변호사이며 간부였던 캐런휴즈(Karen Hudes)는 예수회를 역사상 가장 큰 폭력행위 집단으로 묘사하여 화제에 오르고 있다.

그러나 세계은행에 있는 부패들에 대해 여러 번 고발하고, 특히 인도네시아와 관련된 세계은행의 10억 달러(한화 약 1조 원)에 달하는 사기를 고발하는 등, 미국 경제와 세계 경제에 대해 끊임없이 경고하다가 결국 세계은행에서 불법 해고를 당했다.

이 인터뷰 영상에서 캐런 휴즈는 FRB와 세계 금융권이 예수회와 한패라고 고발한다. 또한, 세계은행의 부패를 추적하여 돈이 어디로 흘러가는가를 조사하면 그 끝에 바티칸과 예수회가 있으며, WCC (World Council of Churches)와 FRB(Federal Reserve Bank, 미국연방준비은행)의 배후에도 예수회와 교황권이 있다고 비판한다.

인터뷰 영상에서 캐런은 스위스 취리히 로잔공과대학에서 행해진 연구를 언급했다. "세계의 43,000개나 되는 모든 다국적 기업들을 누가 소유하고 있는지 연구했는데, 연구결과는 이 기업들을 모두 사들인 폭력배들이 있음을 보여줍니다. FRB와 국제결제은행(Bank for international settle ment)과 같은 그룹들은 예수회와 한패입니다." 캐런은 예수회와 더불어 FRB도 강력하게 비판하고 있다.

딸 5년간 성폭행…인면수심人面獸心 목사
처제신고로 적발. [조선일보 이용수 기자]
중학생인 친딸을 3년간 성추행 고교생이 되자 1주일에 1~2차례 2년간 성폭행, 딸이 임신중절 받은 뒤에도 성폭행 계속…

친딸(18)을 성적 노리개로 삼아 온 혐의로 현직 교회 목사에게 구속영장이 신청했다.

15일 인천 계양경찰서에 따르면 김모(44목사)씨는 2000년부터 중1이던 딸의 몸을 더듬으며 성추행하기 시작했다. 김씨는 딸이 고등학생이 된 2003년부터 1주일에 한 두 번씩 성폭행까지 했고, 급기야 지난해 초 딸이 임신하자 낙태수술을 받게 한 혐의다.……

김씨는 경기도 이천의 한 교회에 숨어 있다가 지난 14일 경찰에 붙잡혔다.

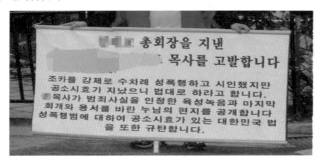

16세 조카 여학생 따먹고 오리발 내미는 목사 고발.

친딸을 성폭행한 목사 [서울신문 나우뉴스]

장장 8년 동안 친딸을 성폭행한 목사에게 **중벌이 내려졌다.**

아르헨티나 지방 미시오네 주의 포사다스 법원이 41세 목사에게 징역 17년을 선고했다고 현지 언론이 15일(현지시각) 보도했다.

목사는 미시오네스 주의 성폭행범 리스트에 이름이 올라 평생 성폭행범의 낙인이 찍혀 살게 됐다. 문제의 목사는 교회를 담임하

- 163 -

고 기독교 라디오방송까지 운영하는 등 겉으로 보기엔 신실한 종교 지도자였지만 가정에선 짐승이었다.

친딸을 13살부터 상습적으로 성폭행했다. 딸은 올해 21살이 됐다. 성폭행한 사실이 알려질까 두려워 딸에게 폭력을 휘두르기까지 했다. 그의 부인은 법정에서 "남편이 집에서 딸을 자주 때렸다"고 폭로했다.

사건은 아버지의 성폭행을 견디다 못한 딸이 엄마에게 피해 사실을 털어놓으면서 세상에 알려졌다. 엄마는 딸을 데리고 곧장 경찰서를 찾아가 사건을 신고했다. 사진= 인포바에

임석훈 남미통신원 juanlimmx@naver.com

▼ 목사 성폭행 일본 가서도 아동 30명 강간.

일본에서 상습적으로 어린이들을 성폭행 한 혐의로 기소된 재일 동포가 성폭력 최고형인 징역 20년을 선고받았다고 교도통신이 전했습니다.

교토 가와타에 있는 교회에서 목사를 지낸 62살 타모츠 킨 씨는 지난 2001년부터 2004년까지 30명의 여자 아이들을 자신의 교회와 호텔 등에서 상습적으로 성폭행한 혐의로 기소됐습니다.

또 킨 씨는 아이들에게 반항할 경우 지옥에서 고통 받게 될 것이라고 협박했다고 통신은 전했습니다. 오늘 재판을 맡은 타케시 우에가키 판사는 종교의 권위를 이용해 아이들을 성폭행 한 이 사건은 성폭력 사건 가운데서도 극도로 죄질이 나빠 중형을 내렸다고 밝혔습니다. 〈권준기기자〉

하늘이 무섭지 않더냐!

(부천=연합뉴스) 최찬홍 기자 = 경기도 부천 중부경찰서는 22일 안수기도를 빙자해 여신도를 3년여 간 성폭행한 혐의(청소년 성보호에 관한 법률위반)로 부천시 원미구 상동 D교회 목사 김모(50)씨에 대해 구속영장을 신청했다.

33 화생化生 하는 신종 바이러스와 그 원인

불교에서 부처님이 생명들이 태어나는 조건과 원인에 대해서 4가지로 설명했다. 알에서 낳는 난생卵生 태에서 낳는 태생胎生 습기에서 생기는 습생濕生 변화해서 생기는 화생化生 이다.

온갖 귀신 도깨비 산신山神 해신海神 수신水神 성신聖神 풍신風神 성령聖靈 천당天堂 지옥地獄 아귀餓鬼들이 모두 화생化生으로 난다고 하였다. 천당 가는 것도 화생化生이요, 지옥 가는 것도 화생化生이다.

온갖 바이러스나 세균 에이즈 매독 임질 등도 화생化生이며, 곰팡이 등 변종 신종플루 애블라바이러스 등이 모두 화생化生이다. 주목해야 할 일은 치료의 대안과 처방이 발견되면 또 다른 화생化生의 신종 바이러스들이 생기는 것의 원인을 알아야 한다. 이런 원인은 영계靈界에서 오는 원한怨恨과 원결怨結의 징표이다.

지옥에서 울부짖는 원한怨恨, 억울하게 산 채로 화장된 마녀재판과 마녀사냥에서 오는 원한과 원결怨結이 풀리지 않고 있는 한, 이 원한들은 여러 가지 화생으로 작용하여 한풀이를 하고 있는 것이다. 특히 기독교인들에게!

특히 자폐증과 같은 질병과 정신질환은 영계와 밀접한 관계가 있다. 이런 질병이 유독 한국에 많은 것은 기독교 천주교인의 증가와 무관하지 않다. 기독교 가정에 자폐증이나 정신질환 환자가 많은 것은 바로 이런 이유에서다. 엽기적 살인자들 세기의 무차별 살인광殺人狂이 바로 이런 것이다.

또 남의 땅에 들어가 말뚝 박기, 남의 절에 들어가 예배 보며 찬송가 부르기, 단군상 부수고, 불상 부수고, 암벽에 십자가 그리기, 지하철 안에서 선교하기, 돈에 십자가 그리고 바이블 문구 넣기. 이런 행위가 제정신으로 하는 것이 아닌 일종의 빙의憑依현상인 정신병인 것이다.

기도하다 어머니를 죽이고 아버지를 죽이고 아이를 죽이는 이런 것이 바로 영계에서 오는 원한의 분풀이이다. 세월호 삼풍백화점 붕괴 등도 주인이 모두 교인들이며 비참하게 죽은 사람들 대부분이 기독교인들로 기독교인들의 환란患亂이다. 이 모두가 화생化生들의 귀신장난이다.

"천국에 보내주려고"… 모친 살해 30대 구속

〈서울=뉴시스 신정원 입력 2010.07.29 15:16〉

『경찰서는 29일 자신의 어머니를 살해한 A씨(31)를 존속 살인 혐의로 구속했다. 경찰에 다르면 A씨는 지난 27일 오전 6시40분께 서울 동작구 사당동 자신의 집에서 어머니(56)와 동생과 함께 가정 예배를 보다가 갑자기 어머니를 흉기로 찔러 숨지게 한 혐의를 받고 있다.

경찰조사에서 A씨는 범행을 시인하면서 "어머니를 사랑하기 때문에 그랬다. 천국을 보내주기 위해(죽였다)"고 진술한 것으로 알려졌다.

경찰은 A씨가 정신 병력은 없지만 전날부터 방언을 하면서 괴성을 지르기도 했다는 목격자의 진술 등을 토대로 정확한 경위를 조사 중이다.』

☀ 방언이라는 것은 바로 성령聖靈들린 헛소리이다. 성령聖靈이나 악령惡靈이나 차이가 있는 것이 아니다. 귀신 들리면 성령이라고 착각하여 엉뚱한 발작증상이 일어나 미친 짓을 하는 것이다. 성령이라는 것은 잡신일 뿐이다.

교인이 많으면 많을수록 한국은 미래가 어두워진다. 중세의 암흑이 재현되듯이 억울하게 불타죽은 원혼寃魂들이 한국의 0

기독교 천주교인에게 몰려오고 있다.

지옥의 저승사자들이 호시탐탐 교인들을 노리고 있다. 불의의 재앙 불치와 난치병 희귀병 등, 우리가 상상할 수 없는 신종이 교인에게 많이 생기는 것이다.

34 하느님은 누가 창조했는가?

참으로 천주교 기독교인이 이런 질문을 받는 다면, 어처구니가 없을 것이다. 그러면서 그런 말 같지 않은 헛소리를 하지 말라고 소리를 지르고 핏대를 낼 것이다. 하나님은 누가 창조했는가?

바꿔 놓고 일반인이나 무신론자나 무종교인에게 하느님이 천지를 창조했다고 하면 그런 말 같지 않은 헛소리를 하지 말라고 언성을 높일 것이다. 서로의 생각이 다르다는 것을 생각하면 둘 다 생각에 따라 생각하는 것만큼 생각에 의해 맞기도 하고 틀리기도 한다.

교인들은 원래 처음부터 스스로 존재한다고 할 것이고, 무종교인이나 무신론자는 원래부터 스스로 존재한다면 자연自然이 아니냐고 반박할 것이다.

그러면 교인은 그렇지 않다고 구구한 변명과 말 같지 않은 설명을 늘어놓는다. 성경이 어쩌고저쩌고 할 때, 성경은 누가 썼느냐고 하면, 하느님 계시를 받아쓰셨다고 한다. 계시 받아쓰셨을 때, 그 계시라는 것이 진짜 하느님이 다행히 계셔서 한 것인지, 잡신이나 귀신들이 한 것이지 어찌 알 수 있느냐고 하면, 얼버무리고 만다.

모순으로 일관된 내용을 박박 우기는 것으로 끝없는 논쟁은 끝이 나지 않은 채 헤어진다.

자연自然이란, 스스로 자自에다 그럴 연然이다. 스스로 그러하다. 모든 만물은 환경에 따라 스스로 적응하며 그렇게 존재하는 것이다.

귀신鬼神이나 신神은 누가 만드는가? 귀신이 먼저인가? 사람이 먼저인가? 일반론적으로 사람이 죽어 귀신이 되면 사람 귀신이요. 사람신이다. 개가 죽어 귀신이 되면 개귀신이요 개신이다.

윤회를 인정하는 종교에서는 신이나 귀신이 사람도 되고 여러 가지 생명으로 전이하며, 개신이나 개귀신도 육신을 원할 때는 사람도 되고 축생도 되지만, 죽으면 끝이라는 단멸斷滅론 자들에게는 영혼 자체를 부정하므로 천당과 지옥도 신이나 귀신도 부정되는 것이다.

자연은 스스로 존재하는 그런 것들인 것 같이 생명들도 조건과 원인에 따라 스스로 존재하는 것이다. 이것이 창조의 원리이지, 하느님이 있어 창조하는 것은 아니다.

그러면 대답하겠다. 하느님이 우리를 창조 했다면, 하느님은 인간의 어리석은 생각이 창조했다. 그래서 하느님을 믿는 사람들은 그 어리석음으로 끝도 없이 싸운다. 하느님의 심판으로 인하여 지구의 종말이 오는 것이 아니라, 하느님을 내

세운 이들의 싸움으로 인하여 지구의 종말이 멀지 않았다

진짜 하느님을 목격한 사람들.

진짜 하느님을 목격한 사람들이 있다. 그들에게는 현실적으로 확연하게 두 눈으로 똑똑히 본 사건이다.

2차 세계대전의 군수물자를 수송하던 수송단 카르고Cargo 비행기였다. 그 섬의 원주민들은 하늘에서 갑자기 벼락 치듯 요란한 소리를 내며 하늘에서 내려오는 상상으로 표현할 수 없는 이상한 큰 새를 볼 수 있었다.

『다음의 이 사진은 실제 있었던 일로 오지탐험에서 발견한 사실이다. 1943년 2차 세계대전이 한창일 때 영국 공군 수송기 한대가 서태평양 멜라네시아Melanecia의 한 섬에 불시착 한 적이 있었다고 한다.』

이 사진은 카르고 수송단이 떠난 후 원주민들이 나무와 갈대 풀잎 등으로 하늘에서 하느님이 타고 온 벼락 치는 큰 새를 만들어 불시착한 장소에 세우고 그 날을 기리며 지극히 신성한 숭배 물로 주위를 돌며 춤추고 노래하고 빙빙 돌며 하나님의 큰 새가 다시 오길 기다리고 있다고 한다.

카르고Cargo수송단의 불시착은 영국공군의 비행일지와 일치한다고 한다.

〈부시맨〉이란 영화를 보면 재미있다. 벌거벗은 아프리카의 원주민이 하늘에서 경비행기 조종사가 마시고난 콜라병을 무심히 창밖으로 버렸지만, 부시맨에게는 충격적인 사건이었다. 생전 처음 보는 신기한 물건이 하늘에서 떨어졌을 때, 이것은 분명 하느님의 물건이다.

이와 같이 예기치 못한 초현실적 사실적 사건에 지각장애知覺障碍를 일으켜 신神으로 하느님으로 착각하여 숭배하고 찬양하는 것이다.

이와 똑같은 사건이 바로 기독교의 성경에 나타난 하나님 여호와의 실상이다.

세월이 오래 지나면 이런 것들이 신앙으로 자리 잡고 온갖 비과학적 비합리적 비논리적 반인륜적 괴리로 세상을 어지럽게 만들고 점점 비약해서 엉뚱한 해석을 하며 혹세무민이 난무하는 것이다.

이러한 사실을 서구에서는 이미 오래전에 알고 있었기 때문에 서구에서 기독교를 버리고 있다.

교인들이 하나님이라고 믿는 여호와(야훼)의 정확한 모습

『목사들은 말한다. 하나님을 본 사람은 아무도 없다고, 하지만 기독교 성경에 보면 하나님을 만나서 이야기하고 하나님의 모습을 목격한 사람들의 기록이 너무도 상세하게 많이 있다. 인류의 조상이라는 아담은 말할 것도 없고, 에녹, 노아, 아브라함, 모세, 에스겔, 다니엘, 이사야 등 구약의 필진들은 모두 여호와 하나님을 직접목격하고 대화를 하며 같이 동행同行을 했던 사람들이다.

그 중에 여호와 하나님의 모습을 목격하고 가장 상세하게 기록한 사람이 있다. 바로 에스겔이다. 목사들이야 소설의 한 구절을 인용하듯 성경의 한부분인 한두 줄만 인용하지만 여기서는 에스겔서 1장 1절부터 28절까지 문장 전체를 한글자도 틀리지 않게 그대로 옮겨 쓴 것이다.』

** 에스겔 1장 1 ~ 28절

1절. 제 삼십년 사월 오일에 내가 그발 강江가 사로잡힌 자 중에 있더니 하늘이 열리며 하나님의 이상異像:Vision을 내게 보이시니

2절. 여호야긴왕 사로잡힌 지 오년 그 달 오일이라

3절. 갈대아 땅 그발 강江 가에서 여호와의 말씀이 부시의 아들 제사장 나 에스겔에게 특별히 임臨하고 여호와의 권능이

내 위에 있느니라,

4절. 내가 보니 북방에서부터 폭풍과 큰 구름이 오는데 그 속에서 불이 번쩍번쩍하여 빛이 그 사면에 비추며 그 불 가운데 '단쇠' 같은 것이 나타나 보이고

5절. 그 속에서 네 생물의 형상이 나타나는데 그 모양이 이러하니 사람의 형상이라

6절. 각각 네 얼굴과 네 날개가 있고

7절. 그 다리는 곧고 그 발바닥은 송아지 발바닥 같고 마광한 구리 같이 빛나며

8절. 그 사면 날개 밑에는 각각 사람의 손이 있더라. 그 네 생물의 얼굴과 날개가 이러하니

9절. 날개는 다 서로 연連하였으며 행할 때에는 돌이키지 아니하고 일제히 앞으로 곧게 행하며

10절. 그 얼굴들의 모양은 넷의 앞은 사람의 얼굴이요, 넷의 우편은 사자의 얼굴이요, 넷의 좌편은 소의 얼굴이요 넷의 뒤는 독수리의 얼굴이니

11절. 그 얼굴은 이러하며 그 날개는 들어 펴서 각기 둘씩 서로 연連하였고 또 둘은 몸을 가리웠으며

12절. 그 신神이 어느 편으로 가려면 그 생물들이 그대로 가되 돌이키지 아니하고 일제히 앞으로 곧게 행하며

13절. 그 생물들의 모양은 숯불과 횃불 모양 같은데 그 불이 그 생물 사이에서 오르락내리락하여 그 불은 광채가 있고 그 가운데에서 번개가 나며

14절. 그 생물의 왕래가 번개같이 빠르더라.

15절. 내가 그 생물을 본 즉 그 생물 곁 땅위에 바퀴가 있는데 그 네 얼굴을 따라 하나씩 있고

16절. 그 바퀴의 형상과 구조는 넷이 한결같은데 황옥黃玉같고 그 형상과 구조는 바퀴 안에 바퀴가 있는 것 같으며

17절. 행할 때에는 사방으로 향한 대로 돌이키지 아니하며

18절. 그 둘레는 높고 무서우며 그 네 둘레로 돌아가면서 눈이 가득하며

19절. 생물이 행할 때는 바퀴도 그 곁에서 행하고 생물이 땅에서 들릴 때에 바퀴도 들려서

20절. 어디든지 신이 가려면 생물도 신이 가려하는 곳으로 가고 바퀴도 그 곁에서 들리니 이는 생물의 신神이 그 바퀴 가운데 있음이라.

21절. 저들이 행하면 이들도 행하고 저들이 그치면 이들도 그치고 저들이 땅에서 들릴 때에는 이들도 그 곁에서 들리니 이는 생물의 신이 그 바퀴 가운데 있음이더라.

22절. 그 생물의 머리 위에는 수정水晶같은 궁창의 형상이 펴 있어 보기에 심히 두려우며

23절. 그 궁창 밑에 생물들의 날개가 서로 행하여 펴있는데 이 생물들은 두 날개로 몸을 가리웠고 저 생물도 두 날개로 몸을 가리웠으며

24절. 생물들이 행할 때에 내가 그 날개 소리를 들은 즉 많은 물소리[쏴-]와도 같으며 전능자의 음성과도 같으며 떠드는 소

- 174 -

리 곧 군대의 소리와도 같더니 그 생물이 설 때에 그 날개를 드리우니라.

25절. 그 머리 위에 있는 궁창위에서부터 음성이 나더라 그 생물이 설 때에 그 날개를 드리우더라.

26절. 그 머리 위에 있는 궁창 위에 보좌이 형상이 있는데 그 모양이 남보석 같고 그 보좌의 형상 위에 한 형상이 있어 사람의 모양 같더라.

27절. 내가 본 즉 그 머리 이상의 모양은 '단쇠' 같아서 그 속과 주위가 불같고 그 허리 이하의 모양도 불같아서 사면으로 광채가 나며

28절. 그 사면 광채의 모양은 비 오는 날 구름에 있는 무지개 같으니 이는 여호와의 영광의 형상의 모양이라 내가 보고 곧 엎드리어 그 말씀하시는 자의 음성을 들으니라.

『위의 내용은 여호와 하나님의 정확한 모습이다. 모든 신학자나 목사 신부들이 성경을 인용할 때 어느 특정 문장의 한 구절만을 인용한다. 예를 들면 '네 이웃을 사랑하라' '원수를 사랑하라' 등이다. 그러나 두서너 줄만 넘으면 반드시 모순과 괴리로 점철되어 죽이고 약탈하는 대목이 반드시 나온다. 이런 때는 하나같이 궁색한 변명으로 비유와 상징으로 호도하고 있다.

그러나 에스겔서의 내용은 1장 1~ 28절까지 전체를 한 글자의 오류도 없이 그대로 게재한 것이다. 여호와의 정확한 모습의 내용임이 틀림없다. 이 하나님이라는 여호와의 모습을

간략하게 간추리면 다음과 같다.

① 여호와가 나타날 때는 반드시 폭풍과 큰 구름 속에서 나타난다.

② 여호와는 그발강江가나 산에 나타난다.

③ 여호와는 번쩍번쩍 빛나는 단쇠 같은 것이다.

④ 여호와는 날개가 달려 있다.

⑤ 여호와는 바퀴도 달려 있다.

⑥ 여호와는 다리는 곧고 송아지 발바닥 같다.
　　[달착륙선의 네다리와 같은 형상]

⑦ 여호와는 눈이 사방에 달려 있다.[유리창]

⑧ 여호와는 보이는 각도에 따라 모양이 달리 보인다.

⑨ 여호와는 이동할 때는 번개같이 빠르다.

⑩ 수정 같은 궁창이 있다.[돔dome과 같은 둥근 유리창으로 추정]

⑪ 날을 때 날개소리는 많은 물소리와 같다. [제트엔진 추진소리]

⑫ 여호와는 설 때는 날개를 접는다. [드리운다]

⑬ 여호와는 궁창 위에 보좌의 형상이 있다.

⑭ 여호와는 불이 오르락내리락 한다.

⑮ 여호와는 궁창 위에 남보석과 황옥 같은 것이 있다.
　　[계기류]

⑯ 여호와는 궁창 위 보좌에 사람이 있다.[조종석의 사람]

위에 나열한 내용이 여호와의 정확한 모양이고 창세기 1장부터 나오는 궁창도 이와 같은 것이다. 이상의 내용을 외계인의 UFO가 아니라면 괴물 중에 이상한 괴물임에 틀림없지 않은가?

인류 역사상 UFO의 목격 기록서로서 가장 자세하고 가장 정확하고 방대하게 성문화시킨 책이 바로 기독교 바이블[성경]이므로 신으로서 하나님 말씀이 아니다.

목사나 신부가 이 사실을 알고 믿었다면 사기꾼이요 모르고 믿었다면 더욱 큰 영원한 사기꾼이다.

많은 사람들이 믿는 여호와 하나님의 모습을 다음의 그림에서 보면 안다. 알고 믿었다면 정신이 좀 이상한 사람이요 모르고 믿었다면 넋 빠진 사람이 아닐까.

에스겔 1장 1~3절에 나오는 그발은
(버블로스=지금의 주바일에 해당하는 도시 이름)

하여간 지금 현재까지 이 책을 보고 이것을 이해하기까지, 세계적으로 수천 년간 수천 만권의 헤아릴 수 없는 성경해설서가 나오고 그것을 합리화하는 온갖 해설적인 학설이 나왔어도 그림에서 보는 봐와 같이 여호와 하나님은 100% UFO이다.

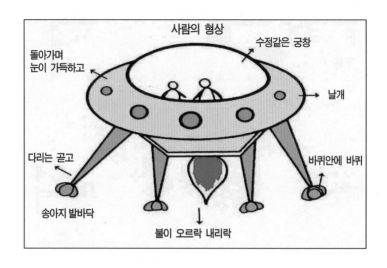

사람의 형상
돌아가며 눈이 가득하고
수정같은 궁창
날개
다리는 곧고
바퀴안에 바퀴
송아지 발바닥
불이 오르락 내리락

이 그림이 아니라면 괴물 중에 이상한 괴물임이 틀림없을 때, 구원이니 성령이니 영성이니 하고 떠드는 그 학설들은 모두 괴변에 지나지 않는 개똥철학이고 지금까지 믿어온 수십억의 교인들의 넋은 안식安息을 잃고 저승에 가지 못한 채 허공을 떠돌거나 지옥에 있으므로 불의의 사고가 계속되며 인류의 불행은 끝이질 않는 것이다.

교인들은 환상과 망상 속에 온갖 망상의 꿈을 꾸며 살고 있는 영혼과 정신이 영원히 병든 사람들이라 보아야 한다. 하나님을 믿으면 병이 낫고 소원을 이루고 영생을 얻었다고 떠들어대는 목사들의 설교는 100% 거짓이 아닌가?.』

여호와 신神은 강림할 적마다 진노震怒를 한다. 진노란 화가 나서 부르르 떤다는 것이다. 집터가 요동치고 지축이 흔들릴 정도로 진노를 한다면 바로 비행선의 착륙이다.

우주마을 〈출처 http://cafe.daum.net/iloveufo〉

이집트에서 발견된 그노시스 사해문서의 미스테리

1947년에 예루살렘에 있는 미국 오리엔트연구소에 두 명의 남자가 낡아빠진 가죽두루마리와 몇 조각의 두루마리를 함께 가지고 찾아왔다.

그것은 2천 년 전의 사본으로 구약성서 이사야 전권과 또 다른 성서의 내용이었다.

16세의 양치기 소년 모하마드가 사해의 서북해안에 있는 쿰란근처에 있는 동굴에서 발견한 것으로 지금까지 가장 오래된 성서 사본이 발견되었다 하여 그 가치성을 높이 평가하고 있다.

그 유명한 쿰란 동굴의 사해 문서는 세상에 빛을 보게 되었다. 1948년 이스라엘 독립전쟁이 끝나자 서구의 학자들은 쿰란 동굴에서 수천이나 되는 성서의 단편들을 발견하였다.

그 연대는 기원전 3세기에서 기원 68년경에 이르고 있었다. 초기 원시 기독교인들이 공동생활을 하면서 만들었다는 것도 알게 되었다.

이 사해사본들은 이스라엘 정부의 감독 하에서 기독교, 유대교로 구성된 비공개의 배타적인 위원회에 의해서 공개되지 않고 연구해 왔다.

1947년 쿰란동굴에서 발견된 기원전 3세기경의 사본의 「사해문서」

비공개로 진행되자 로마가톨릭의 사제들과 많은 학자들이 공개하라고 비난하기 시작하였다.

1991년 11월 19일자 「WEEKLY WORLD NEWS」는 사해 사본 연구에 세계적 권위자로 인정받고 있는 한 양심적인 고고학자가 쿰란 문서에 대해서 공개한 내용을 다음과 같이 발표하였다. 이 내용의 일부는 "TIME"지에도 소개된 바 있다.

다음은 그 내용의 일부이다.

『그러나 시대가 변했다. 사람들은 문서의 전면적인 공개를 요구하고 있다. 나는 마침내 지금이 바로 전진을 위한 시대이며 내가 알고 있는 것을 알려야겠다고 느꼈다."

"이 귀중한 문서는 구약의 초본정도가 아니다."

"그것은 문자 그대로 세상을 흔들고 있는 예언과 역사적 정보를 수록하고 있다."

파리에서의 기자들과 성직자들에게 준 본진 박사의 보고는 다가올 수개월, 또는 수년간 많은 논쟁을 불러일으킬 것임에 틀림없다.

파비오 마바시-한 팔레스타인 목동에 의해 1947년 문서가 발견된 이래 이 문서에 대해 많은 글을 써온 본진 박사가 결코 일반인이 보아서도 들어서도 안 되게 되어있는 특별한 정보를 누설하고 있다고 비난했다.

독일의 고고학자 울리케 호프만 같은 다른 전문가들은 문서에 대한 진실을 결정적으로 밝힐 정직성과 용기를 지닌 것에 대한 본진 박사를 찬양했다.

2천년된 사해 문서의 연구와 발간을 주간하고 있는 바티칸과 이스라엘 고고학 당국은 이 문제에 대해 예외적으로 침묵을 지키고 있다. 그러나 본진 박사는 "그들이 50년간 대중을 속여 왔다는 것을 인정하지 않는 한 그들은 비밀의 사해 문서 내용에 대해 아무 할 말이 없을 것"이라고 말했다.

그는 1952년에 이 바티칸의 사해 문서를 보았다고 주장하고 있다. 그는 함께 본 다른 5명의 이름을 밝히기를 거부하고 있다. 한 고위 바티칸 소식통은 본진 박사가 실제로 의심할 수 없는 권위로서 문서의 내용에 대해 말할 수 있음을 확인했다.

또 이 소식통은 "이 특별한 문서의 내용이 안전을 위해 바티칸에 보내진 것은 그 내용이 세계에 경악과 혼란을 가져올 것을 두려워했기 때문"이라고 밝히고 있다.

그러한 우려가 근거가 있든 없든 결국 본진 박사가 밝혔으므로 명백해지겠지만 본진 박사는 다음과 같이 결론을 내리고 있다.

"나는 내가 해야 할 일을 했으며 후회는 없다.

내가 옳았는지 잘못했는지는 하느님이 결정할 것이다. 그리고 그 점에 대해 아무도 이의를 제기할 수 없을 것이다."
(Weekly World News, 1991년 11월 19일 字) 』

※공개된 사해문서에 다음과 같은 내용이 있다.※
⊙ 예수의 결혼에 대한 이야기
⊙ 거대한 원반형의 우주선(UFO)함대가 2,500년 전 지구에 착륙했다.
⊙ 노아의 방주[UFO]는 이집트의 대피라미드에서 수마일 떨어진 곳에 착륙했었다.
⊙ 모세는 유대인도, 이집트인도 아니다. 그는 다른 행성에서 왔다.
⊙ 하나님의 모습은 불타는 초록 눈과 흘러내리는 갈색머리를 하고 있다.
⊙ 4Q 286/287에는 〈장대한 탈 것〉, 〈바퀴천사의 부대와 함께 있는 전투차〉에 대한 기록.
⊙ 4Q 385/389에는 〈날아다니는 UFO〉에 대한 기록 등이 공개되었다.

그노시스 문서 또는 사해문서라고 말하는 문서의 기록을 자세히 살펴보면, 현대식 외계인에 대한 내용이 나오고 있다. 물론, 외경이라고 여겨....지금까지 그리 신경 쓰지 않았다.

이집트에서 발견된, 그노시스 문서에는 고대 종교인들이 리모트 뷰잉을 하는 과정에서 알게 된 외계 존재들에 관한 사항이 기술되어 있는데, 지구인들과 접촉해온, 외계인들은 먼 우주에서 온 것이 아니고 태양계에 살고 있으며, 이름을 아콘이라고 불렀다.

그노시스 문서에 따르면, 아콘은 지구가 생성되기 전부터 태양계에 존재한 생명체들이라고 하며, 그들은 지구가 형성되자 지구에 침입해, 인간이 자연스럽고 정상적인 진화를 통해, 실체를 자각하고 여러 차원의 존재를 이해하며, 우주적 영적 생명체가 되는 것을 방해해 인류가 성숙하게 진화되지 않은 시점에 월등한 과학기술을 전달하여, 인류간의 탐욕을 키우고 서로 반목하고 싸우도록 조종해 끝내 인류가 과학기술을 남용하다 자멸하도록 유도하는 악행을 여러 차례 반복했다고 한다.

그노시스 문서에는 아콘의 존재가 신생아나 태아의 모습과 닮거나 서양의 용이나 파충류 모습으로 존재한다고 기술했는데, 이는 오늘날 외계인을 목격한 많은 이들에게서 묘사된 외계인들의 전형적인 형상인 코와 귀가 생성되지 않은 태아를 닮은 그레이 외계인들과 파충류형 외계인들의 모습과 일치하고 있다고 한다.

바이블(성경)에 있는 에스겔 에 포함된 하나님(야훼)의 모습.

『우주소년 미이라 UFO 잔해발견. 5천8백 년 전 불시착, 이스라엘의 한 동굴에서 발견된 것으로 알려진 외계인의 미이라. 이스라엘 정부 함구령에도 불구하고 이를 발설했다는 프랑스 고고학자 라빌라에르 박사. 〈금속처럼 단단한 뼈, 2개의 심장. 지구인과 달라.〉 이스라엘 동굴에서 1,2m 벽을 뚫는 광선총도 함께 출토.』

그럼, 왜 구약에 이런 내용들이 많을까? 구약은 신약보다 오래된 바이블이며, 2000년 보다 더 오래된 기록물이라는 사실은 여러분들도 알고 있을 것이다.

그 기록물에서, 기계적인 물체의 비행체 묘사를 아주 세밀하게 했으니, 아마도 외계의 제3의 문명체가 이 지구에 방문한 것은 오래전의 일일 것이다.

에스겔은 제사祭祀를 주관하는 제사장祭司長(무당)이다. 그때의 과학 수준으로는 보이는, 모든 현상들은 모두 하느님인 신神의 영역으로 여겼기 때문이다.

37 가장 방대한 100% 완벽한 UFO 목격 기록서

〈여러 명의 여호와 하나님들과 그룹의 정체〉
∴ 창세기 1장 26 ~ 28절
26절. 하나님이 가라사대 **우리의** 형상을 따라 우리의 모양대로 우리가 사람을 만들고 모든 것을 다스리게 하자하시고 하

나님이 자기의 형상 곧 하나님의 형상대로 사람을 창조 하시
되.--

⁂ 창세기 3장 22 ~ 24절

22절. 여호와 하나님이 가라사대 보라 이 사람이 선악을 아
는 일에 우리 중 하나같이 되었으니 그가 그 손을 들어 생명
나무 실과도 따먹고 영생할까 하노라 하시고 23절. 여호와 하
나님이 에덴동산에서 그 사람을 내어 보내어 그의 근본 된 토
지를 갈게 하시니라 24절. 그 사람을 쫓아내시고 〈에덴동산
동편에 그룹들과 두루 도는 화염검을 두어 생명나무의 길을〉
지키게 하시니라.

『하나님 여호와의 모습은 보이지 않는 영적靈的인 존재나
유일신唯一神으로 존재하며 보이지 않는 거룩한 그런 것이 아
니다. 인간의 모습과 똑같은 여러 명의 생명체들이 틀림없다.
그래서 우리의 모양이라고 한 것이다.
　우리 중 하나 같이 되었다는 이야기는 여러 명이라는 뜻이
다. 생명나무가 무엇인지는 몰라도 먹으면 영생하는 것이란
다. 여호와 하나님은 인간의 영생을 애초에 바라지도 않았으
므로 구원이란 이미 물 건너간 이야기이다. 다음 대목을 주의
깊게 살펴보시기 바란다.
　〈에덴동산과 그룹〉, 그리고 〈두루 도는 화염검.〉 그룹의 정
체를 자세히 알아보자.』

⁂ 에스겔 10장 1~22절

1절. 이에 내가 보니 그룹들 머리 위에 궁창이 있어 남보석 같은 것이 나타나는데 보좌의 형상 같더라. 2절. 하나님이 가는 베옷 입은 사람에게 일러 가라사대 너는 그룹 밑 바퀴 사이로 들어가서 그 속에서 숯불을 두 손에 가득히 움켜 가지고 성읍 위에 흩으라 하시매 그가 내 목전目前에 들어가더라.

3절. 그 사람이 들어갈 때에 그룹들은 성전 우편에 섰고 구름은 안뜰에 가득하며 4절. 여호와의 영광이 그룹에서 올라 성전 문지방에 임하니 구름이 성전에 가득하며 여호와의 영화로운 광채가 뜰에 가득하였고 5절. 그룹들의 날개 소리는 바깥 뜰까지 들리는데 전능하신 하나님의 말씀하시는 음성 같더라.

6절. 하나님이 가는 베옷 입은 자에게 명하시기를 바퀴 사이 곧 그룹들 사이에서 불을 취하라 하셨으므로 그가 들어가 바퀴 옆에 서매 7절. 한 그룹이 그룹들 사이에서 손을 내밀어 그 **그룹들** 사이에 있는 불을 취하여 가는 베옷 입은 자의 손에 주매 그가 받아 가지고 나가는데 8절. 그룹들의 날개에는 사람의 손 같은 것이 나타났더라.

9절. 내가 보니 그룹들 곁에 바퀴가 있는데 이 그룹 곁에도 한 바퀴가 있고 저 그룹 곁에도 한 바퀴가 있으며 그 바퀴 모양은 황옥 같으며 10절. 그 모양의 넷은 한결 같은데 마치 바퀴 안에 바퀴가 있는 것 같으며 11절. 그룹들이 행할 때에는 사방으로 향한 대로 돌이키지 않고 행하되 그 머리 향한 곳으로 행하며 12절. 그 온 몸과 등과 손과 날개와 바퀴 곧 네 그룹의 바퀴 둘레에 다 눈이 가득하더라.

13절. 내가 들으니 그 바퀴들은 도는 것이라 칭하며   14절. 그 그룹들은 각각 네 면이 있는데 첫 면은 그룹의 얼굴이요 둘째 면은 사람의 얼굴이요 셋째는 사자의 얼굴이요 넷째는 독수리의 얼굴이더라.   15절. 그룹들이 올라가니 그들은 내가 그발 강江가에서 보던 **생물이라** 16절. 그룹들이 행할 때에는 바퀴도 그 곁에서 행하고 그룹들이 날개를 들고 땅에서 올라가려 할 때 바퀴가 그 곁을 떠나지 아니하며 17절. 그들이 서면 이들도 서고 그들이 올라가면 이들도 올라가니 이는 생물의 신(神)이 바퀴 가운데 있음이더라.

18절. 여호와의 영광榮光이 성전 문지방을 떠나서 그룹들 위에 머무르니 19절. 그룹들이 날개를 들고 내 목전에 땅에서 올라가는데 그들이 나갈 때에 바퀴도 그 곁에서 함께 하더라 그들이 여호와의 전殿으로 들어가는 동문에 머물고 이스라엘 하나님의 영광이 그 위에 덮였더라.

20절. 그것은 내가 그발 강가에서 본 이스라엘 하나님의 아래에 있던 생물이라 그들이 그룹인줄 내가 아노라

21절. 각기 네 얼굴과 네 날개가 있으며 날개 밑에는 사람의 손 형상이 있으니

22절. 그 얼굴의 형상은 내가 그발 강가에서 보던 얼굴이며 그 모양과 몸뚱이도 그러하여 각기 곧게 앞으로 행하더라.

이것을 다시 정리를 하면

① 그룹은 에스겔이 그발 강가에서 보던 단쇠 같은 것이다.

② 그룹에는 날개가 달려 있고 바퀴도 달려 있다.

③ 그룹 머리 위에는 궁창이 있다

④ 그룹들의 날개소리는 요란하다.

⑤ 그룹들의 바퀴의 둘레에 눈이 가득하다.

⑥ 생물의 신(神)이 바퀴 가운데 있다.

⑦ 그룹들은 하늘로 올라가는 물체이다.

더 구체적으로 그룹이 무엇인지 살펴보면

∴ 시편 18 : 7 ～ 10절

7절. 이에 땅이 진동하고 산의 터도 요동하였으니 하나님의 진노震怒로 인함이더라. 8절. 그 코에서 연기가 오르고 입에서 불이 나와 사름이여 그 불에 숯불이 피었도다. 9절. 저(하나님)가 또 하늘을 드리우고 강림하시니 그 발아래는 어두컴컴하도다. 10절. 그룹을 타고 날으심이여, 바람 날개로 높이 뜨셨도다.

⑧ 그룹은 타고 날수 있는 것이며 바람 날개로 높이 뜨는 것이다.

⑨ 코에서 연기가 나오고 입에서 불을 토한다.

⑩ 그룹이 날 때에는 요란한 진동이 있으며 땅이 진동하고 산이 요동한다.

⑪ 미개했던 옛날에 엔진 진동을 하나님의 진노震怒라고 생각한다.

⑫ 정말로 하나님이 신神으로서 강림할 적마다 화를 냈다면 세상이 온전하겠는가?

⑬ 이상의 정황으로 보아 천주교 기독교 성경에 나오는 그룹은 100% UFO임에 틀림없다.

⑭ 여호와 하나님은 잔악한 외계인임에 틀림없다.

⑮ 창세기에 나오는 그룹이나 에덴동산도 UFO이다 .

⑯ 지구상에 에덴동산은 없었다. 에덴동산은 UFO의 별칭이라 보면 된다.

⑰ 두루 도는 화염검은 써-치 라이트이다.

⑱ 여호와의 영광榮光에서 영광은 UFO이다.』

이상의 내용을 분석하면 기독교 성경에 나오는 그룹이나 영광은 100% UFO임에 틀림없다. 그것도 아니라면 사악하고 악랄한 괴물의 모습임에 틀림없다. 이것도 그림으로 그리면 앞의 그림과 똑같은 모양이 나온다. 헬리콥터나 비행기를 하느님이라고 믿으며 미치고 발광을 하면 천당에 갈까 지옥에 갈까?

이런 모양의 하나님이기 때문에 다음과 같은 내용이 나올 수밖에 더 있겠는가?

✱✱ 신명기 13장 6~11절

"다른 신을 믿으면 사랑하는 아내나 아들이나 딸·형제·친구 가릴 것 없이 긍휼히 보지 말며 애석히 여기지 말며 덮어 숨기지 말고, 용서 없이 돌로 쳐 죽여라."

✱✱ 에레미야 19장 9~10절

"아들·딸·친구를 잡아 그 고기를 먹게 하겠다."

석기시대의 미개인들이 초현실적 초문명을 생생하게 보고

제 나름대로 지껄인 내용이 바이블이며, 이것이 오랜 세월 동안 세습된 구전의 내용이 되다보니 검증이 필요 없이 신神으로 고착固着된 것이 분명하다.

초문명인들의 노예사냥과 식민은 가차 없는 살육과 징벌! 여기에 따른 공포를 맛보았던 미개인들은 살아남기 위하여 〈사랑하는 아내와 아들·딸까지도 돌로 쳐 죽이라〉는 급박한 발상이 나오지 않으면 안 되었을 것이다. 이것이 유대교 천주교 기독교 이슬람교이다.

이 미개한 신앙을 믿어야 하는 현대의 지성知性을 자처하는 정신적 미숙未熟인들이 불안에 떠는 모습은 바로 병신칠갑病神漆甲이 아닐 수 없다. 두려움은 바로 지옥행이다.

국제일반.

크리스천은 왜 무슬림을 살해한 뒤 '인육'을 먹었나.

중앙아프리카 수도 방기의 한 마을에서 기독교도로 보이는 한 남성이 땅바닥에 쓰러져 있던 무슬림 남성에게 매질을 가하고 있다. /AP 연합뉴스 등록 2014년 1월14일

중앙아프리카공화국 '종교 분쟁'의 비극

「살해당한 가족 복수하려 생면부지의 무슬림을 죽이고 다리 먹어 방송에 나와 태연히 상황 설명…현장의 군중들은 '영웅' 대접 보복 이어지면서 증오만 남아…지난달에만 1천여 명 목숨 잃어,」

중앙아프리카공화국[중아공] 과도 정부가 13일(현지 시각) 지난해 3월 이후 계속돼 온 유혈사태의 종식을 선언했다. 그러나 최근 수도 방기에서 백주 대낮에 벌어진 '식인' 사건은 기독교계와 이슬람계로 나뉘어 대립하고 있는 중아공의 암울한 미래를 전망케 했다.

이것이 에레미야 19장 9~10절의 교훈이다

최 근자에 발견된 UFO

서울신문 ㅣ 입력 2011.05.02 11:26 수정 2011.05.02 11:31

『[서울신문 나우뉴스] 카자흐스탄 상공에서 미확인비행물체(UFO) 편대가 목격됐다고 UFO 전문 매거진 올뉴스웹이 전했다.

이 UFO 영상은 지난 3월 27일 중앙아시아 카자흐스탄에서 촬영된 것으로, 영상 내에는 자그마치 18대의 UFO가 편대를 이뤄 저속 비행을 하고 있다. 보도에 따르면 이 UFO 편대는 카자흐스탄의 전 수도이자 인구 최다 도시인 알마티 상공에서 포착됐다. 당시 많은 사람이 UFO를 목격했으며, 그 중 한 목격자가 촬영한 것으로 알려졌다.

또 보통 단독으로 나타나는 UFO와는 달리 연이어 확인된

UFO 편대의 목격은 지난 몇 주간에 걸쳐서 중앙아시아 지역에 나타났던 것으로 전해졌다. 올뉴스웹은 "많은 UFO 연구가는 외계인 기지가 흑해 어딘가에 존재한다고 확신한다."면서 "기밀이 해제된 러시아의 군사 문서가 이 같은 주장을 입증하고 있다."고 전했다.

흑해는 중앙아시아 국가들 사이에 있으며 카자흐스탄도 흑해 연안국 중 하나이다. 또 카자흐스탄의 많은 주민은 워낙 UFO를 자주 목격하기 때문에 단지 '외계인들이 지구를 방문했구나.' 정도로 생각하는 것으로 알려졌다.

UFO 연구가들은 "UFO의 출몰은 외계인 방문자들이 좀 덜 은밀하게 지구에 나타나는 또 다른 사례 중 하나다."면서 "많은 사람이 외계인의 방문 목적이 인류에 대한 중요한 무언가를 계획하고 있다고 믿고 있다."고 전했다.』

여호와 하느님의 최초 발견의 비밀

✱✱ 창세기 1장 1 ~ 5절

1절. 태초에 하나님이 천지를 창조하시니라. 2절. 땅이 혼돈하고 공허하며 흑암이 깊음 위에 있고 하나님의 신神은 수면 水面에서 운행하시니라. 3절. 하나님이 가라사대 빛이 있으라 하시매 빛이 있었고 4절. 그 빛이 하나님의 보시기에 좋았더라 하나님이 빛과 어둠을 나누사 5절. 빛을 낮이라 칭하고 어두움을 밤이라 칭하시니 저녁이 되고 아침이 되니 이는 첫째 날이니라.

1절은 천지를 창조했다는 것은 제목이다.

2절부터 문제가 발생한다. 하나님의 신이 물 표면에서 운행했다는 이야기이다. 물이 먼저인가, 하나님의 신이 먼저인가? 문맥상으로는 물이 먼저이다.

✱✱ 창세기1장 11~13

하나님이 가라사대 땅은 풀과 씨 맺는 채소와 각기 종류대로 씨가진 열매 맺는 과목을 내라 하시매 그대로 되어 땅이 풀과 각기 종류대로 씨 맺는 채소와 각기 종류대로 씨가진 열매 맺는 나무를 내니 하나님의 보시기에 좋았더라. 저녁이 되며 아침이 되니 이는 셋째 날이니라.

✱✱ 창세기1장 16~19절

하나님이 두 큰 광명을 만드사 큰 광명으로 낮을 주관하게 하시고 작은 광명으로 밤을 주관하게 하시며 또 별들을 만드시고 하나님이 그것들을 하늘의 궁창에 두어 땅에 비춰게 하시며 주야를 주관하게 하시며 빛과 어두움을 나뉘게 하시니라 하나님의 보시기에 좋았더라 저녁이 되며 아침이 되니 이는 넷째 날이니라.

지구보다 먼저 존재했던 해와 달과 별은 넷째 날 만들어지는데, 태양이 없는 상태에서 빛을 창조하여 저녁이 되고 아침이 되니 첫째 날이라고 한다.

저녁이 되고 아침이 된다는 것은 지구의 자전으로 인하여 해가 동쪽에서 서쪽으로 지는 현상과 달과 별의 위치가 완전히 바뀌는 현상인데, 어찌 해와 달과 별이 없는데 아침이 되고 저녁이 되겠는가? 엉터리 멍청한 논리를 믿는 얼간이들이 한심하다.

인간들 중에 지식知識이 좀 있다는 얼간이 학자들 중에 귀신 씨나락 까먹는 소리에 곧잘 넘어간다. 그것도 사대주의 근성이 강한 족속들이니. 광복 후 미국에 갔다 온 사람들! 특히 초대 대통령을 지낸 기독교장로 같은 사람들과 정치인 학자들은 말할 것 없이 모두 이 엉터리를 여과 없이 들여왔다.

기본적인 과학과 철학이 무시된 이런 귀신 씨나락 까먹는 미신을 믿으며, 서울을 하나님께 봉헌하겠다고 공언한 사람이 대통령도 지낸 한심한 나라이다.

창세기를 재해석할 것 같으면,

흑암이 깊음 위에 있다는 이야기나 하나님의 신이 수면에서 운행했다는 이야기는 어두컴컴한 때에 태양과 같이 밝고 빛나는 UFO가 물가에 불시 착륙하여 이리저리 돌아다니는 것을 목격했을 때, 에스겔이 본 하나님의 이상異像이나 그룹들의 운행을 목격한 옛날 미개인들의 표현을 빌린다면 하나님의 신이 수면에서 운행했다고 이야기 하는 것은 지극히 당연한 것이 아닐까. 이렇게 해석하는 것이 구약의 전체적인 정황으로 보아 100% 옳은 것이 아닐까

유치원생의 수준도 안 되는 자연과학 상식을 어찌 창조 운운하며 과학적 순리를 거역하는 것인가?

더욱이 지구가 돌지 않는다고 가르치며 지동설을 주장한 학자들을 산체로 불태워 죽이는 극악한 화형火刑으로 천주교에서 종교재판이라는 천주교재판으로 죽이지 않았던가.

이 천지창조의 역사적인 하나님의 신이 수면水面에서의 운행은 정확하게 BC 4026년에 일어난 사건으로 지금부터 약 6,000년 전의 일이다. 이 6,000년 전에 일어난 사건을 비유와 상징, 신의 섭리 또는 신만이 아는 비밀 등으로 엉뚱한 해석을 한다면 정말로 현대를 사는 어리석은 미개인이라고 봐야 할 것이다.

지구상에 생물이 나타나기 시작한 때를 고생대古生代, Paleozoic Era라 하는데 5억 7천만 년 전부터 2억 5천만 년 전까지의 일이다, 신생대新生代, Cenozoic Era란 포유류가 나타난 시기를 말하는데 이것도 2억 년 전의 일이다.

그런데 성경에서 하나님이 천지를 창조한 연대는 정확하게 BC 4026년 전의 일이다. 이때가 바로 UFO인 하나님이라는

여호와를 최초로 발견한 날이라 생각된다. 그것이 미개인이 보는 최대의 상상력이며 한계이며 이것을 하나님이라는 신의 섭리라고 믿고 있으니 더욱 한심한 일이다.』

하나님 여호와의 천지창조 순서

첫째 날 == 수면에서 운행하며 태양과 달이 없는 상태에서 빛과 어둠을 창조한다.

둘째 날 == 궁창을 만들고 물을 나누어 궁창을 하늘이라 칭한다.

셋째 날 == 씨 맺는 채소와 풀과 나무를 만들고.

넷째 날 == 해와 달과 별을 만들고 년한年限과 일자日字를 만든다.

다섯째 날 = 동물을 만든다.

여섯째 날 = 인간을 창조한다.

일곱째 날 = 천지를 창조한 하나님이 피곤하여 쉬는 날이다. (안식일)

넷째 날 만들어진 별들은 어떠한 별들일까?

** 다니엘서 8장 9 ~ 10절

그 중 한 뿔에서 또 작은 뿔 하나가 나서 남편과 동편과 또 영화로운 땅을 향하여 심히 커지더니 그것이 하늘 군대에 미칠 만큼 커져서 그 군대와 별 중에 몇을 땅에 떨어뜨리고 그것을 짓밟고--

① 뿔이 길어진다.[로켓, 미사일로 추정]

② 그 뿔은 동쪽과 남쪽 또 영화로운 땅을 향하여 커지고

③ 뿔은 하늘의 군대에 미칠 만큼 커진다.

④ 뿔이 별을 땅에 떨어뜨린다.

⑤ 실제 별들은 태양과 달보다도 더 크고 지구보다는 훨씬 큰 것이다.

⑥ 그 큰 별이 어떻게 뿔에 맞아 땅으로 떨어질까?

⑦ 여러 개의 별 중에 몇 개를 땅에 떨어트린다.

⑧ 별은 반짝이는 비행물체로 보면 성경의 내용이 맞지만 진짜 별로 보면 100% 엉터리이다.

⑨ 뿔이 길어지는 것은 미사일의 발사 광경을 본 것이 틀림없다고 본다.

『왜 이렇게 엉터리 같은 이야기를 했을까? 미개인이 초월적이며 초현실적인 문명을 보고 깜짝 놀라 초환상적 현실의 사건에 놀라 지각장애知覺障碍로 인하여 제멋대로 지껄인 이야기가 바로 천주교 기독교 성경이라는 것이 단번에 증명된다.

그러므로 비과학적 비논리적 비합리적 비생산적 반인륜적 괴리가 나와서 세상을 전쟁의 도가니로 만들고 반목과 질시 폭행과 테러, 가정의 불화, 자기들끼리의 이단시, 믿지 않으면 마귀 사탄 등으로 매도하고 심판과 종말이라는 협박으로 인류를 불안케 하며 공포로 인하여 믿음의 굴레를 못 벗어나게 하는 세습적 공포이다.

수천 아니라 수만 가지의 별의별 해설서가 나오고, 그것을 합리화시키기 위한 중세의 기독교 철학은, 여호와 하나님이 UFO라는 사실이 확실히 밝혀진 이상 한낱 개똥철학에 지나지 않는 것이다.

기독교 성경은 성스러운 성경이 아니라 인류의 과학문명을 더디게 하고 인간의 심성을 악하게 만드는 악서惡書중의 악서이므로 마서魔書중의 마서魔書이라 해야 할 것이다. 그리고 여호와가 신神이라면 악마 중에 악랄한 대악마임이 분명하며 이것도 아니라면 잔악한 문명인이 분명 하지 않을까?』

우주선을 타보는 에스겔

✲✲ 에스겔서 3장 12 ~14절

12절. 때에 주主의 신이 나를 들어 올리시는데 내 뒤에 크게 울리는 소리가 들려 이르기를 여호와의 처소에 나는 영광(榮光·UFO)을 찬송 할지어다 하니 13절. 이는 생물의 날개가 서로 부딪히는 소리와 생물 곁에 바퀴 소리가 크게 울리는 소리더라. 14절. 주의 신이 나를 들어 올려 데리고 가시는데 내가 근심하고 분한 마음으로 행하니 여호와의 권능이 힘 있게 나를 감동시키시더라.

✲✲ 에스겔 11장 22 ~ 24절

22절. 때에 그룹들이 날개를 드리되 바퀴도 그 곁에 있고 이스라엘 하나님의 영광도 그 위에 덮었더니 23절. 여호와의 영광이 성읍 중에서부터 올라가서 성읍 동편 산에 머물고 24절.

주의 신神)이 나를 들어 하나님의 신이 이상異像:UFO중에 데리고 갈대아에 있는 사로잡힌 자중에 이르더니 내가 보니 이상異像:UFO)이 나를 떠난 지라.

『이상異像:UFO)은 에스겔서 1장에 나오는 단쇠 같은 것에 날개와 바퀴가 달린 것으로 UFO임이 분명하다. 하나님의 영광이라는 것도 오로라 같이 황홀한 빛이 비추는 그런 빛의 영광이 아니라 빛나는 비행체의 발광을 영광이라고 한 것이기 때문에 UFO이다. 이 영광이나 이상異像 가운데로 하나님이 들어 올리는 것은 곧 비행체를 탔다는 이야기이다. 영광이 UFO가 아니라면 어떻게 탈 수 있을까?

찬송가에 영광이라는 단어가 많이 나온다. 영예로운 정신세계의 영광이 아닌데 영광의 뜻도 모르고 노래하는 것을 보면 참으로 말로 표현하기 힘든 그 무엇을 보는 것 같다. 영광은 UFO이다. 교인들의 찬양하는 모습을 보면 영화 「부시맨」 을 보는 기분이고, 「혹성의 탈출」 이라는 영화에서 원숭이들이 자기의 조상을 찬양하는 듯한 기분이 든다.』

✲✲ 이사야 1장 24절 2장 10절

24절. 그러므로 주主 만군萬軍: 많은 군대)의 여호와 이스라엘의 전능자가 말씀하시되 슬프다. 내가 장차 내 대적에게 보응하여 내 마음을 편케 하겠고 내 원수에게 보수報讎:원수를 갚다) 하겠으며 ----

10절, 너희는 바위틈에 들어가 진토塵土에 숨어 여호와의 위엄과 그 광대하심의 영광榮光·UFO)을 피할 것이다.

『여기서 분명이 밝혔듯이 여호와는 많은 군대의 무력자武力者이다. 하나님이라면 절대자이며 전능자로서 지존至尊인데, 원수가 어디 있어 원수를 갚겠다는 이야기를 하는 것일까.

하나님의 영광을 바위틈에 숨어 피하라는 것은? 이 영광의 정체를 알아야 한다. 바위틈에 숨어서 피할 수 있는 영광은 바로 UFO의 공격을 피하라는 것이 아닐까.

여하튼 하나님의 영광은 완전히 엄폐掩蔽된 바위틈과 진토에 숨어야 피할 수 있는 달갑지 않은 것들이다.

성경은 인류 역사상 가장 정확하고 가장 방대하고 완벽한 UFO 목격 기록서임에 틀림없다. 교인들이 영광의 뜻도 모르고 찬송가를 부르며 찬양하는 것을 보면 배꼽이 빠지도록 웃음이 절로 나온다. 영화 Star gate를 봐라.』

38 급작스럽게 전도된 이유

『예수가 죽을 때 신통하게 죽은 것도 아니고 그렇다고 부활을 한 것은 더욱 아니다. 그런데 왜 갑자기 예수교가 전파되었을까? 필자는 이 문제를 풀기 전에 정신이 이상하게 될 뻔했고 이 문제를 푸는데 4년이 걸렸다.

문제는 바로 사도 바울에 있었다. 전도된 이유를 명확히 알려면 사도 바울을 잘 살펴보면 알 수 있다. 성서학자들은 기독교를 바울교라고도 한다. 그만큼 바울의 공이 절대적인 것이다.

신약 27편 중 14편을 바울이 썼다. 그 중 제일 먼저 쓴 것이 예수 사후 30년 후에 쓴 편지로서 고린도전서로서 바울의 편지이다. 신약의 주종을 이루고 있는 4대 복음서는 예수 사후 50~100년 후에 써진 것으로 별로 신빙성이 없는 책들이라 볼 수 있다.』

바울의 편지인 고린도후서 12장 1~2절을 읽어 보자

1절, 무익하나마 부득불 자랑하노니 주主의 환상幻像:Vision)과 계시를 말하리라 2절, 내가 그리스도 안에 있는 한 사람을 아노니 십사년 [14년]전에 그가 셋째 하늘에 이끌려 간지라 그가 몸 안에 있었는지 몸 밖에 있었는지 나는 모르거니와 하나님은 아시느니라.

『기독교의 하늘은 오직 하나인데 셋째 하늘은 무엇이며 끌려갔다는 것은 무엇인가? 죽은 상태에서 영혼이 끌려갔다는 이야기는 분명 아니다. 몸 안에 있었는지 몸 밖에 있었는지 모른다는 소리는 혼나가 얼빠져 정신없다는 소리이다.

UFO에 끌려가는 황망했던 상황에 얼마나 놀랐으면 이런 헛소리를 했을까? 이쯤에서 아직도 모른다면 참으로 현대를 사는 부시맨일 것이다.

주主의 환상幻像:Vision)이란 영어로 Vision이다. Vision은 구약의 이상異像:Vision)에서도 같은 Vision을 쓰니 신약에 나오는 환상Vision이나 구약에 나오는 이상異像:Vision 은 같은 것으로 모두 UFO이다.

이 UFO에 끌려 셋째 하늘에 갔던 이야기를 바울이 기독교인이 되기 전에 들었다는 이야기이다.

계시를 말한다고 했는데 계시란 UFO의 초과학적 초현실적인 사건을 보고 놀라서 넋 나가고 혼 빠진 넋두리에 불과한 것이다.』

** 바울묵시록 1 ~ 40절 (신약외경에 나옴)

2절. 셋째 하늘에 붙들려 올라간 일이 있었다. 나는 이 사람이 육신과 함께 올라갔는지 육신을 떠나 올라갔는지 – 3절. 나는 육신과 함께 셋째 하늘까지 들려 올려 졌는데 주님께서 내게 이렇게 말씀하셨다. --중략

4절. 나는 천사를 따라 갔다. 그는 나를 셋째 하늘까지 들어 올려 입구에 내려놓았다. -- 중략 그리고 그는 나를 셋째 하늘에서 둘째 하늘로 데리고 내려가 또 거기서 창궁으로 그리고 그 창궁에서 또 하늘의 입구가 있는 곳으로 데리고 왔다. -- 중략 --

22절, 이것이 그리스도의 도읍이 있는 아케론 호수 이다. 그는 아케론 호숫가에 있으면서 나를 황금 배에 태우고 대략 천 명의 천사가 그리스도의 도읍에 도착할 때까지 계속 내 앞에

서 찬미의 노래를 불렀다. --중략

35절. 그 노인은 네 사람의 심술궂은 천사가 황급히 달려가 데려다가 그 무릎까지 불의 강 속에 넣고 돌을 던지며 마치 폭풍에 스치듯 그 얼굴을 상하게 하고 불쌍히 보아 주시오 라고 말하는 것도 용서하지 않았다.

40절. -- 그들은 이방인으로서 남에게 은혜를 베풀기는 하였으나 주 하나님을 모르는 사람이다. 그 때문에 언제까지나 그에 상응하는 벌을 받는 것이다, 라고 하였다.

『사도 바울은 우주인을 만나 UFO를 타고 외계를 여행하기 전에는 예수교도들을 죽이고 핍박을 많이 했다. 바울은 예수를 한 번도 본적이 없다. 구약의 모든 필진들과 신약의 반 이상을 집필한 바울은 UFO를 목격하거나 타보고 여행을 많이 한다. (바울묵시록은 사해 두루마리 서에서 발견)

사도 바울은 세무공무원으로서 사회적 지도층에 있었던 사람으로 책도 좀 읽었을 것이고 구약의 에스겔서나 다니엘서 이사야서 등을 읽어 보았거나 들어본 경험이 있을 것이다. 들어본 적이 있다고 해도 직접 경험한 일이 아니므로 미친 소리로 간주하고 예수교인에 대한 핍박을 더욱 많이 했을 것이다.

그러던 차에 별안간 나타난 UFO를 목격하고 더욱이 UFO를 타고 별들의 세계로 날기까지 했으니 전지전능한 하나님으로 생각하기에 충분했다.

일단 초과학적 초현실적 사건이 생생하게 눈앞에서 전개되는 하나님의 실체를 경험한 바울의 심경이 어떠했겠는가? 죽음보다 더한 시련의 고통이 온다 해도 하나님의 실체를 알리기에 혈안이 되었다. 예수를 한 번도 본적이 없는 바울은 예수의 부활과는 하등에 관계없이 급작스럽게 예수교를 전파하게 되는 것이다.

천사가 심술궂고 좋은 일을 해도 하나님을 모른다고 벌을 받는다는 의식의 구조는 초문명의 두려움에서 오는 지각장애에서 오는 헛소리가 얼마나 컸는가를 알 수 있다.

바울의 저작은 모두 편지로서 하나님의 계시서가 아니다. 다만 바울 묵시록만이 계시서로 볼 수 있는데 계시서 라는 것은 모두 초과학적 초문명을 본 초현실적인 사실에 놀라 넋 나간 넋두리에 제멋대로 쓴 것에 불과한 것으로 깨달음과는 거리가 먼 것이다. 요한계시록도 똑같은 범주에 들어간다.

미개인이 혼나가서 쓴 넋두리의 글이 계시서로 세월이 오래가면 생각이 전도顚倒되어 무슨 소리인줄 모르고 무슨 큰 비밀이나 큰 뜻이 담긴 예언서인양 여기며 자기의 관념의 틀에 사로잡혀 자신도 속고 남도 속이는 것이다.

세상에 퍼져 있는 모든 예언서라는 것들은 모두 조작된 것으로 허망한 헛소리의 넋두리로서 세월이 오래되어 인생의 도움에 하나도 필요 없는데 그 속에 무슨 큰 비밀이나 신묘한 뜻이 담겨 있는 양 떠드는 사람들을 보면 하나같이 거대한 사기꾼들이다.

설령 진짜 하느님이 존재한다고 하더라도, 하느님과 예수는 하등에 관계도 없고 이들로 인하여 피비린내 나는 살상의 극은 씻을 수 없는 죄악의 축이며 악마의 축으로 그 행위는 우주에서 영원히 없어져야 할 악마의 존재들이다.

예수로부터 시작되는 제자들과 그 대를 잇는 교황들과 교부들! 그리고 종교개혁이라는 새로운 변신은, 똥을 뒤집어쓰는 방법을 바꾸었을 뿐, 더 큰 악의 축으로 형성되어 새로운 파괴와 살상의 이념으로 전환되었다.

신이 우주를 창조하고 모든 생명을 창조했다는 창조설이 엉터리지만 정말로 옳다고 가정을 해도 그 신의 주체는 기독교에서 말하는 여호와 하나님은 절대 아니다. 만약에 가정을 해서 있다고 한다면 동양에서 말하는 범우주적인 천天의 개념으로 하느님이다.

백 명의 범죄자를 놓칠망정 한명의 억울한 시민을 잡지 말아야 한다는 이야기가 있다. 종교가 인류 전체를 구원한다고 가정을 하더라도 미신적인 종교행위로 인하여 한명의 억울한 죽음이 있어서는 안 된다는 이야기다. 그런데 기독교의 발생 후 모든 전쟁의 원인이 되었으며 몇 억 명을 죽이고 가정이 파괴되고 이웃과 원수가 되고 과학과 의술이 송두리째 뽑혀나갔다. 이들은 악마집단들의 행위이다.』

하나님 아들들과 인간의 딸들과 결혼
✲✲ 창세기 6장 1~4절
1절. 사람이 땅위에 번성하기 시작할 때에 그들에게서 딸들이 나니 2절. 하나님의 아들들이 사람의 딸들의 아름다움을 보고 자기들 좋아하는 모든 자로 아내를 삼는지라.--- 4절. 당시에 땅에 네피림이 있었고 그 후에도 하나님의 아들들이 사람의 딸들을 취하여 자식을 낳으니 그들이 용사라 고대에 유명한 사람이었더라.

『예수는 절대 하나님 여호와의 독생자가 아니며 구세주도 아니다. 하나님의 아들들은 누구인가? 지구인인지 외계인인지는 모르지만 인간이 지구상에 번성할 때에 예쁘고 아름다운 모든 여자로 아내를 삼았다는 것은 예쁘고 아름다운 여자들을 닥치는 대로 데리고 살았다는 이야기이가 된다.

UFO의 외계인들과 인간과의 결합이며 인간과 같이 생긴 외계인들은 예쁜 여자들을 닥치는 대로 데리고 살며 자식을 낳았다는 뜻이 된다. 하나님의 아들들은 영적으로 생긴 그런 것들이 아니라 육체의 성적 환희를 느끼는 그런 생명체들이다.

하나님의 아들들이 인간의 여자들과 교합하여 자식을 낳은 것과 성령으로 잉태시켰다는 것과 무엇이 다를까? 육체의 성적환희를 느껴 아름다운 모든 여자들을 아내로 삼은 것, 이것이 여호와들의 실체이다.

예수를 하나님의 독생자라고 사람들을 속이는 목사와 신부들을 고발해야 한다. 예수는 여호와 하나님의 독생자가 아니다. 예수의 성령 잉태나 요한의 성령잉태란 바로 이런 것들이라고 보아야 한다.

시공時空의 무한 속에 영원히 꺼지지 않는 존재의 실상과 생명을 연결해주는 것이 신성神性일진데, 어찌 구약舊約의 하나님이 따로 있고, 신약新約의 하나님이 따로 있겠는가?

목사님들의 간특한 변명, 여호와의 잔악한 만행을 이야기하면, 그것은 구약이고 예수 후의 신약은 사랑이란다. 구약은 옛 약속이고, 신약은 새로운 약속이라는 뜻이 아닌가? 구약인 옛 약속을 무엇으로 어떻게 지켰으며, 신약인 새로운 약속은 무엇을 어떻게 지켰는가?

요사이엔 영혼약속인 영약靈約이 있다고 한다. 웃기는 목사들이다. 이스라엘 민족과의 약속인데, 이스라엘 민족은 예수 전에는 타 민족의 노예로 살아왔고 예수 후에는 2000년 동안 나라 없는 민족으로 유리방황 했다.

그리고 기독교 국가였던 서구의 역사는 기독교 버리기 운동인 르네상스가 일어나기 전까지 1,600년간의 중세암흑 시대였으며, 기독교 전쟁과 테러의 피로 얼룩진 피의 역사였다.』

1,000살을 사는 사람들

『아담에서부터 노아에 이르기까지 10대이며 이들의 평균 수평은 930살이다. 이들은 100살이 넘어 첫 자녀를 낳았고, 800살까지 자녀를 낳은 사람도 있다. 지금부터 약 6,000년 전의 일이니 10대까지 930살을 살았다면 1000년 내지 2000년 이상은 내려 왔을 것이다.

그러나 지구상에 4천 년 전부터 6천 년 전사이의 인간 수명은 100년도 되지 않았고 평균수명이라야 고작 20 ~ 30년에 불과 했을 것이다. 인간칠십고래희人間七十古來稀라는 말이 있다. 옛날엔 70을 살기도 어려웠고 아주 드문 일이라고 했다.

천년 가까이 살며 7~8백 살까지 자녀를 계속 생산할 수 있는 이들은 누구인가? 하나님의 아들들은 누구인가? 아니면 외계인인가? 이것도 아니면 복제인간들일까?

불경佛經에 보면 북울단월北鬱檀越에 사는 사람들의 수명이 1,200살이라고 한다. 북울단월은 물론 지구가 아닌 외계外界이다.

비행기를 발명한지 100년도 되지 않아 인류는 로켓을 달나라에 쏘아 올렸고 멀리는 태양계 밖까지 탐사선을 보내고 있다.

전자과학 반도체 산업 역시 50년도 안되어 온 국민이 손바닥 크기보다 작은 전화기로 지구의 반대편에 있는 사람들과 영상으로 얼굴을 맞대며 이야기를 하고 있다. 과학의 발달은 어느 한 순간에 계기가 이루어지면 업그레이드되듯 기하급수적 상승세를 타고 발달하는 것이다.

인류에게 가장 큰 재앙은, 과학이 발달하면 발달 할수록 자연 재해의 위험보다는 전쟁의 재앙이 더 큰 것이다. 이 전쟁의 재앙이 정치적 이념으로서의 위험성은 이미 없어졌다고 보아야 한다. 구 소련이 붕괴되듯 정치적 실리는 멸망을 초래하지는 않는다.

무서운 것은 무지한 기독교와 같은 신앙전쟁이요. 지구의 화약고 기독교와 이슬람의 전쟁일 것이다. 한반도에 이들이 이미 상륙하여 고유의 전통을 무너뜨리고 부모 형제 자매간에 종교적 갈등으로 등을 돌리고 있은 지 오래다.

　현대의학과 생명공학이 발달한지 불과 50년도 안 되어 인간은 복제동물을 만드는데 성공했고, 복제인간의 성공은 사실상 확실한 것이다. 그러나 무엇이 도덕적인지 갑론을박할 뿐이며, 이 문제도 천주교 기독교적 창조의 의미로 본다면 하나님을 능가하는 일이다.

　줄기세포 성체세포 등 게놈프로젝트에 의하여 앞으로 자연재해나 전쟁이 없이 50년이나 100년쯤 현대과학이 지속된다면 인간의 수명이 족히 1000살은 넘게 살 수 있을 것이라고 과학자들은 말하며 이미 그 단계에 와있다고 한다.

　천주교로 인한 중세의 암흑시대를 지금 또 재연하듯 천주교 기독교에서 줄기세포의 연구를 눈을 부라리며 줄기차게 반대하고 있다. 이들은 왜 이렇게 목숨을 걸고 반대를 할까. 바로 창조론이 무너지기 때문이 아닐까?

　지금의 문명이 있듯이 시공을 초월한 문명은 그 어디에서든 항상 존재하는 것이다. 그러므로 인간이 개화되는 만큼 UFO는 항상 존재하며 나타난다.』

39 여호와 외계인의 공포적 만행

✱ 에레미아 19장 6 ~ 11절

6절. 그러므로 나 여호와가 말하노라, 보라 다시는 이곳을 도벳이나 힌놈의 아들의 골짜기라 칭하지 아니하고 살육殺戮 골짜기라 칭하는 날이 이를 것이다.

7절. 내가 이곳에서 유다와 예루살렘의 모계謀計를 무효케하여 그들로 그 대적 앞과 생명을 찾는 자의 손의 칼에 엎드러지게 하고 그 시체를 공중의 새와 땅 짐승의 밥이 되게 하며 --

9절. 그들이 그 대적과 그들의 생명을 찾는 자에게 둘러싸여 곤핍困乏을 당할 때에 내가 그들로 그 아들의 고기, 딸의 고기를 먹게 하고 각기 친구의 고기를 먹게 하리라.

11절. 그들에게 이르기를 만군萬軍의 여호와께서 이같이 말씀하시되 사람이 토기장이의 그릇을 한번 깨뜨리면 다시 완전하게 할 수 없나니 이와 같이 내가 이 백성과 이 성城을 파괴하리니 그들을 매장할 자리가 없도록 도벳에 장사하리라.

『인간의 어리석음이란 자기 편리한데로 무엇이든 짜깁기하듯 맞추며 합리화하는데 문제가 있다. 그래서 흑백을 구분 못하고 똥인지 된장인지 구분을 못하는 것이 죽이고 살린다는 것을 구분 못하고 있다.

교회마다 '하나님은 사랑이시다' 라고 크게 쓴 현수막을 걸어놓은 것을 보면 정말로 엄청난 사기꾼들의 집합체라고 느껴진다.

정말로 어버이와 같은 사랑이 듬뿍 흘러넘치는 그런 하느님이라면 이렇게 극악한 악담은 하지 않았을 것이다. 살육의 골짜기 시체를 짐승의 밥이 되게 하고 이것도 모자라 곤핍. 즉 피곤하고 가난할 때 자식을 잡고 친구를 잡아 그 고기를 먹게 하겠다는 정말 무시무시한 저주! 여호와는 하나님이 아니라 악마임에 틀림없지 않는가?!

만군萬軍이란 많은 군대를 의미하는 것이다.

얼마나 많이 죽였으면 시체를 묻을 땅이 없을 정도인가. 여기에 어떤 비유와 상징이 있으며 하나님의 오묘한 섭리가 들어 있겠는가? 생각해 보라.

그래서 성경을 마서魔書라 하는 것이며. 마서퇴치, 금서 운동을 해야 한다. 마서퇴치가 안되었던 과거에도 총기난사 사건과 비슷한 것이 무수히 있었다. 마서퇴치가 안될 때는 제 2 제 3의 브레이빅 사건은 계속될 것이며, 서울을 봉헌하겠다는 사람도 계속 나올 것이다.

하나님은 당신을 사랑합니다. 라는 목회자들의 거짓. 하나님은 사랑보다는 증오와 저주와 진노의 심판으로 인류를 전쟁의 도가니로 몰고 갔고 지금도 어리석은 자들이 만드는 요상한 하나님의 이론으로 전쟁과 테러는 끊이지 않고 있다.

더욱 얄미운 놈들이 있다. 기독교인들은 그렇다 치고 성경도 제대로 읽어보지 않고 덩달아 성경의 몇 구절을 인용하여 유식한 체 떠드는 학자들과 정치인들이다.

무얼 안다고 유식한 체하며 예수님이 그리스도가 어떻고 사랑이 어떻고 종교는 결국 같은 것이라고 떠드는 미친놈들이 있다.』

** 신명기 4장 35절 39절

35절.   여호와는 하나님이시요 그 외에는 다른 신神이 없음을 네게 알게 하려 하심이니라.

39절, 그런즉 너는 오늘날 위로는 하늘과 아래로는 땅에 오직 여호와는 하나님이시오 다른 신神이 없는 줄 알아 명심하고 오늘 내가 네게 명하는 규례와 명령을 지키라.

** 신명기 6장 15절

너희 중에 계신 너희 하나님 여호와께서 네게 진노震怒하사 너를 지면에서 멸절滅絶시킬까 두려워하노라

** 신명기 11장 17절 28절

17절. 여호와께서 너희에게 진노震怒하사 하늘을 닫아 비를 내리지 아니하여 땅으로 소산을 내지 않게 하시므로 너희가 여호와의 주신 아름다운 땅에서 속히 멸망할까 하노라.

28절. 너희가 만일 내가 오늘날 너희에게 명하는 도에서 돌이켜 떠나 너희 하나님 여호와의 명령을 듣지 아니하고 본래 알지 못하던 다른 신神을 쫓으면 저주를 받으리라.

** 신명기 12장 1 ~ 3절

1절. 네 열조의 하나님 여호와께서 네게 주셔서 얻게 하신 땅에서 너희가 평생에 지켜 행할 규례와 법도는 이러 하니라,

2절. 너희가 쫓아낼 민족들이 그 신들을 섬기는 곳은 높은 산

이든지 작은 산이든지 푸른 나무 아래든지 무론하고 그 모든 곳을 너희가 마땅히 파멸하며 3절. 그 단을 헐며 주상柱像을 깨뜨리며 아세라 상을 불사르고 조각한 신상神像을 찍어서 그 이름을 그곳에서 멸滅하라.

『이 대목에서 광신자들이 단군상을 부수고 불상을 부수고 깨뜨리는 것이다. 병신칠갑病神漆甲이지』

불상 목 자르기

불상에 페인트칠

태백산에 올라 가
천제 단 허물어 부수기

강릉 단오제를 "미신"이라며
중단을 요구하는
기독교목사의 금식기도

✱✱ 천주교 기독교 성경 신명기 13장 6 ~ 11절
『다른 신을 믿으면 사랑하는 아내나 아들이나 딸·형제·친구 가릴 것 없이 긍휼히 보지 말며 애석히 여기지 말며 덮어 숨기지 말고, 용서 없이 돌로 쳐 죽여라』

　＊＊ 신명기 17장 2 ～ 7절

다른 신을 믿던지 일월성신日月星辰에 절하면 돌로 쳐 죽여라.

　＊＊ 신명기 32장 6~17절　다른 신들은 모두 마귀다.

단군상 목 자르기

단군상 철거를 위한 세미나
이들은 이스라엘 민족

　『위에 나열한 것은 한 지엽에 불과하다. 여호와 하나님은
툭하면 진노震怒: 부르르 떨며 화냄)를 하며 전멸全滅시킨다는
내용이 뒤따른다. 하나님이 UFO라는 것이 밝혀진 이상 진노
震怒라는 말 뒤에 오는 느낌을 잘 알아야 한다.

　정말로 하나님이라면 온몸을 부르르 떠는 진노를 하지 않았
을 것이다. 진노라는 말이 나오면 반드시 UFO나 어떤 폭탄을
연관시켜 해석을 해야 한다.

　믿지 않으면 사랑하는 처자식과 친구를 용서하지 말고 가차
없이 죽이라는 엄명을 버지니아공대 사건, 브레이빅 멕베이
등은 충실히 이행했다. 서울을 하나님께 봉헌한다는 것도 충
실히 이행할 수 있는 이야기다. 개탄 통탄할 일이다.』

∗∗ 사무엘하 6장 6 ~ 7절

저희가 나곤의 타작打作마당에 이르러서는 소들이 뛰므로 웃사가 손을 들어 하나님 궤櫃를 붙들었더니 여호와 하나님이 웃사의 잘못함을 인하여 진노震怒하사 저를 그곳에서 치시니 저가 하나님 궤 곁에서 죽으니라.

☀ 하나님 궤 · 증거궤 · 언약궤 · 여호와의 궤라고 하는 것은 고성능 축전지蓄電池와 같은 것이다. 여기서 진노震怒의 뜻을 잘 알아야 한다. 정말로 하나님이 계셔서 화를 냈다는 뜻이 아니다. 미개인이 이것을 만졌을 때 감전되어 부르르 떨며 죽었을 때 하나님이 진노하였다고 하는 것이다.

또 하나의 진노는 비행선의 엔진소리에 지축이 흔들리는 현상이나 고성능 폭탄이 터졌을 때 진노라고 한 것이다. 하나님은 나타날 때마다 진노를 한다.

나타날 때 마다 진노하는 의미를 잘 알아야 한다. 진노란 몹시 화를 낸다는 뜻인데 하나님이 나타날 때 마다 몹시 화를 내면 생명체들이 단 하나인들 살아남겠는가?

다른 신을 믿으면 아들이고 딸이고 형제고 사랑하는 아내라도 돌로 쳐 죽이란다. 다른 신상은 모조리 때려 부셔야한다. 그러니 절에 가서 불상을 부수고 학교에 세운 단군상을 부수는 것이 아닌가.

다른 신은 무조건 악마다. 이런 논리가 이들의 머릿속에 잠재되어 있을 때 전쟁은 피할 수 없는 필연의 길이요, 다른 신을 믿으면 멸절滅絶 즉 전멸 시켜 대를 끊는다는 것은 아예 씨를 말린다는 것으로 인류의 종말을 고하는 것이다.

그러면 왜 이런 사상이 나왔을까? 바로 외계인 여호와의 잔악한 만행의 보복을 체험한 미개인의 초현실적 지각장애에서 일어난 발상이다. 영화 한편 소개하겠다. 제목은 「 스타게이트Star Gate」 이 영화를 보면 성경의 이해가 쉬울 것이라 사료된다. 비디오가계에 있다.

소돔과 고모라의 고성능 폭탄에 의한 심판은 완전히 초토화 된 진노와 멸절이기 때문에, 이것을 멀리서 목격한 이들은 사랑하는 자식과 아내라 할지라도 다른 신을 믿으면 돌로 쳐 죽이라는 발상이 나올 수밖에 없다.

사랑하는 자식과 아내를 돌로 쳐 죽이는 것이 진노와 멸절의 씨 말리는 보복의 급박한 상황보다는 나을 것이니까! 얼마나 다급했으면 이런 말이 나올까?

기독교 경전인 성경은 성스러운 여호와 하나님 말씀이 아니라 여호와 마귀라고 이름을 붙여야 할 마귀의 경전인 마서魔書이다. 때문에 세계를 전쟁의 도가니로 몰고 가고 가정의 화합이 깨지는 것이다. 이들의 선교 방법은 순리에 의한 논리적 과학적 사고방식이 아니라 극단을 치닫는 순교殉教:죽음)이다.

성경을 읽고 심취했던 브레이빅의 총기 난사는 지극히 당연한 자연적인 일이다. 오히려 그렇게 하지 않는 교인들이 비정상적인 가짜교인이라 볼 수 있다. 조○희씨나 브레이빅은 마서魔書을 읽고 실천한 엄청난 피해자이다.

이러한 비논리적 비과학적 비윤리적 비도덕적인 기독교천주교의 성경을 인용하여 도덕과 윤리를 강론하고 양심적 병역거부 운운하며 세계평화를 부르짖는다면 강아지가 웃고 소가 웃을 일이다.

이러한 엉터리 교리에 심취하여 군대도 갔다 오지 않은 사람이 마귀보다 더 무서운 여호와 하나님께 서울을 봉헌하고 국민정서를 외면한 사람이 어찌 우리나라 사람이라 할 수 있겠는가! 당장 먼 곳으로 추방해야 할 것이다.

여호와 하나님의 살인무기

✽✽ 에스겔 9장 1 ~ 7절

1절. 그가(여호와) 또 큰 소리로 내 귀에 외쳐 가라사대 이 성읍을 관할하는 자들로(천사들) 각기 살육하는 기계를 손에 들고 나오게 하라 하시더라.

2절. 내가 본즉 여섯 사람이 북향한 뒷문 길로 좇아오는데 각 사람의(여호와의 일행) 손에 살육하는 기계를 잡고, -

3절. 그룹에 머물러 있던 이스라엘 하나님의 영광榮光:UFO)이 올라 성문 문지방에 이르더니 여호와께서 그 가는베 옷을 입고 서기관으로 먹 그릇을 찬 사람을 불러

4절. 이르시되 너는 예루살렘 성읍 중에 순행하여 그 가운데서 행하는 모든 가증한 일로 인하여 탄식하며 우는 자의 이마에 표시하라 하시고

5절.-- 아껴보지 말며 긍휼을 베풀지 말고 쳐서

- 217 -

6절. 늙은 자와 젊은 자와 처녀와 어린아이와 부녀를 다 죽이되 이마에 표 있는 자에게 가까이 말라. 7절. 그가[여호와] 또 그들에게[천사] 이르시되 너희는 성전을 더럽혀 시체로 모든 뜰에 채우라.

『 3절에서 그룹은 말할 것도 없이 UFO이며 그룹에 머물렀던 영광榮光은 단순한 불빛의 빛이 아니라 이것 역시 조그마한 UFO로서 이동이 자유로운 정찰선일 것으로 추정된다.

잔악한 여호와 하나님 일행은 이마에 표시가 없는 쓸모없는 남녀노소는 가릴 것 없이 불쌍하게 보지 말고 모조리 죽이라는 것이다.

마치 목장에 우량 소는 인두로 표시한 것과 같이 이들도 사람의 이마에 표시하여 표시가 되어있는 사람은 살려 두었던 것이다. 그렇지 않으면 광우병에 걸린 소를 무차별 도축하듯이 사람도 무차별 남녀노소 유아까지 살육하는 기계로 대량학살을 자행했던 것이다.

자기 자신이 살육하는 주인공으로서 천사라고 착각했을 때 제 2 제 3의 브레이빅 같은 사람이 나오지 말라는 법이 어디 있겠는가! 지구의 평화를 위하여 세계의 평화를 위하여 가정과 사회의 안녕을 위하여 하루 빨리 기독교 천주교의 성경인 마서魔書는 국회에서 금서禁書화 하는 법안을 마련하고 교육부에서는 전국 교육기관에 금서통보를 해야 한다. 지구상에서 영원히 추방해야 할 것이다.

하나님은 당신을 사랑합니다. 라는 목회자들의 엉터리 같은
소리가 요즈음은 코믹하게 들린다.』

40 영국 BBC방송 - 예수는 십자가에서 죽지 않았으며 프랑스로 망명을 하였다.

☀ 다음 이야기는 인테넷 상뿐만 아니라. 이제는 이에 관한
정보의 책들이 많다. ☀ 〈BBC판결〉이라 검색 바람. ☀참고
서적, 〈성혈과 성배〉 〈예수의 잊어버린 세월〉 〈법화경과 신약성서〉
〈다빈치코드〉 〈예수의 마지막 오딧세이.〉

『예수가 십자가에서 죽지 않고 프랑스로 망명을 하였다는
사실이 영국의 BBC방송국 기자들에 의해 밝혀지고 영국 법정
에서 재판을 통해서 확인되었다.

성혈聖血과 성배聖杯라는 책에 예수의 자손과 예수의 무덤
에 관하여 영국 BBC 방송이 밝혀내고 영국법정에서 재판을
통하여 확인되었다.

영국 BBC 방송국의 기자 세 사람은 10여 년 간의 조사 끝
에 1982년 '성혈과 성배''The Holy Blood And The Holy
Grail' -미카엘 베이전트, 리처드 레이, 헨리 링컨 공저共著 -
이 책을 통하여 놀라운 사실의 내용을 밝힌바 있다. 책의 내
용은 다음과 같다.

예수는 막달라 마리아와 결혼을 하여 자녀까지 두었으며 십

자가에서 죽은 것이 아니라. 구세주 행세를 하며 다윗 왕을 계승하여 유대의 왕이 되려다가 유대인의 반발로 인해 처형될 처지에 놓이게 되자 예수의 처남 아리마대의 요셉을 통하여 많은 뇌물을 받은 바 있는 로마의 유대 총독 '빌라도'와 짜고 십자가에서 죽은 것 같이 연극을 하고는 그 뒤 부활의 연극을 한 다음 로마병사들의 호위 속에 프랑스로 망명을 하였다. [누가복음 19장 27절. 나의 왕 됨을 원치 않던 저 원수를 이리로 끌어다 내 앞에서 죽여라.]

아내 막달라 마리아와 자녀들과 프랑스 골(gaul) 지방에 정착한 예수는 은둔생활을 하며 80세를 넘게 살다 죽었다. 프랑스 남부의 마을 렌느 르 샤토에서 수 킬로 떨어진 야산 몽 카르두에 예수의 무덤이 있으며 막달라 마리아는 렌느 르 샤토에서 교회를 세워 교구장으로 지내다가 프랑스의 액생 프로방스 생봄에서 죽었으며, 예수의 제자 나사로는 마르세이유에 주교관구 겔트교회를 세워 주교로 있다가 그 곳에서 죽었다.

예수의 후손들은 4세기 후에 프랑크 왕국의 메로빙 왕조에 동화되었으며 카롤링거 왕조의 비지코트가 등 8개의 가문을 이루었으나 이후 기독교가 번성함에 따라 예수의 혈족은 겉으로 예수의 혈통임을 드러내지 않은 채 살아왔다.

1099년에는 예수의 후손으로 추정되는 고드프로아 드 부 이용이 십자군 전쟁 때 예루살렘에서 십자군이 세운 예루살렘 왕국에서 잠시 다윗 왕을 계승하기도 하였다.

26 and 27   Pierre Plantard de Saint-Clair and his son, Thomas, photographed in Paris in 1979.

   그리고 예수의 친척 징표를 가진 귀족을 포함하여 많은 예수의 후손들이 현재에도 프랑스와 영국을 비롯한 유럽에 살고 있다. 이러한 예수가의 비밀에 대하여 성당기사단聖堂騎士團, 1118년 예루살렘 순례자 보호를 위해 조직된 교회 군대)과 시온의 소수도원小修道院이라는 유명한 비밀조직은 깊이 믿고 신뢰하였다.

   그래서 그들은 이러한 비밀에 대해 자세한 비밀기록들을 간직하여 남겨 놓았다. 그것이 중세 성당기사단의 지방지부의 성터가 남아있는 프랑스 남부 마을 렌느 르 샤토에서 1891년 폐허가 된 이 성채의 성당을 복원하던 교구 신부 베랑제르 소니에르에 의해 양피지羊皮紙 문서와 보물이 발견되면서 널리 알려지게 되었다. 보물과 고문서를 팔아 막대한 부를 누린 신부에 관한 이야기를 조사하던 기자들에 의해 모든 사실들이 밝혀지게 되었다.

   BBC 방송에서 부분적으로 3차례에 걸쳐 방송까지 된바 있는 이러한 내용의 책 '성혈과 성배'가 출판이 되어 세계를 경

- 221 -

악케 하자 이에 놀란 영국의 기독교와 천주교인의 사실 확인 소송이 영국 법정에 제소되어 재판까지 하게 되었다.

그러나 대대로 예수를 믿어온 가문의 기독교인이 주심主審 판사를 맡아 3년간에 걸쳐 심리를 하였으나 프랑스에 사는 예수의 후손 피에르 프랑타르씨 등 많은 중인과 증거들을 비롯해 조상이 예수로 되어 있는 족보 책과 프랑스의 렌느 르 사토에 예수의 묘비명이 있는 예수의 무덤까지 현지 답사하여 확인하고는 무덤의 사진까지 보여주며 책의 내용을 모두 인정하는 판결을 하지 않을 수 없었다.

주심판사는 판결을 미뤄오다 빨리 판결하라는 법원의 독촉을 받고 판결하기를 『나도 3대째 예수를 믿어온 집안의 자손으로서 예수님이 십자가에서 죽지 않았다는 사실을 부정하려고 무던히 노력하였습니다만 예수는 십자가에서 죽지 않고 프랑스로 망명하여 84살까지 살다 죽었습니다. 예수는 로마 병사 판델라의 아들이었습니다. 책의 내용은 모두 사실이었습니다.』라고 판결을 하였다.

이러한 판결을 지켜보던 신부, 수녀, 목사들은 법정 방청석에서 옷을 찢고 통곡을 하였으며 기독교인이 목을 매고 자살하는 등의 소동이 벌어지고 교회가 문을 닫는 등의 소란이 영국 전역에서 확대되어 영국정부에서는 이러한 혼란이 지속되고 전 세계로 확대되는 것을 막기 위해 판결문의 공개 및 해

외 유출을 금지시키고 언론에 보도를 통제하는 조치를 취하기
도 하였다.

그러나 이미 재판과정을 지켜본 영국의 기독교인들은 약
80%가 회교 등 타종교로 개종을 하였으며 유럽과 미국 등에
서도 수많은 교회가 문을 닫는 등의 소동이 이어졌다. 1982년
처음 책이 나와 세계적인 화제가 되자 대한민국에서는 전 언
론(동아, 조선, 중앙, 부산일보 등)에서 보도(사진3매 :1982. 2. 20
자 동아일보)를 하였으나 재판과 판결 이후의 상황에 대해서
는 보도가 없었다.
　그래서인지 기독교가 급격히 퇴락하던 그 당시의 세계적 추
세와 달리 대한민국의 기독교는 대한민국의 경제 성장에 편승
하여 계속해서 급성장하는 이변을 낳고 있다.

그리고 또 십자가에 매달린 사람이 죽지 않았다는 증거로서
예수의 시신을 쌌던 성의聖衣라고 하여 기독교와 로마 교황청
이 예수가 십자가에서 죽었다는 증거로 삼던 세마포[토리노
성의로 불려왔음)가 죽은 사람이 아닌 산 사람을 감쌌던 것이
라는 것이 과학적 분석과 여러 가지 문헌의 고증에 의해 밝혀
진바 있고 국내에도 「예수는 십자가에서 죽지 않았다.」 [앨마
그루버, 홀거 케르스텐 지음, 홍은진 번역, 아침이슬 간행]는 제목
으로 출판되어 예수가 십자가에서 죽지 않았음을 더욱 분명히
밝혀 주고 있다.

토리노 성의聖衣는 1세기 때 부터 유대와 유럽의 교회와 왕가에 때로는 공개 전시 되며 보관 되어오다 1460년에서 1983년까지 성의를 보관해오던 사보이 왕가에서 교황청에 기증을 하게 되어 현재 로마 토리노의 성당에 보관되어 있다.

그러나 죽은 시체에는 필요가 없는 100근(40kg)이나 준비된 상처 치료제인 몰약沒藥과 침향枕香이 준비되어 있었다는 사실과 [요한복음19:40] 피, 땀 등에 의해 얼굴과 전신이 그대로 새겨져 있는 토리노 성의聖衣는 과학자들의 분석에 의해 상처 입은 산 사람을 싼 세마포라는 것이 밝혀져 오히려 예수가 십자가에서 죽지 않았음을 증명하는 유물로 알려지게 되었다.

이에 이러한 사실을 은폐하기 위해 1988년 10월 13일 토리노의 대주교 발레스트레오 추기경은 토리노 성의가 13~14세기에 만들어 진 모조품이라고 발표를 하였다. 그러나 그것이 거짓말이라는 것을 아는 과학자들이 공개적인 검증을 계속 요구하자 1997년 9월5일에는 토리노의 성의가 예수의 시신을 쌓던 진품이라고 번복 발표를 하고는 감정 요구에는 일체 응하지 않고 있다.

토리노의 성의는 예수 대신 십자가를 진 사람의 몸을 감쌌던 것이지만 그 마저도 죽지 않았음을 증명하는 증거물이 되어 예수가 십자가에서 죽지 않았음을 더욱 분명히 증명하고 있다.

❀ 그간 기독교의 계속적인 유지를 위하여 대중들에게 한 거짓말은 이루 헤아릴 수조차 없다. 예수를 쌌던 그 성의는

결국 과학자들에 의하여 검증 되었고 가짜라는 것이 판명되었다.

지금은 그 거짓말의 산물이 어디에 있는지 모르지만, 아무튼 기독교는 대단한 조작적 이익 집단임을 알 수 있다. 자신들의 이익을 위해서는 살인 방화 테러 전쟁을 일삼는 지구상에 유일한 마귀집단임에 틀림없다.

500만 명을 산채로 불태워 죽인 마녀재판, 선교를 위해서는 1억여 명을 살육한 남미의 천주교화, 전통문화의 싹쓸이 폐기, 음흉한 카멜레온 같은 변신으로 전통문화 토속종교 흉내 내며 토착화하기, 일례로 불교용어 사용하기 하느님 용어 사용하기 108염주 걸기, 108배하기, 49재 지내기, 제사지내기 절하기, 등등은 엄밀히 말하면 바이블에 근거할 것 같으면 돌로 맞아 죽을 일이다.

바이블에 의하면 돌로 쳐 죽임을 당할 일인데도 이들은 자신들의 하나님이라는 여호와(야훼)의 명령을 거부하고, 이익을 위해서는 자신들이 무엇을 잘못 하고 있는 줄도 모르고 오르지 집단적 이익에만 몰두하고 있다.

❀ 그간 출토된 유물만 보더라도 그들의 경전이 얼마나 모순되게 짜깁기되어 있는지 알 수 있고, 허황한 것인지 충분한 물적 증거물들이 있다. 토마스 복음서, 사해死海의 서書를 보더라도 천주교 기독교는 서기 원년에서 400년 동안 짜깁기한 엉터리 종교라는 것을 알 수 있다.

Hidden secret of Jesus 예수의 숨겨진 비밀!

The Holy Blood and the Holy Grail 성혈과 성배.

  2000년의 거짓 그리고 사기행각의 예수 장사꾼들의 종교 사업의 종말 도래 !

  2001년 3월 영국 맨체스터대 리처드 니브 교수(법의학)가 1세기 유대인의 두개골을 토대로 복원한 예수 얼굴 사진이다. 기독교인들이 보는 예수 얼굴은 상상화이며 미신중의 미신을 행하고 있는 것. 니브 교수가 복원한 예수는 높은 코에 짙은 올리브색 피부 짧은 곱슬머리를 한 시골 농부 모습, 이것이 당시 유대인들의 모습.

  New Film: Jesus Christ Not Divine, Product of Rape

  Jun 20, 2012 … The book suggests Jesus was the result of Mary being raped by a Roman … It is about a guy that gets crucified after … Breitbart

  2001년 영국 BBC 방송에서 방송한 복원한 원래 예수의 모습.

이 얼굴이 아닙니다

2001년 영국 BBC 방송이 역사적 사료와 팔레스타인 일대의 각종 고고학 자료를 통해 복원한 예수 상. 그가 하층계층 출신임을 감안하면 가장 근접한 모습일 것.

http://twitpic.com/bp1u5a 11:30 AM - 25 Dec 2012

http://blog.daum.net/_blog/hdn/ArticleCont entsView.do?blogid=0KPIP&articleno=34713 00&looping=0&longOpen=

(http://blog.naver.com/aoonaoon?Redirect=)

알렉산드리아의 예수
프레스코 벽화, 1-2세기추정

41 예수 인도에서 수행 생활

『천주교 기독교성경에서 예수의 청년기인 13세 ~ 29세까지의 기록은 전혀 없다. 과학이 발달하고 통신이 발달하여 잃어버린 시간을 되찾아내는 고적탐사의 기술은 세월의 망각을 잊게 해준다.

"예수의 잊어버린 세월"등이 세상에 알려지면서 교계에서 인정하는 보병궁 복음서는 한층 빛을 발하게 된다.』

＊＊ 보병궁복음서 11장 12절 16장 1~ 2절
12절. 부처님의 말씀은 인도의 경전에 기록되어 있습니다.

이를 배우 도록하시오, 1절. 예수의 가정은 나사렛의 마미온 거리에 있었다. 이곳에서 마리아는 그 아들 예수에게 엘리후와 살로메로부터 얻은 교훈 불경과 힌두교 경전인 베다를 가르쳤다.

2절. 그리하여 예수는 베다의 찬가와 아베스다 경전을 읽기를 즐겨했으나 무엇보다도 좋아한 것은 다윗의 시편과 솔로몬의 신랄한 말을 읽었다.

✲✲ 보병궁복음서 21장 19절 23장 3 ~ 10절

19절. 예수는 그리시나 신神을 모신 자가나스의 절에 제자로 들어가는 것이 허용되어 이곳에서 베다성전 마니법전을 배웠다.

3절. 예수는 인도의 의술을 연구하려고 뜻을 세워 인도의 의사들 가운데 으뜸가는 '우도라카'의 제자가 되었다. 4절. '우도라카'는 물, 흙, 식물, 더위와 추위, 햇빛과 그늘, 빛과 어둠의 용법을 가르쳤다. 5절. '우도라카'는 말한다. 자연의 법칙은 건강의 법칙이다. 이 법칙대로 살면 결코 병에 걸리는 일이 없다. - 10절. 한편 자연의 물상은 모름지기 인간의 요구에 응할 수 있게 되어 있으므로 모두가 의료의 비약秘藥이 된다.

✲✲ 보병궁복음서 36장 1 ~ 4절

1절. 티벳트의 랏사에 한 교사를 위한 사원이 있었다. 수많은 고전의 필사본이 소장되어 있었다. 2절. 인도의 성자인 '피자빠지'는 이미 이들 사본을 읽었으므로 그 내용 가운데 많은 비밀의 교훈을 예수에게 가르쳐 주었다. 그러나 예수는 자기 자신이 직접 읽기를 원했다.

3절. 한편 요동遼東 전부의 성현 가운데 으뜸가는 사람인 '멩크스테'가 티벳트의 사원에 있었다. 4절. 에모다스 고원을 횡단하는 길은 험난했지만 예수는 여행길에 올랐고 '피자빠지'는 믿을 수 있는 한 사람의 길잡이를 붙여 주었다.

『예수가 인도에 가서 힌두교와 불교 등을 배운 것은 틀림없는 사실이다. 기독교 성경에 예수의 13 ~ 29세까지의 기록이 전혀 없다. 그렇다고 이 사실을 부정하는 어리석음은 없어야겠다.

신약의 복음서에 엉터리가 많다는 증거는 예수를 한 번도 본 적이 없는 사도 바울에 의하여 예수가 죽은 뒤 30년 후에 고린도전서라는 책이 제일 먼저 써졌기 때문이다. 4복음서는 예수가 죽은 뒤 늦게는 50~100년 사이에 써진 것들이다.

그러나 13세부터 33세까지의 기록은 그 당시 예수가 죽을 때까지 함께 움직인 티벳트의 승려에 의하여 곧바로 기록된 기행문紀行文이라는데 진실성이 더욱 있는 것이다.

예수는 인도의 명의名醫 우도라카의 제자가 되어 자연의 법칙과 치료법을 배우고 '베다' 및 불경을 읽으며 성인 피자빠지의 소개로 신비의 불교인 밀교密敎의 대 성자인 '멩크스테'에게 찾아가 제자가 된다.

민희식 박사가 쓴 "법화경과 신약성서"에 보면 독실한 불교도였던 예수의 불교식 이름은 이사ISSA이다. 이사는 14세 때 아리아인들 속에 정착하여 힌두교 거상들에게 베다, 우파니샤드 등을 공부하나 4성 계급을 주장하는 브라만교(힌두교)에 실망을 느끼고 만인의 해탈 가능성과 평등사상을 부르짖는 불교에 매료되어 불교도들 틈에 들어가 부다가야, 녹야원, 베레나스 등지에서 6년간 불교의 교리를 배우며 수도생활을 한다.

이사의 불교 공부는 케시미르를 거쳐 라다크의 '레'에서 빨리어 산스크리스트어를 배우며 티벳트에서 밀교계 고승인 멩크스테에게 심령치료 비법 등을 집중적으로 익혔다.

불교의 승려인 이사[예쉬의 이스라엘 귀국은 페르시아를 거쳐 불교의 복음을 전파하기 위하여 29세 때 이루어진다. 스승 멩크스테는 예수에게 기적의 비법을 남용하지 말라고 당부한다.

그러나 예수는 비법을 남용하였고, 유대교도들에게 모함되어 십자가에 못 박혀 죽고, 유대교도들은 기적이 일어나길 기다렸다. 예수교의 초기 복음서인 토마스 복음서에 윤회의 사상이 깃든 것도 바로 불교의 영향인 것이라고 한다.』

☀ 알아들을 수 없는 유언

『인간의 생애를 크게 나누자면 출생과 사망이고, 그 사이 성장기와 장년기 노년기가 있다. 무엇보다도 중요한 것은 어떻게 태어났느냐가 아니라 어떻게 죽었느냐이다. 죽음이란,

죽는 순간의 의식意識이 전 생애의 마지막을 마무리이기 때문이다.

성인은 죽는 모습이 아름다워야 한다. 장졸將卒이나 열사 또는 뒷골목의 우두머리가 죽는 타살他殺되는 장렬함이 아니다. 성인의 죽음은 어떠한 경우에도 폭력에 의하여 타살되지 않으며 고요하게 명상에 잠겨 지극히 평화롭게 남기는 말 또한 멋있어야 한다. 이것이 불교에서는 열반송涅槃頌이라 한다.』

✲✲ 마태복음 27장 46 ~ 50절

46절. 제 9시 즈음에 예수께서 크게 가라사대 "엘리엘리 라마 사박다니(Eli Eli Lama Sabachthani)" 하시니 이를 번역하면 "나의 하나님 나의 하나님 어찌하여 나를 버리셨나이까" 하는 뜻이라.-- 50절. 예수께서 다시 크게 소리 지르시고 영혼이 떠나시다.

✲✲ 마가복음 15장 34 ~ 37절

34절. 제 9시에 예수께서 크게 소리 지르시되 "엘리엘리 라마 사박다니(Eli Eli Lama Sabachthani)" 하시니 이를 번역하면 "나의 하나님 나의 하나님 어찌하여 나를 버리셨나이까" 하는 뜻이다.--37절. 예수께서 큰 소리를 지르시고 운명하시다.

✲✲ 누가복음 23장 46절

46절. 예수께서 큰 소리를 불러 가라사대 "아버지여 내 영혼을 아버지 손에 부탁하나이다." 하고 이 말씀을 하신 후 운명하시다.

☀ 십자가를 팔로 안고 있는 막달라 마리아, 예수의 딸 타마르를 임신한 몸으로 울고 있다.

✳✳ 요한복음 19장 25 ~ 30절

25절. 예수의 십자가 곁에는 그 모친과 이모와 글로비아의 아내 마리아와 막달라 마리아가 섰는지라 26절. 예수께서 그 모친과 사랑하는 제자가 곁에 섰는 것을 보시고 그 모친에게 말씀하시되 여자여 보소서 아들이다. 하시고 27. 또 그 제자에게 이르되 보라 네 어머니라 하신대 그 때부터 그 제자가 자기 집에 모시니라 -- 30절. 예수께서 신포도주를 받으신 후 가라사대 다 이루었다 하시고 머리를 숙이고 영혼이 돌아가시니라.

『4대 복음서에서 예수의 죽음을 상세히 기록하고 있다. 예수의 죽음은 한마디로 비애와 슬픔과 원망이 있을 뿐, 인류의 죄를 대신하여 죽겠다는 말은 그 어디에도 찾아볼 수 없다. 목회자들은 예수가 인류의 죄를 대신하여 십자가의 멍에를 졌다고 하지만 그것은 새빨간 거짓말이다.

아무리 전지전능해도 대신할 수 없는 것이 있다.

밥을 대신 먹어 배부르게 할 수 없고.

똥을 대신 누어 시원하게 할 수 없고

잠을 대신 자서 피로를 풀어 줄 수 없고

공부를 대신하여 잘하게 할 수 없고

운동을 대신하여 건강하게 할 수 없다.

아픔을 대신 아파 줄 수 없고

죽음을 대신하여 죽어 줄 수 없고

죄를 대신하여 받을 수 없고

천당에 대신 갈 수 없고

지옥에 대신 갈 수 없다.

이 세상에 모든 것은 대신할 수 없는 것이다.

스스로 짓고 스스로 받는 것뿐이다.

자작자수自作自受

내가 한 행위는 내가 받는다.

콩 심은데 팥 나는 법 없고.

팥 심은데 콩 나는 법 없다.

죄를 대신하여 죽어 줄 수 없고

죽어 준다고 죄가 소멸하는 것은 아니다.

자신의 행위에 따라 얻는 것이다.

자업자득自業自得

인류의 죄를 대신하여 십자가에 매달렸다는 예수는,

그 매달린 그 시각부터 인류의 비극은 시작되었다.

예수의 정확한 유언은 고통에 겨워 "엘리엘리 라마 사박다니"라는 말을 하였다. 남이 알아들을 수 없는 소리의 정체는 무엇인가?

그냥 나를 버리셨나이까하는 절규의 소리가 오히려 좋지 않았을까. 왜 그리스말도 아니고 히브리말도 아니고 이스라엘말도 아닌 알아듣지 못하는 엘리엘리 라마 사박다니 했을까? 이 대목에서 예수의 인도 생활은 더욱 정확성을 가져다준다.

"엘리 엘리 라마 사박다니(Eli Eli Lama Sabach thani)"는 티벳트 라마 불교의 진언眞言으로 "성자의 위대한 바른 지혜의 총지總持를 드러내소서. "엘리엘리 라마사먁 삼보디 다라니(Eli Eli Lama Samyak Sambodhii Dharani)"를 기진맥진한 상태에서 엘-리-엘-리 라-마-삼-먁-삼-보-디 다-라-니라고 길게 했을 때, 예수 사후 50년에서 100년 사이에 저작된 복음서의 내용이나 발음에서 정확성은 없었을 것이다.

Girl(소녀)을 '걸'이라고 읽지만 실제 발음은 글로 표현하기 힘든 '그-어얼'이라고 하는 것과 같다.

이 4대복음서의 저자 또한 누구인지 확실치 않다. 예수의 제자들은 예수보다 나이가 많았고 복음서는 예수가 죽은 뒤 50~100년 사이에 써진 것이니, 4대복음서의 제자들은 이미 십자가에 거꾸로 매달려 죽은 뒤이다.

예수를 욕되게 하지 않으려면 나를 버렸다는 원망의 소리로 번역을 하지 말았어야 한다. 바이블 자체가 이미 엉터리라는 것이 세상에 밝혀진 이상 무엇을 더 주저하며 붙들고 있을 것인가!

부처님의 유언을 한번 들어보자. 열반에 드시는 부처님을 보고 비통에 빠진 제자들은 이렇게 묻는다. ' 저희들은 누구를 의지하여 수행을 합니까?' 부처님께서는 "법을 등불 삼고, 법에 귀의하며, 자신을 등불 삼고, 자신에 의지하라."고 하셨다. 부처님께서는 부처님자신을 믿으라고 말하지 않았다.

믿으라고 강조하는 것은 사기꾼이나 하는 짓이다. 과학적이고 논리적이고 철학적이며 합리적이며 윤리적이면 믿지 말라고 말려도 믿는 법이다.

영혼을 담보로 하는 종교에 있어서 교전敎典도 읽어보지 않고 믿는다는 것은 참으로 영혼을 팔아먹는 행위이며, 읽었는데도 모른다면 믿을 자격조차 없는 지능이 의심스러운 사람이다.

『민희식박사 저 법화경과 신약성서 148페이지에 볼 것 같으면 "예수의 〈하느님 아버지〉는 〈영원한 부처님〉을 가리키고 있는 것이다."라고 되어 있다.』

☀ 예수가 병 고치는 〈다리다 쿰〉

✳✳ 마가복음 5장 41절

예수께서 그 아이의 손을 잡고 가라사대 다리다 쿰(Talitha Konm)하시니 번역하면 곧 소녀야 내가 네게 말하노니 '일어나라' 하심이라.

『그냥 일어나라고 하면 싱거워서 신비감이 없어서 못 일어날까, 꼭 번역을 하여야만 하는 알아듣지 못하는 소리를 왜 했을까? 앞뒤가 맞지 않고 말이 안 되면 비유와 상징이라고 둘러대는 목회자들과 교인들을 보면 구역질이 난다.

예수의 치병 행위는 꼭 손을 대고 안수(按手)하는데 묘미가 있다. 그러면서 다리다쿰 하는데 이를 의미 있게 살펴보면 예수의 수행생활과 인도에서의 치료법을 배운 것을 상기시키면 쉽게 이해가 될 것이다.

쿰다리니, 쿤다리니 요가가 있는데 이를 번역하면 화기火氣와 생기生氣를 넣는 명왕으로 일체 악마의 항복을 받는다고 되어 있다. 요가수행에 있어서 진기眞氣: 生氣를 모으는 수련으로 치병행위에 많이 쓰였다.

'다리다 쿰'은 '쿰 다리니' 즉 '쿤 다리니'의 와전일 것으로 본다. 목회자들이 안수한다고 생사람 두들겨 패고 마귀 들었다고 묶어놓고 때리다 죽인 일이 비일비재하지 않은가. 사회적 물의를 빚고 얼마나 많은 사람들의 조롱거리가 되었는가!』

42　예수의 3번 결혼과 5명의 자손

신약新約에서 삭제 당한 예수의 잃어버린 세원 13세에서 29세까지의 16년이 러시아의 여행인 니콜라스 노토비치가 카슈미르와 티베트 사이에 있는 라다크 지방의 몰벡Moubeck을 통과하다 초로初老의 라마승을 만났다.

헤미스Hemis에 있는 수도원lamasery에 고문서가 있었는데,

예수가 이곳에서 불교공부를 했다는 이야기가 적혀 있다는 것. 이 고문서를 차후에 헤미스복음서라고 지칭되었다.

동정녀로서 성령으로 예수를 낳았다고 알려진 영원한 처녀 예수의 어머니 **마리아는 8명의** 자녀를 낳았다. 마리아는 어촌의 목수인 요셉에게 15살의 어린나이에 시집을 간다.

요셉은 마리아와 재혼할 당시 그의 첫 부인 살로메Salome와 사이에 두 딸 아씨아Assia와 리디아Lydia가 있었다. 첫 부인은 죽었고, 두 딸은 이미 출가한 상태였다.

마리아는 예수를 낳은 후에 야고보James, 요세Joses, 시몬 Simon, 유드Jude의 5명의 아들과 3명의 딸을 포함해서 8명의 자녀를 낳아 길렀다. 복음서에 의하면 예수의 어머니 마리아 는 남자를 접해본 일이 없는 '영원한 처녀perpetual virgin'로 남아 있다.

그러나 초기 번역 라틴어성서에는 마리아를 '비르고virgo' 젊은 여자로 되었다. 즉 성적 경험 유무를 떠나 그냥 처녀가 아 닌 젊은 여자인 것이다. 예수가 BC 7년 3월 1일 서출인 사생 아로 태어난 것이다. 어머니 마리아가 그에게 지어준 이름은 그리스어로 이에수스Iesous로 이스라엘의 영웅 여호수아Joshua 와 같은 이름이다. 라틴어로는 이에수스Iesus로 표기된다.

예수는 BC 7년 3월 1일에 태어났다. 서기 314년 로마의 콘 스탄티누스 대제는 예수의 공식적인 생일을 12월 25일로 임 의로 바꾸었다. 그 당시 로마인들이 열렬히 숭배하던 무적의 태양신Sol Invictus 미트라Mithra의 탄생일이 12월 25일이었다.

12월 25일은 예수의 탄생과 아무런 관계가 없는 미트라 태양신의 탄생일이다.

예수의 결혼은 이렇다. 예수의 첫째부인은 막달라 마리아는 씨루스Cyrus라는 사제司祭의 딸이다. 막달라 마리아는 예수에게 딸 1명과 아들 2명을 낳아 주었다. 예수가 십자가형을 당할 때 임신 3개월이었다. 첫 아이가 '타마르Tamar'라고 하는 딸이었다.

예수의 장남은 '예수 유스도Jesus Justus'이며 둘째 아들은 '요세프스Josephus'이다. 예수는 막달라 마리아와 이혼하고, 둘째 부인 '리디아Lydia'와 결혼해서 딸 1명을 낳고 리디아는 3년도 안되어 죽고, 세 번째 부인 '마리온Marjon'과 결혼하여 아들 1명을 얻는다. 이렇게 예수는 5명의 자녀가 있다.

현재 생존해 있는 예수의 후손 '사히브자다 임티아스 샤한 Sahibzada Imtiaz Shaheen'은 예수의 73대 손이다.

[예수의 마지막 오딧세이 목영일박사 지음에서 5장에서 7장]

이번에 초상화가 발견된 예수의 3번째 부인은 예수가 카슈미르에 있는 유태인 집단촌에서 살던 마리 온 이라는 여인이다.

예수의 3번째 부인 마리 온 의 초상화.

〈출처: 예수의 마지막 오딧세이. =목영일 박사 저. 23장〉

그림1   그림2   그림3

그림1. 예수가 여생을 보낸 것으로 알려진 인도 카슈미르의 건물 /
영국 BBC 방송

그림2. 서양인들이 그린 가짜 예수상 백인, 금발머리, 매부리코,
파란 눈 이런 얼굴은 스코틀랜드 인이다.

그림3. 갈릴리인으로 복원된 예수상 얼굴색, 머리색깔, 유태인의
코, 곱슬머리는 머리카락-전형적인 갈릴리인

『태양이 지구 주위를 돈다는 사실은 예수가 처녀에게서 태
어난 사실과 같이 불변의 진리이다.』 지동설을 주장하는 갈
릴레이를 투옥하고 고문하면서. 로마교황청의 벨라르미노
Bellarmino추기경이 한 말이다. [예수의 마지막 오딧세이에서]

힘이 있어 우기면 아무리 엉터리라도 이기고 그 당시는 그
것이 진리인 것 같이 대중에게 강압적으로 느낄 수 있다. 아
무리 진리라도 힘이 없이 말하다가는 죽는다. 그러나 세월이
흐르면 진리와 사실은 반드시 드러나고 이긴다.

어떤 멍청한 중스님들이나 멍청한 학자들은 예수가 인도에
가서 힌두교와 불교 등을 공부했다는 것을 자랑 삼아 이야기

한다. 그러면서 예수는 부처님의 제자로서 고승高僧이 되었고, 아라한阿羅漢이 되었고, 보살이 되었다는 미친 소리를 한다.

설령 오신통五神通이나 육신통六神通 갖추었다는 고승高僧이라고 가정을 하더라도, 예수는 29살에 인도에서 이스라엘로 돌아가 **결혼을 한** 파계승破戒僧이기 때문에 고승高僧도 아니요. 더구나 성인인 아라한阿羅漢이나 보살菩薩이 될 수가 없는 것이다.

예수가 33살에 십자가에 죽었는데, 어떻게 결혼을 3번하고 5명의 자식을 두었느냐는 아둔한 질문을 한다. 예수의 죽음은 쇼라는 것이 앞에서 이미 밝혀졌듯이, 예수는 프랑스에 망명하여 자식을 낳고 살았다. 예수의 출현과 부활의 쇼는 전 세계 인류의 대 재앙이었다. 지금도 재앙은 끝이지 않고 계속되며 언제 끝날지 암담하다.

43 기독교가 세계로 퍼지게 된 이유.

권력 강화를 위해 기독교를 이용한 태양신교[미트라교]의 교황 콘스탄티누스 황제 : 313년 밀라노 칙령勅令으로 콘스탄티누스 황제(274~337/재위 306~337)가 기독교를 공인할 때까지 기독교교황의 역사와 역대 교황들의 생애는 비참했고 33대 실베스테르1세가 콘스탄티누스황제에게 교황으로 임명되기까지 그전 교황들은 로마황제들에게 비참한 죽음을 당한 사람들이다.

1대 베드로부터 32대 밀티아데스까지 32명은 기독교가 공인되고 나서 교황으로 추서追敍된 것이다. 베드로는 자신의 노예 리누스(67 ~76)를 후계자로 삼아 2대 교황으로 지명했으나 처형되었다.

콘스탄티누스 황제는 몹시 잔인하고 포악하여 재혼한 처妻와 전처소생의 아들을 끓는 물에 넣어 죽였고, 공회에서는 그가 신하의 아내와 간통한 사실을 비난한 아리우스파를 이단으로 몰아 제거했다.

밀라노 칙령은 "어느 신에게나 자유를 부여하는 것이 최고 신의 뜻에 합당하다."라는 내용이다. 즉 예수를 다신교 국가인 로마의 신들 중에 하나로 추가적으로 인정해 준다는 것이지, 기독교를 유일한 종교로 한다는 내용은 아니다.

콘스탄티누스황제는 미트라[태양신]교의 신봉자로서 310년에 주조된 화폐에 불패의 태양신이라고 새겨져 있다. 그는 사망하는 날까지 미트라교 수장인 Pontifex Maximus[최고의 사제 司祭 : 교황敎皇]라는 칭호를 지니고 있었다.

1 . 밀라노 칙령은 기독교를 유일한 종교로 한다는 내용이 아니다. 전통적으로 다신교국가인 로마에서 백성들이 어떤 종교를 신봉하든 자유였으나, 기독교만은 금지되어 있었다. 이 칙령은 기독교신앙의 자유도 허가한다는 내용이다.

2. 밀라노 칙령은 콘스탄티누스 혼자 공포한 것이 아니다. 당시 로마의 두 황제였던 리키니우스 황제와 313년 6월 밀라노에서 공동으로 공포한 것이다.

콘스탄티누스황제에게 33대 기독교교황으로 임명된 실베스테르 로마주교는 "인간의 구원의 권능은 더 이상 예수에게 있지 않고 콘스탄티누스황제에게 있으며, 또한 로마황제의 권위가 예수보다 상위에 있음"을 밝혔다.

콘스탄티누스황제는 교회의 복잡한 이데오르기 논쟁을 정리하기 위하여 325년 제 1차 공의회公議會를 니케아에서 소집하고 스스로 의장이 되어 예수를 신격화 유일신唯一神의 신앙으로 결정하였다.

테오도시우스 2세는 431년 에베소에서 열린 3차 종교회의에서 예수의 어머니 마리아를 신성과 인성을 놓고 비성모설非聖母說을 주장하는 콘스탄티노플의 대주교 네스토리우스(?~451)와 신인신모설神人神母說을 주장하는 알렉산드리아의 주교 키릴로스(827 ~869)가 대립하자 황제 독단으로 〈마리아를 신神 : 예수의 어머니로 숭배할 것〉을 결정하였다.

그러자 로마의 수호신 퀴벨레Cybele: Kybele키벨레 신전은 마리아의 성당이 되어 퀴벨레 대신 마리아가 로마의 수호신으로 들어앉게 되었다.

이를 시작으로 판테온Pantheon의 모든 신神을 미네르바Minerva:Athena GK신전, 타흐리르Tahrir의 페니키아 여신을 모신 신전 등이 모조리 사라지고 모두 마리아 신전이 되었다.

또한 키프로스Cyprus 섬의 아름다운 비너스Venus 신전도 파괴되어 마리아 신전으로 되었다. 로마의 여러 도시를 지키는 신神 미네르바도 마리아로 바뀌고 항해자를 보호하는 이시스신,

임신한 여자들을 보호하는 유노Juno도 모두 마리아로 바뀌었다.

로마를 정복한 기독교는 당시 유럽에서 가장 세력이 강한 켈트Celt문명을 정복, 켈트인의 종교는 다신교였다. 기독교인이 켈트사회에 들어가 켈트인 고유의 민족종교인 드루이드교Druidism를 다스리는 지도자 드루이드를 악마로 몰아 죽이고 그들의 성지를 철저히 파괴하고 기독교회를 세웠다.

게르만 민족의 신神 토이펠Teufel도 흉악한 마귀로 몰아 없애버렸다. 기독교가 세계를 지배한 후 이전까지 귀중한 문화유산을 이루어 왔던 그리스·로마의 신과 유럽의 모든 신들이 악마로 매도당하여 사라졌고, 토착종교를 공격하고 신전을 빼앗아 교회를 짓는 속성을 보였다.

오늘날 한국에서 기독교인들이 자신들의 조상이며 민족혼의 지주인 단군을 배척하고 사찰을 불태우고 불상을 파괴하고 전통문화재를 거부하는 것이 이와 같은 행위이다.

과학과 철학 앞에서는 기독교 교리의 맹점이 저절로 폭로되게 되자 4세기말부터 기독교도들은 과학자와 철학자들을 극도로 증오하여 적대세력으로 몰아 죽였다.

그리스계 여성 천문학자이자 철학자이며 당대 최고의 수학자인 하파티아Hypatia 370-415를 발가벗긴 후 여호와 신전으로 끌고 가 머리카락을 모조리 뽑고 사금파리(도자기 파편)로 살껍질을 벗겨서 몸을 토막 내서 여호와 신의 번제물로 제단에서 불태웠다. 그녀의 죽음은 과학과 철학의 종언을 의미하였

다. [☀중세암흑의 시작이다.]

435년에는 로마제국 내의 모든 이교도는 사형에 처하는 법을 만들어졌으며 기독교가 유대교나 다른 종교를 가진 자와 결혼하면 간통죄로 몰려 처형당했다. 그 후 순수한 기독교인들조차도 실크로드를 거쳐 중국으로 도망치게 되었다.

콘스탄티누스황제는 자신이 창조한 종교에 범죄, 부패, 타락의 씨를 뿌렸다고 수많은 학자들은 주장하고 있다.

그 당시 4복음서[요한, 마태, 마가, 누개 보다 더 오래되고 진실한 초기 기독교신앙의 문서를 소유한 자는 사형에 처해졌다. 4복음서 이외의 복음서는 물론 영어로 번역된 복음서를 소지하거나 읽는 자는 모두 화형火刑에 처해졌다.

(법화경과 신약성서, 민희식저. 블루리본 간 1장~4장)

일요일 예배

태양신을 숭배하는 이교도들과 기독교들을 일요일로 묶어서 단일 종교로 융합해 보려는 야심적인 종교 정책을 시도했던 것이다. 콘스탄티누스는 이 정책의 성공을 위해서 자신이 기독교로 개종할 것을 선포했으나 이것은 세상을 기만하는 전략상의 개종이었다. (대세계의 역사 3권 p211)

바벨론 시대부터 휴일을 일요일로 쓰고 있었는데 바벨로니아의 점성술에서 따온 요일曜日제도도 오늘날의 요일제도로 바꾸었다. 그 날에 따라 해당되는 행성이 지배한다고 생각.

원래 태양신을 숭배하였으므로 첫째 날을 일요일(日, Sunday)로 지정했다.(2003. 12. 1. 월. 한국일보)

『영국의 역사가 기본(1737~1794)은 로마제국을 멸망시킨 것은 기독교라고 결론 내렸다. 기독교가 로마제국의 국교가 된 391년까지 3세기 이상 박해는 계속되었다. 기독교는 차츰 예수기독교에서 바울기독교로 변모하며 권력화 되었다.

다신교를 옹호하는 로마 전통세력과 로마정신은 사라졌다. 동시에 예수의 본래의 가르침이나 그 정신은 철저히 사라지고 **바울의** 사상만 남았다. 이름만 예수교일 뿐 그 내용은 바울교로 변질 되었다. (법화경과 신약성서, 민희식저.p211)』

☀ 이렇게 해서 기독교는 로마의 황제들로부터 태어난 종교이며, 로마교황도 하느님이 임명한 것이 아니라. 인간인 로마 황제가 임명한 것이다. 복음서의 가감 선택 삭제도 로마황제에 의하여 이루어졌고 예수의 가르침과는 하등의 관계가 없다. 로마가 세계를 지배함으로 해서 순수 예수기독교가 아닌 사악한 로마기독교, 즉 **바울교**가 전 세계에 퍼지게 된 것이다.

어떻든 간에 예수의 출생과 행적으로 인해서 몇 수억 명이 죽는 인류의 피비린내 나는 참혹한 역사가 전개되었다. 인간의 탐욕에 이용당한 예수의 기적이라는 것은 인류의 구원이 아닌 쓸데없는 남용으로서 결과적으로 비참한 인류의 역사를 만든 것이었다. 결과적으로 예수는 인류의 불행이었다.

44 세상은 요지경

『병신이 육갑한다는 소리는 못난 사람이 잘난체한다는 것이다. 그런데 정말로 병신病身이 육갑肉甲하는 예가 있다. 바로 목사들과 신부들 그리고 예수를 믿는 장애자들이다.』

레위기 21장 16 ~ 23절

16절. 여호와께서 모세에게 일러 가라사대

17절. 아론에게 고하여 이르라 무릇 너의 대대손손 중 육체에 흠이 있는 자는 그 하나님의 식물食物:먹을 음식)을 드리려고 가까이 오지 못할 것이다.

18절. 무릇 흠이 있는 자는 가까이 오지 못할지니 곧 소경이나 절뚝발이나 코가 불안전한 자나 지체肢體가 더한 자나

19절. 발 부러진 자나 손 부러진 자나

20절. 곱사등이나 난장이나 눈에 백막이 있는 자나 괴혈병이나 버짐이 있는 자나 불알이 상한 자나

21절. 제사장 아론 중에 흠이 있는 자는 즉 나아와 하나님의 식물을 드리지 못하니라 ---

23절. 장帳 안에 들어가지 못할 것이요 단壇에 가까이 못할지니 ---.

『분명한 답은 육체적 결함이 있는 사람은 교회에 나오지 말라는 하나님 여호와하나님의 엄명이다. 단壇이나 장帳은 지

금으로 치면 교회나 성당이다.

하나님이 무엇이 아쉬워 먹을 음식인 식물食物을 필요로 했겠으며 이것도 몸에 불편함이 있는 사람은 아예 얼씬도 말고 건강한 사람만이 제물을 드리라는 것이다.

왜! 하나님은 불구자는 교회에 나오지 못하게 했으며 더구나 음식물은 아예 손도 못 대게 했을까. 답은 간단하다. 여호와 하나님은 100% UFO의 외계인이므로 노동력에 쓰일 건장한 노예(종)가 필요했을 것이며, 음식물은 청결치 못하고 혐오스러운 불구자의 모습은 아예 보기가 싫었던 것이다.

정말로 창조주이며 사랑이 넘치는 하나님이라면 육체적 불구자 또한 하나님의 창작품일진대 학대하고 천시하는 이유가 무엇이겠는가?

목사나 신부들도 웃기는 사람들이다. 하나님이 교회에 나오지 말라고 엄명한 장애자들을 굳이 데리고 나와서 병을 고쳤느니 신유神癒의 은사가 있었느니 하며 간증하고 허풍을 떠는 것을 보면 가당치도 않다.

하나님이 이미 창조의 섭리에 의하여 병신으로 창조했는데 병을 고쳐줄리 있겠는가? 교회에 나가는 장애자들도 정말 웃기는 사람들이다. 하나님이 장애자로 만든 것도 억울한데! 교회에 나오지 말라고 하는데, 굳이 나가 구원받겠다고 하는 것을 보면 정말 병신칠갑(病神漆甲)하는 것이다.

교회 기도원은 불치병 종합병원

하나님께로부터 인지의 능력을 받음. (영권 인권 물권 지혜) ◇ 신유의 능력 ◇ 말씀의 능력 ◇ 불 안수 능력 ◇ 예언의 능력. 원수 마귀 귀신이 떠남. 병원에서 못 고치는 병 고침. 각종 암, 혈압, 당뇨, 디스크, 뇌성마비, 간질 등

여기 와보라 하나님의 놀라운 표적과 기사들을!

각종 암병, 갑상선, 간질병, 심장병, 정형외과, 관절염, 고혈압, 중풍, 축농증, 코 높힘, 얼굴주름도 펴짐, 영적치유, 은사접목.

의학도 필요 없다. 의사도 필요 없다. 의과대학도 필요 없다. 약도 필요 없다. 약국도 약사도 필요 없다. 제약회사도 필요 없다. 그러나 어디 아프면 가장 먼저 병원으로 달려가는 목사, 저런 플랜카드의 문구 자체가 돌팔이를 넘어 대단한 불법 의료행위인데 왜 경찰은 저런 짓을 하는 개독들을 바로 체포해 가지 않는 것일까? 한심한 나라로다.

삶 자체가 억울한데, 속된 말로 병신이 무슨 특별한 선택이나 받은 양 교회에 나가 간증하며 여호와를 찬양하는 것을 보면 정말로 병신이 육갑을 하고 있다는 생각이 든다.

부모의 입장에서 정상적인 아이들보다 비정상적인 아이들에게 애정이 더 쏠리는 법인데 여호와 하나님은 왜! 장애자들을 얼씬도 못하게 했을까?

얼마나 많은 기독교 맹신자들이 고통을 받고 있을까?

노동력에 쓰일 노예는 건장한 사람만이 필요했고, 장애자나 전염병자는 아예 필요가 없었던 것이다. 천주교 기독교의 노예사상은 UFO의 외계인 여호와 하나님의 노동력에 필요했던 노예[종]에서부터 시작된 것이다.

그렇기 때문에 믿지 않는 자, 즉 노동을 게을리 하고 따르지 않는 자는 가차 없이 돌로 쳐 죽이라는 것이다. 그러므로 노동력에 쓸모없는 장애자들을 교회에 나오게 하겠는가!

얼마나 많은 사람들이 맹신으로 인하여 목숨을 잃었는가? 수혈거부, 현대의술 거부, 굶기고 기도에 매달려 어린 생명이 죽어가지 않았던가. 참으로 병신신육갑病身神肉鉀 병신칠갑病神漆甲 하는 것이다.』

안수기도가 사람을 죽였다!

(부산=연합뉴스) 민영규 기자 = 부산지법 형사7부(김주호) 검색하기" http://search.daum.net 2013 01 02

부산지법 형사7부(김주호 부장판사)는 안수기도를 한다며 대학 휴학생을 때려 숨지게 한 혐의(폭행치사)로 기소된 모 선교회 목사 강모(53·여)씨에게 징역 3년을 선고했다고 2일 밝혔다. 또 같은 혐의로 기소된 피해자 어머니 정모(46·여) 씨에게 징역 2년을 선고했다.

고법 "안수기도로 받은 고액 헌금 돌려주라"

연합뉴스 기사입력 2010-02-16 10:13

(서울=연합뉴스) 〈기자〉 척수종양에 걸린 딸을 안수기도로 낫게 해주겠다며 부모로부터 헌금 명목으로 4억여 원을 받아 챙긴 기독교 목사에게 전액을 되돌려주라는 판결이 내려졌습니다. 서울고법 민사30부는 김 모 씨가 박 모 씨를 상대로 낸 부당이득금 반환 청구소송 항소심에서 1심과 같이 원고승소로 판결했습니다.

온 몸에 피멍이"…안수기도 받던 대학생 질식사.

안수기도 치료를 받던 대학 휴학생이 숨져 경찰이 수사에 나섰다. 6일 오후 2시15분께 부산 동래구 모 교회에서 안수기도 치료를 받던 A(21) 씨가 숨져 있는 것을 A 씨의 외삼촌(50)이 발견, 경찰에 신고했다.

신학 대학 1학년 휴학생인 A 씨는 이 교회에서 어머니와 목사로부터 5일 동안 안수기도 치료를 받아왔던 것으로 알려졌다.　세계일보 &2012-11-07 10:27:10,

안수기도 50대 숨지게 한 일당 검거

기사입력 2011-12-08 00:56

경기 수원중부경찰서는 '안수기도로 병이 나을 수 있다'며 복부를 4시간 동안 때려 상대방을 숨지게 한 혐의로 58살 여성 나 모 씨 등 6명을 붙잡아 조사하고 있습니다. [이런 사건은 헤아릴 수 없이 많아 사람들이 그러려니 하고 지낼 뿐이다.]

마귀의 눈 찌르기 사건(2012)

2012년 1월 7일 오전 2시 50분 무렵 인천시내 아파트에서 거주하는 범인은 하나님의 계시에 따라 마귀의 눈을 찔러 천국으로 보내주겠다며 자신이 사는 아파트 경비실에서 근무 중이던 경비원(66)을 흉기로 수차례 찔러 얼굴과 손 등을 다치게 했다.

45　무엇이 명언인가?

**** 마태복음 5장 3 ~ 12절

심령이 가난한 자에 복이 있나니, 천국이 저희 것이요 애통하는 자에게 복이 있나니 저희가 위로를 받을 것이요 온유한 자에게 복이 있나니 저희가 땅을 기업으로 받을 것이요 의에 주리고 목마른 자는 복이 있나니 저희가 배부를 것이요 긍휼

히 여기는 자는 복이 있나니 저희가 긍휼히 여김을 받을 것임
이요 마음이 청결한자는 복이 있나니 저희가 하나님을 볼 것
임이요 화평하게 하는 자는 복이 있나니 저희가 하나님의 아
들이라 일컬음을 받을 것이요 의를 위하여 핍박 받는 자는 복
이 있나니 천국이 저희 것임이라 나를 위하여 너희를 욕하고
거짓으로 너희를 거슬러 모든 악한 말을 할 때에는 너희에게
복이 있나니 기뻐하고 즐거워하라.

  ** 마태복음 5장18절.
  진실로 너희에게 이르노니 천지가 없어지기 전에는 율법의
일점일획이라도 반드시 없어지지 아니하고 다 이루리라

  ** 마태복음 5장 39. 44절
  39, 나는 너희에게 이르노니 악한 자를 대적하지 말라 누구
든지 네 오른 뺨을 치거든 왼편도 돌려대며 44. 나는 너희에
게 이르노니 원수를 사랑하며 너희를 핍박하는 자를 위하여
기도하라.

  『그 유명한 예수의 산상수훈의 일부이다. 교인들이 가장 많
이 써먹는 대목이다. 문맥을 잘 살펴보면 이런 허구는 없다,
심령이 가난하고 애통하는데 무슨 복이 있겠는가? 천국이 어
디에 있는 것인데? 내세를 미끼로 천당 지옥 운운하며 현실을
비합리적 비논리적으로 이야기하는 깨닫지 못한 소리요 결국
은 자신을 내세우고 따르게 하는 서두의 글이다.

원수를 사랑하라는 말이 그럴듯하게 멋있게 들릴지 모르지만 사실은 이런 엉터리가 없다. 원수를 사랑하는데 전쟁은 왜 하는가?

깨달은 사람의 말은 원수를 사랑하라고 가르치지 않는다. 원수를 갚지 말고 원수를 맺지 말라고 가르친다. 다음 장을 읽어보면 예수의 본뜻을 알 것이다. 원수를 사랑하라는 말은 자기 집안 식구가 원수이므로 사랑할 수밖에 더 있는가?』

✳ 누가복음 19장 27절
27절. 나(예수)의 왕 됨을 원치 아니하던 저 원수들을 이리로 끌어다가 내 앞에서 죽이라 하였느니라.

『여기 이 대목은 정말로 무서운 대목이다. 예수는 언제든지 자신의 반대자들을 죽이라고 했다. 철저한 예수교인 김〇〇 씨는 대통령에 당선되자마자 정치보복부터 했다. 전직 대통령을 둘씩이나 영창에 보냈다. 국가의 자존심과 수치심을 무시하고 자신의 한풀이로 세계만방에 드날렸다.

민주투사라고 한때는 자타가 공인했지만, 군사정권에서 민주정권이 탄생되었다고 온 국민이 기뻐했지만 인류 역사상 유례없는 독재 '문민독재'라는 요상한 독재가 나와 하늘에선 비행기가 육지에서 기차가 바다에선 거대한 배가 백화점이 무너지고 다리가 끊기는 유례없는 사고가 일어났다.

도덕적인 문제는 문민독재 3년 사이 예수 믿는 자식이 부모를 죽이고, 감금하고, 테러하는 사건이 교인들에 의하여 2,227

건이나 일어났다.

김○삼보다는 10배는 똑똑하다는 이○박씨! 정말로 겁이 난다. '서울을 하나님께 봉헌하겠다.'는 말은 확실하게는 이미 1200만 불교인에게는 가슴에 못질을 한 사람이며, 나머지 2800만의 국민에게는 적어도 종교의 자유와 선택권이 침해된 국민정서를 무너트린 사람이다.』

✱✱ 마태복음 10장 34 ~ 38절
내가(예수) 세상에 화평을 주러 온 줄로 생각하지 말라 화평이 아니요 칼을 주러 왔노라 내가 온 것은 사람이 그 아비와, 딸이 어미와, 며느리가 시어미와 불화하게 하려 함이니 사람의 원수가 자기 집안 식구니라. 아비나 어미를 나보다 더 사랑하는 자는 내게 합당치 아니하고 아들이나 딸을 나보다 더 사랑하는 자도 내게 합당치 아니하고 또 자기 십자가를 지고 나를 좇지 않는 자도 내게 합당치 아니 하니라

✱✱ 마태복음 19장 29절
내(예수) 이름을 위하여 집이나 형제나 자매나 부모나 자식이나 전토田土를 버린 자마다 여러 배를 받고 또 영생永生을 상속하리라.

✱✱ 요한 1서 2장 15절
이 세상이나 세상에 있는 것들을 사랑치 말라 누구든지 세상을 사랑하면 아버지의 사랑이 그 속에 있지 아니하니

『구약은 말할 것도 없이 진노하고 벌하며 멸절시키는 씨를 말리는 죽음의 대 서사시라면, 신약은 모순과 괴리로 점철된 이야기이다. 원수를 사랑하라는 말의 본뜻은 자기 집안 식구가 원수이니 원수를 사랑할 수밖에 더 있겠는가?

예수의 이름을 위하여 부모형제자매를 버리고 온 재산을 버리면 영생을 한단다. 처자식과 재산을 모두 버리고 영생하면 무슨 의미가 있겠는가? 엉터리에 속아 전 재산을 바치고 집안 망친 사람들을 보면 왜 저러고 사는지 모르겠다.

그래서 기독교는 타종교나 타민족을 사랑할 수 없으며 씨 말리는 전쟁으로 죽음을 불사했던 것이다.

부모 형제 자식을 버리고 전토를 버리면 여러 배 받고 영생을 상속한다는 엉터리와 같이 사회적 윤리가 통째로 무너진다.

기독교인 대학교수가 아버지를 죽이는 사건이 발생했던 것과 같이 보이지 않는 속에 불행의 그림자가 도사리고 변증법적 괴상한 논리로 엄청난 독선이 있을 것이다』

** 사도행전 16장 31절
주 예수를 믿어라 그리하면 너와 네 집이 구원을 얻으리라.

『예수의 무엇을 믿으라는 말인가! 일부 교인들 중에는 예수의 무엇을 믿으라는지 모르고 맹목적으로 무조건 그냥 믿는다.

예수를 믿어 과연 무엇을 구원 받았는가? 예수 믿어 집안 뒤집히고 망하는 사람은 많이 보았어도 구원받은 사람은 한 사람도 못 봤다. 예수를 믿으라는 것은 1. 예수의 성령 잉태

2. 하나님 여호와의 독생자라는 것. 3. 처녀의 몸에서 태어났다는 것. 4. 죽어서 부활했다는 것. 5. 다시 재림한다는 것을 믿으라는 것이다.

참으로 세살 먹은 어린아이가 웃고 갈 내용을 믿으라는 것이다. 착하게 양심적으로 살면 구원 받는 것이 아니라 황당한 것을 믿어야 구원 받는다는 것이다.

사기 중에 엄청난 영원한 사기인데 그걸 좋다고 믿는다. 교인들 대부분이 성경을 읽지 않고 다니기 때문에 이런 현상이 생기는 것이다.

정말로 열심히 읽어 거기에 폭 빠져 헤어나지 못하면 브레이빅과 같은 사람이 되거나 아니면 절에 들어와 불상을 부스고 학교에 세운 단군상을 부스고, 마을 어귀에 세운 장승을 부스고 조상 제사를 거부하는 사람이 되는 것이다. 이런 사람들이 성경의 교리에 맞는 참다운 하나님의 종이 되는 것이다. 그러므로 국가와 민족과 서울시를 바치겠다는 발상이 나오는 것이다. 세뇌된 이들에게 무슨 허물이 있겠는가! 잘못된 바이블(성경)을 버리는 수밖에!

이렇게 극단적으로 되지 않은 교인들은 성경을 읽지 않고 목사나 신부 이야기만 듣는 사람들이다. 목사나 신부들도 성경을 제대로 읽지 않고 조직신학에 몰두하고 있다. 제대로 읽은 사람들이라면 기독교를 버리거나 아니면 서울시와 울산시를 하나님께 봉헌한다는 비이성적인 사람과 비슷하게 되는 것이 정상이다.』

중세의 암흑시대란 천주교의 시대를 말하는 것이다. 예수 출현 후 1600년간의 시기를 중세라고 하는데 이 시대를 서구의 암흑시대라 한다. 암흑기의 끝은 르네상스에 의해서 이루어지지만, 천주교의 변종인 기독교가 지구상에 존재한다는 자체는 아직도 암흑기가 연속되고 있다는 증거이다.

첫째 고대 올림픽의 중단.

고대올림픽은 BC 776년에 그리스의 아테네에서 시작하여 AD 393년까지 4년마다 개최하여 293회까지 약 1200년이란 장구한 세월에 걸쳐 인류화합의 꽃을 피웠으나, 로마가 전 유럽을 지배하며 313년 콘스탄티누스 황제(274 ~ 337년)가 기독교를 인정하고 391년 기독교가 국교로 정해지면서 인류의 비극은 시작된다.

393년 데오도시우스 황제의 칙명으로 올림픽이 중단되었는데, 그 이유는 절대 유일신인 여호와 이외는 다른 신을 인정할 수 없기 때문에 제우스신神을 제사지내는 제전祭典행사인 올림픽은 우상숭배이므로 중단되어야 한다는 것이다.

** 사실 천주교 기독교인은 교리대로라면 올림픽에 선수로 참가하거나 임원으로 참석하면 지옥갈 일이다. 제우스신은 그리스인들의 하느님이다.

둘째. 찬란한 고대문화와 사상의 단절

고대 그리스와 로마의 문화는 찬란한 것이었다. 기독교에서 보는 인생관이란? 육체의 건강은 향락의 도구이므로 육체활동을 억제하고 천시했으며 금욕주의로 인간의 근본자유를 속박하고 과학을 무시한 채 기도에만 의지했다.

그러므로 자연과학적이며 매우 합리적 실용주의인 사상들이 사장되어 중세의 암흑시대가 시작되는 것이다.

지동설은 르네상스 후 코페르니쿠스에 의하여 발견된 것이 아니라 기원전, 즉 예수 태어나기전인 BC 310 ~ 230년에 그리스의 천문학자 아리스타르코스에 의하여 BC 281년경에 지구의 자전과 공전이 제창되었다. 상·하현의 관측에 의거하여 태양과 달과의 거리를 19:1로 측정했다.

그 외에 많은 과학자와 학자 사상가들! 1.탈레스. 2. 아낙시만드로스 3. 아낙시메네스. 4. 아낙사고라스 5. 엠페토클레스. 6. 데모크리토스 7. 레우깊포스. 8. 소크라테스 9. 플라톤. 10. 에피쿠로스 등의 많은 학자들의 사상은 현대과학에 버금갈 만큼 위대한 것들이었는데, 이 모두가 천주교에 의하여 사장되었다.

셋째. 르네상스 운동과 현대문명

르네상스Renaissance의 의미란 한마디로 쉽게 이해하자면 14~16세기 유럽 각지에서 일어난 그리스. 로마의 문화를 재생, 부흥, 부활시킨다는 표현으로 복고주의復古主義 문예부흥文藝

復興 등으로 불리지만 더 쉽게 한마디로 말하면 천주교 기독교 버리기 운동이다.

복고주의란 과거 그리스 문화와 로마문화, 즉 옛것을 다시 일으킨다는 것이요. 문예부흥 역시 옛날의 그리스와 로마의 문화를 부흥시킨다는 뜻이다.

천주교는 인간의 문화를 1600여 년간을 후퇴시킨 인문 사회 과학의 암癌적 존재이다. 지금도 복제생물이나 줄기세포의 끈질긴 반대가 바로 이것이다.

코페르니쿠스에 의하여 지동설이 재정립 되었고 그 과정에서 많은 과학자들이 천주교 교도들에 의해 처형되고 감금 테러되었다. 16세기에 천주교의 종교재판으로 500만 명 이상이 이단으로 불태워 죽였다. 끔찍한 악마들의 소행이다.

천지를 창조했다는 하나님! 지구가 공전과 자전을 하는 줄도 모르는 엉터리 하나님은 지구가 돈다고 과학적으로 밝힌 과학자들을 고문하고 잔인하게 불태워 죽였다. 참으로 마귀보다 더 무서운 소행이다.

르네상스의 근본정신은 신神중심에서 인간중심으로 바뀌는 인문주의였으며 예술과 문학에 새로운 장이 열렸다. 미술에 레오나르도 다빈치, 미켈란젤로, 라파엘로 등이 있으며 문학작품 에라스무스, 토머스 모어, 셰익스피어, 세르반테스 등이 있다.

서구사회의 중세기는 참으로 비참한, 글자 그대로 암흑기였다. 바로 기독교의 독소가 뿌리내려 썩을 대로 썩은 상태였다. 그 시대 기독교가 없는 동양은 살기 좋은 시대였다. 서구의 급격한 발전은 기독교 버리기 운동인 르네상스 운동으로 말미암아 산업혁명이 일어났고 그 여파로 현대의 과학문명이 꽃을 피우고 도덕적 인간성의 가치기준이 파괴된 채 서구가 잘사는 것 같이 보이는 것이다.

목사들이 한결 같이 떠드는 소리는 기독교를 믿으면 잘 살고 믿지 않는 나라는 못산다고 무식이 톡톡 티는 허튼소리를 하고 있다. 물질문명의 개화 차이는 늦어봐야 100년 안쪽이고 빠르면 몇 십 년이다. 일본과 한국의 경제발전이 이를 증명하며 중국도 또한 세계 경제대국으로 도약하고 있지 않은가?

천주교 기독교 버리기 운동이 나라를 부강하게 만드는 길이요, 신의 노예에서 해방되는 길이다. 기독교를 버릴 때 민족의 자존과 전통 문화가 살아 숨 쉬는 길이다. 기독교가 들어가는 곳마다 전통문화의 파괴와 사회적 갈등이 심화될 뿐이다.

마틴 루터의 종교개혁

마틴루터가 종교개혁을 한 것은 또 하나의 다른 악습을 만들어 낸 것이다. 썩은 똥을 휘져서 뒤흔들어 놓고 뒤집어쓰는 방법만을 바꿨을 뿐이다. 냄새는 더욱 고약하여 천하를 진동하는 어리석음이 시작된 것이다.

그것도 모르고 종교개혁을 찬양하는 자들이 있는데, 이러한 자들이 거론하고자 하는 것은 처자식을 거닐고 사는 것을 합법화하는 주장으로 달리 표현 할 수밖에 없다.

애초 칼뱅이나 마틴루터는 신부서약(혼인불가)한 인물로써 많은 처첩과 자식을 거느린 신부로 금기시하는 성역을 이미 깬 인물들이다. 이들이 몸담은 가톨릭은 썩을 때로 썩은 신정神政사회였다.

라만칼라와 클러치셔츠만 벗으면 일반인과 외관상 똑같아 구별이 안 되는 신부와 수녀의 타락상은 가히 상상이 간다. 고아원이 생긴 유래도 자선과 자비와 사랑의 차원이 아닌 타락의 차원에서 생긴 가톨릭교회의 유물이다.

보다 깨끗했던 신부가 부르짖은 개혁이었다면 좀 더 깨침이 있던 사람이었다면 엉터리 교리에 썩을 때로 썩어가는 인간심성을 한탄하고 천주교 기독교 버리기 운동을 했어야 했고 버렸어야 한다.

그러나 인간은 어느 형태로든 존경 받으며 편안히 살고, 쉽게 돈 버는 방법을 착안하게 마련이다. 여자관계는 당사자만이 아는 일로? 먹을 것 다 먹고, 담배 피고, 술 마시고, 고기 먹는 성직자라면 누군들 못하겠는가?

쉽게 편하게 살려는 법이 과연 성직자들이 취해야 할 방법인지, 그게 올바른 성직자가 지녀야 할 덕목인지, 일반인처럼 할 짓 다 하고 살면서 존경과 명예를 한 몸에 담고 있다.

자신이 땀 흘려 벌어서 적선하기보다 불로소득 같은 헌금행위로 물질을 취하고 콩고물 같은 적은 액수를 자선하는 행위로 널리 광고하며 선교하여 또 다른 재원을 마련한다면 이것은 새로운 악의 축이 되는 것이다.

아무리 피나는 수행을 하고 하나님께 기도를 잘하며 사회봉사를 잘하는 정말로 헌신적인 신부 수녀 목사가 있다고 할지라도 마침내는 그 하나님이라는 여호와는 100% 사악한 외계인이나 UFO이므로 하나님의 은총이나 감응은 천지가 천백만 번 뒤바뀌어도 있을 수 없는 일이므로 모래로 밥을 짓는 격이며 똥으로 향을 만드는 격이다. 남의 눈을 속이는 위선으로 지옥행이 될 뿐이다.

그렇기 때문에 기도를 하면 할수록 정신 이상자가 나오는 것이요 요상한 괴변이 나오는 것이다. 그러니 편안하게 술 마시고 고기 먹고 휴식하며 적당히 세월을 보내면서 사회봉사의 명분으로 새로운 부와 교세의 확장과 선교교육에 힘쓰게 마련이다. 장독대에 시골 아낙이 청정수 떠 놓고 간절히 비는 그 순수함이 오히려 대자연의 기운과 감응하는 효과가 더 크지 않겠는가.

마녀재판

중세 말기(1400 ~ 1700년)에 유럽의 기독교(로마 가톨릭)계에서 발악이라도 하듯 무당witch: 여자 마법사)으로 보이는 혐의자들을 대대적으로 검거해서 잡아 죽이는 이른바 "마녀재판witch trial 또는 마녀사냥witch hunting"을 전개했다.

이 최악의 비극적 사건에 대해서 미美 월드북 백과사전(world book Encyclopedi, 1979년판)은 "witch craft(마법)" 항목에 다음과 같이 기술하고 있다.

「기독교계에서 행한 마녀 박해는 이탈리아, 프랑스, 스페인, 독일, 영국, 스코틀랜드에서 일어났다. 1431년 프랑스의 애국 영웅 소녀 잔 다크Joan of Arc는 적군 영국인들에 의해 마녀로 고발되어 말뚝에 묶여 산채로 화형에 처해졌다.

역사가들에 의하면 1484~1782년 동안 기독교회에 의해 처형된 마녀혐의자 수는 500만 명에 달한다고 한다. 그녀들 중에 대다수는 잔인한 고문에 견디지 못해 마녀라고 자백한 사람들이었다.

마녀 혐의로 고발된 여자가 마녀인지 아닌지를 가리는 방법에는 여러 가지가 있었는데, 예를 들면 옷을 벗기고 신체의 어느 구석에라도 점이나 사마귀나 흉터가 있는지를 찾는 것이다. 만약에 그러한 표적들이 발견되면 그 여자는 마녀로 판정되었는데 그것은 그런 표적들이 마귀와 접촉한 증거물로 간주되었기 때문이다.

다른 방법으로는 혐의가 있는 여자를 결박해서 깊은 물속에 던지는 방법이 있다. 이 때 그 여자가 물위로 떠오르면 그는 마녀로 간주되었고 가라앉으면 결백한 것으로 판정되었다. 물에 뜨나 가라앉으나 어차피 죽는 것은 매일반이다.

1600 ~ 1700년 기간에 마법술에 의한 광적 공포가 유럽 전역을 휩쓸었고 수많은 여자들이 재판을 받고 마녀가 되어 처형되었다. 재판에서는 혐의자에 대한 불리한 소문rumor이나 헐뜯음gossip도 증거물로 채택되었고 많은 어린이들이 재판장에서 그들의 어머니를 마녀라고 증언하기도 했다.

미국 역사상 가장 오명 높은 마녀 재판이 마사추세츠 주 사렘salem군에서 행하여졌다. 많은 미국사학자들은 개척민 주민들에게 마녀를 증오하는 군중심리를 불러일으킨 주요 인물로 카튼 마서Cotten Mather : 1663 ~1728년. 보스턴 제2교회 목사)를 들고 있다.

1692년 한 해 동안 마세추세츠주 주민들은 20명의 여자를 마녀 혐의로 처형하고 150명을 투옥하였다.

교황청은 2000년간 천주교도들의 과오를 시인하고 멕시코 원주민 1천5백만 명을 살해한 것을 고해했다. 역사적으로 천만이 아니라 몇 십억은 죽었을 것인데, 과오를 시인하고 고해를 한들 무슨 소용이 있겠는가. 진정한 용기 있는 고해告解는 교황청을 스스로 문 닫는 일이다.

넷째, 기독교전쟁과 전통문화의 말살

인류 역사상 가장 크고, 가장 잔인하고, 가장 긴 전쟁이 바로 종교전쟁이라고 하는 천주교 기독교전쟁이다.

십자군 전쟁, 청교도 전쟁, 100년 전쟁, 위그노 전쟁, 네덜란드 전쟁, 30년 전쟁, 자기들 끼리 싸우는 신교도 구교도 전쟁. 지금도 끝이지 않는 중동전쟁, 세계 1차 대전 2차 대전이 기독교 국가에서 발생했음은 모두가 기독교 전쟁이다.

그 외에 점령국에 대한 인종말살의 씨 말림과 전통문화의 말살이다.

세계 각처에 산재해 있는 인류의 고적古蹟들이 이들에 의하여 무참히 파괴 되었고, 각 민족이 간직하고 있는 그 민족의 미풍양속들이 기독교도들에 의해 무너지고 있다. 회개하고 고해한다고 그 죄가 없어지는 것은 아니다. 회개하고 고해하는 방법은 아예 천주교 기독교가 지구상에서 사라지는 길 뿐이 없다.

잉카문명 마야문명 북미의 인디언 부족의 말살, 고대 그리스 신전의 파괴 이들이 지나간 곳은 모조리 씨 말리는 파괴와 자연의 파괴는 창세기 1장 28절에 의하여 이루어진다.

다섯째. 가정파괴와 사회악

인류 최고의 안식처이며 최고의 행복 보금자리며 삶의 근원을 이루며 가장 사랑스러운 공동체의 모임이 가정이다. 이 사랑스러운 가정이 기독교로 인하여 하루아침에 무너졌다면 하나님이 천만번 다시 오시고 예수가 천만번 부활을 한다고 하더라도 아무 소용이 없는 것이다.

어느 종교든 그 종교로 인하여 가정이 파괴되고 자식이 부모를 죽이고 부모가 자식을 죽이는 일이 발생했다면 그 종교는 마귀의 소행으로 지구뿐만이 아니라 우주에서 영원히 없어져야하는 것이다.

사이비나 이단이라고 매도하면 안 된다. 그 사이비나 이단은 기독교에서만 사용되는 용어로 기독교 성경이 바탕이 되었으며 서로가 사이비이고 서로가 이단이다.

자식이 부모를 감금하고 테러하며 학대하고 죽인 사건이

SBS 95년 3월 20일 저녁 8시 뉴스에 의하면 (기독교인 김영삼 정권 3년 때) 존속 살해사건 77건 존속상해 치사 23건 존속상해 1253건 존속폭행 793건 존속감금 12건 존속 협박 69건으로 도합 2,227건이다.

이 통계는 1995년도 통계이니까 지금까지 합친다면 엄청날 것이다.

이 사건의 대부분이 기독교와의 갈등에서 일어난 가정 사건이며 예수교인이 5년 동안 대통령 할 때 일어난 사건들이므로 해방 후 지금까지의 통계를 낸다면 이보다 몇 배는 더 많다고 생각한다.

기독교인이 대통령이 되어 사邪되고 그릇된 종교를 맹신하다 보니 다리가 끊어지고 하늘에서 비행기가, 땅에선 기차가, 바다에선 거대한 배가. 지상에선 백화점이 무너지는 대형사고가 하루도 끊이질 않고 결국에는 나라를 파국에 이끄는 I M F를 가져왔다.

☀ 단일직종 성범죄 1위 목사. 2위 자영업

2002년 청소년 성범죄 공개대상 33명이 목사로 단일 직종 1위. 목사협회에서 직업을 비공개 해 줄 것을 요청했으나 경찰청에서 거부, 다시 전문직에 속한다며 표기 요청했으나, 의사·변호사 같은 전문직이 아니므로 다시 거부하자. 다시 종교 탄압이라며 자영업자로 바꿔달라고 요청하여 자영업으로 표기되었음. 결국 종교인 33명으로 표기하였는데, 종교인 33명은 전원 목사. 〈종교인이라고 하면 목사로 간주하면 된다. 불교는 사건이 일어나면 종교인이라고 하지 않고 그대로 불교라고 언론에서 발표한다. 종교탄압은 무슨 얼어 죽을 소리인가?〉

유영철柳永哲 위키백과, 우리 모두의 백과사전.
2003년 9월부터 2004년 7월까지 20명을 연쇄 살인한 대한민국의 연쇄살인범이다. 독실한 기독교 집안의 모태신앙인에 순복음교회 성가대 대원이었으며, 강간한 여자에게 하나님을 믿느냐고 물어서 믿는다고 하면 살려주고, 안 믿는다고 하면 토막 내서 죽임. 2004년 7월 18일 체포되었는데 현장검증에서 26명을 살해하였다고 주장하였다.

강호순姜浩順 위키백과, 우리 모두의 백과사전
2009년1월 24일 경기도 서남부 지역에서 여성을 연쇄적으로 납치하여 살해한 대한민국의 범죄인으로, 충청남도 서천군 출신이다.
강호순이 살해했다고 밝힌 부녀자는 노래방도우미 3명, 회사원 1명, 주부 1명, 여대생 2명. 모두 7명이었다. 2009년2월 17일에는 2006년 9월 강원도 정선군에서 당시 정선군청에서 근무하던 여성 공무원 윤 모씨(당시 23세)를 살해했다고 자백했다.
한편 강호순은 2005년 10월 경기도 안산시 상록구 본오동 장모 집에 불을 질러 자신의 장모와 처도 살해했다고 자백해 충격을 안겨 줬다. 강호순은 15년 이상 교회에 다닌 독실한 기독교인임. 아내도 교회에서 만나 사귀다 결혼.

조두순 사건 위키백과, 우리 모두의 백과사전.
2008년12월에 대한민국 경기도 안산시 단원구에 있는 한 교회 안의 화장실에서 조두순이 8세 여아를 강간 상해한 사건이다. (일명 나영이 사건)
중앙일보 기자에 의하면 조두순은 독방에 앉아서 하루 종일 성경책만 읽고 찬송가만 부른다고 한다. 이들이 생각하는 가치관의 더 끔직한 문제는 주님께 회개해서 스스로 죄가 사해졌기 때문에, 지금은 아예 피해자에 대해 죄책감마저 없다는 것이다.

김길태 (1977년5월 18일) 위키백과, 우리 모두의 백과사전.
2010년2월 24일 대한민국 부산광역시 사상구 덕포동에서 집안에 있던 예비 중학생을 납치·성폭행·살해하고 유기한 혐의를 받고 묵비권을 행사하다가 자백한 범죄자이다. 그는 1977년 가을 부산광역시 사상구 주례동의 모 교회 앞에 버려졌다가, 현재의 부모를 만나 입양됐다.

용산 초등학생 성폭행 살해 사건 위키백과, 우리 모두의 백과사전.
2006년2월 18일 심부름을 하러 갔던 허 모某 어린이(당시 11세, 여)가 김장호(당시 53세, 남)에게 살해되어 경기도 포천시의 한 공터에서 불태워진 채 발견된 사건이다.

정성현

2007년 12월 '살인마' 정성현(당시 38)이 교회에서 성탄예배를 마치고 놀이터에서 놀던 혜진양(당시 11살)과 우예슬양(당시 9살)을 교회 오빠라는 이점을 이용해서 집으로 유괴해 번갈아 가며 성폭행하고 증거인멸을 위해 토막 살해하고 시신을 훼손해 야산 등에 암매장한 참혹한 사건이다.

김대두

1975년 8월 13일부터 10월 7일까지 55일 동안 9차례를 걸쳐 모두 17명을 도끼를 휘둘러 살해하고 3명에게 중상을 입히는 등 전국을 공포의 도가니로 몰아넣었다. 그 이후 1976년 12월에 사형 선고를 받고, 독실한 기독교 신자가 되었지만 결국 형장의 이슬로 사라졌다. 2004년 유영철 사건이 발생하기 전까지 '한국에서 가장 많은 사람을 살해한 연쇄살인범'이었다.

가정파탄사건 몇 가지만 예를 들겠다.

1. 식구끼리 교리 시비로 극약을 먹어도 죽지 않는다고 입증하려다. 일가족 5명 농약 마시고 안 죽는다고 입증하려다 모두 죽음. [마가복음16장18절 무슨 독을 마실지라도 해를 받지 않을지라. 예수가 생사람 잡은 일.]
2. 1981년 6월 29일 50대의 가톨릭 여신도 순결 잃은 딸 3명 살해.
3. 1992년 어린 딸 하나님께 제물로 바친다고 배 갈라 살해

4. 1990년 여호와 증인 세 딸 살해 뒤 자살.

5. 90. 11. 15 최○규 목사 일가족 생매장

6. 32명이 집단 자살하는 오대양사건

7. 750명을 살해한 인민사원 사건

8. 91년 1월11일 교회 다니다 미쳐 아버지 토막살해

9. 92년 2월6 딸을 하나님께 제물로 바치기 위해 살해

10. 93년 10월 26일 미국 텍사스주 예수교 종말론으로 86명 집단자살

11. 93년. 세 딸을 성폭행한 한인회장 전직목사 조경목. 큰딸은 자살

12. 1997년 기독교인 대학교수 김성복이 아버지 살해

13. 2010.년 천국에 보내주려고" 어머니 살해 30대 구속

14. 2013년 기독교인, 인천 모자 살인사건, 치밀한 계획범죄

15. 2014년 군에서 매 맞아 죽은 기독교인 윤일병

콜롬비아 버스화재 아동 33명 사망 … 운전자 도주

기사입력 2014-05-20 08:40

[앵커] 콜롬비아 북부에서 어린이들이 타고 있던 버스에 불이 나 33명이 숨졌습니다. 사고 직후 현장에서 도주해 시민들의 공분을 샀던 버스 운전사는 자수했습니다. 연합뉴스 권수현 기자입니다.

[기자] 버스가 형체만 남긴 채 모두 불탄 버스. 좌석들 역시 앙상한 골조만 드러내 놓고 있습니다. 교회 예배를 마치고 귀

가하는 어린이들을 태운 버스에 불이 붙은 뒤 폭발한 현장입니다.[예배기도 하나마나]

뱀에 물려도 믿으면 산다?… 美목사, 뱀에 물려 결국 사망… sevi@newscj.com 2014.02.18 16:01:10

[천지일보 기재] '성령의 기름 부음을 받은 자는 믿음만 있으면 독사에 물려도 해를 입지 않는다.'고 주장하며 뱀을 잘 다뤄 '뱀 목사'로 불리던 미국의 한 목사가 뱀에 물려 사망하는 사고가 발생했다. AP통신 등 외신보도에 따르면 미국 켄터키 주의 제이미 쿠츠 목사는 15일 오후 8시 반쯤(현지시각) 교회에서 독사에 물렸다. 뱀에 물려 자기 손가락의 절반을 잃고 다른 사람들이 예배 중에 죽어가는 것을 보더라도 뱀들을 계속 움켜쥐면서 성령의 믿음을 따라야 한다고 믿는"사람이라고 소개했다. [마가복음 16:17-18]

"믿는 자들에게는 이러한 표적들이 따르리니, 즉 내 이름으로 그들이 마귀들을 쫓아내고 또 새 방언들로 말하리라. 그들은 뱀들을 집을 것이요, 어떤 독을 마실지라도 결코 해를 입지 않을 것이며, 병자에게 안수하면 그들이 회복되리라."고 하시더라.

〈이것이 마서魔書의 교리적 폐해중독성의 일부이고 책으로 쓴다면 몇 권은 족히 넘는다.〉

그 외에 일일이 나열하자면 몇 권의 책으로도 모자란다. 휴거 소동으로 가정이 파괴된 사건은 그 수를 헤아릴 수 없이 많아 우리를 암울하게하고 있다.

혹자는 왜 좋은 점은 보지 않고 나쁜 점만 보느냐고 반문하는 어리석은 사람이 있다. 참으로 한심하고 지능이 의심스러운 물음이다. 하나님이 하는 일에 어찌 나쁜 일이 있을 수 있겠는가? 병신칠득病神漆得이나 하는 말이다.

하나님은 창조자이며 전지전능하기 때문에 모든 살인사건이나 전쟁을 다 알고 계시고, 엄밀한 의미에서는 하나님의 섭리에 의하여 이루어진 피할 수 없는 사건들이다.

** 마태복음 10장 29절과 누가복음 6·7절에 보면

『참새 한 마리라도 너희 아버지[여호와하나님]께서 허락하지 않으면 땅에 떨어지지 않는다. 아버지께서는 너희의 머리카락까지도 다 세어 두셨다. 그러니 두려워하지 말라. 너희는 수많은 참새보다 훨씬 귀하다.』

이 대목이 바로 하나님의 섭리와 묵인에 의하여 모든 살인사건과 침략행위가 이루어진다는 내용이다. 총기난사를 한 브레이빅. 멕베이 세계의 모든 전쟁이 여호와 뜻이다. 성서라는 마서魔書를 읽고 그 내용대로 했을 뿐이다.

대부분 사람들은 인간들이 하는 일이라 나쁠 수도 있다 고 한다. 하지만 진리의 면에서 본다면 교리가 완벽하게 느껴지더라도 나쁜 일이 생기면 그 진리는 무엇인가 찜찜한 면이 있는 것으로 의심할 소지가 있는 것이다.

악마 종교는 악마를 하나님처럼 믿는 신앙교이다. 기독교에서는 하나님을 믿는데 하나님을 믿는 기독교에 반대해서 생겨난 종교이다. 1948년 미국의 오하이오주에서 교주 슬로운Sloune이 창교 했다.

이 교의 본부는 뉴저지에 있는데 교주 슬로운 씨가 25세였을 때 "인간을 구해줄 이는 여호와 하나님이 아니라 사탄이니라, 여호와 하나님은 많은 사람을 죽였지만 나 사탄은 죽인 일이 없다. 이제부터는 하나님을 믿지 말고 사탄을 믿어라."고 계시해 주었다.

교주는 '이제부터 사탄의 시대이다.' 라고 선포하기 시작했다. 사탄교의 신도들은 십자가 대신에 별 모양의 상징을 믿는다.

성경의 역사인 1천 년간은 여호와하나님께 잘 보이기 위해 기도하고 헌금하고 예배를 해왔지만 인류의 구원은 단 한 번도 이루어지지 않았으므로 이제부터는 하나님에게 잘 보이려 하지 말고 사탄에게 잘 보이기 위해 예배하고 헌금하고 기도해야 한다고 외치고 있다.

이 사탄교의 신도들은 불치병에 걸린 바보, 정신병에 걸린 자들, 이상성행위자들이 많다. 신자들이 심각하게 사탄을 믿으니까 병도 낫고 구원을 받는 자가 많이 생겨난다는 것이다. 이 교는 2차 대전 이후 많은 신도들을 모았다. 교파 수는 8개 신도는 1만 명이나 된다.

2차 대전으로 인하여 하나님을 믿는다는 국가들끼리 수 없는
살상을 자행했다. 신자가 쏘는 총에 신자가 쓰러져 죽는 모습
을 쳐다보면서 하나님의 실존을 부인하기에 이르렀던 것이다.
　　그래서 이 사탄교의 교주는 하나님 대신 사탄을 믿어야 악
마에게 잘 보임으로써 죽음에서 해방될 수 있다는 해괴한 교
리를 만들어 보급시켰다. 그러나 70년대 후반부터 점차로 사
양길로 접어들었다고 한다. 이 사탄교는 중세 유럽에도 생겨
났다가 없어진바 있다.

　　『이상에서 본바와 같이 믿는 것은 무엇을 믿건 관계없이 지
극한 정성만 있으면 불치병도 낫는 경우가 있는 것이다. 하나
님이나 마귀를 믿는 것은 하나같이 밖을 향해 찾는 것이요, 깨
달음과는 거리가 먼 것이다.
　　모든 것은 마음의 작용에 의해서 마음이 모든 것을 결정하
는 것이다. 하나님을 믿는 것도 마음이요 마귀를 믿는 것도
마음이다. 불치병을 고친 이들은 마귀를 믿어 복 받은 사람들
이다. 그래서 일체유심조一切唯心造라 한다. 모든 것은 마음의
조화인 것이다. 』

구역질나는 인간들

　　나에게 역겹도록 구역질나는 인간들을 순서대로 손꼽으라
면 얼빠진 중과 정신 나간 학자와 신부 마지막으로 목사이다.
　　내가 여기서 불교의 스님을 중이라고 부르는 이유가 있다.

고기 안 먹고, 담배 피우지 않고, 술 마시지 않는 것은 누구나 다 할 수 있는 것으로 훌륭하다거나 큰 스님이 할 수 없다. 공부가 되어있지 않아 정견正見을 할 줄 모르면 견성見性은 물 건너간 이야기이다.

이 책을 읽고도 무덤덤하게 뒷짐이나 지고 불구경이나 하듯 하는 자가 어찌 정견正見을 하여 견성을 하겠는가! 이렇게 되면 신도들 밥이나 축내는 땡초들인데 어찌 중이라고 부르지 않겠는가?

그러면서 뒷구멍으로 호박씨 까며 자비가 어떻고 떠들며, 이웃돕기라도 하자면 돈 없다고 나자빠지는 놈들이다. 좋은 교리 갖고 좋게 써 먹을 줄 모르는 것이 중들이라면, 나쁜 교리를 교묘하게 써먹는 목사들이 있다. 이것이 문제다. 겉보기엔 좋은 것 같으나 사실은 더욱 악랄한 행위로 지옥행이다. 이 뜻을 잘 알아야 한다. 많은 사람들이 홀리는 수가 있다.

첫째, 얼빠진 중놈이란 누구인가?

법상에 올라가 법문할 때, 부처님 말씀도 제대로 전달하지 못하는 주제에 유식하고 박식한 체 떠들며 이것저것 끌어다 둘러대며 예수그리스도의 사랑이 어쩌고저쩌고 떠드는 놈이 얼빠지고 미친 중놈이다.

기독교에서 천당 가고 불교에서 극락 가는 이야기는 같은 것이며, 궁극의 목적은 같은 것이라고,-- 산의 정상에 오르는 등산로는 달라도 꼭대기에 오르면 똑같다는 미친 소리가 그럴듯하게 들리지만 진리의 길은 등산로와 같이 여러 개가 아니다.

하느님과 부처님은 결국 같은 분이라고 TV에서 떠들어 대는 미친 중놈들! 그것도 큰 스님이라는 이름이 붙어 존경받는 정신병자급 미친놈이다. 이런 놈들은 아예 목사만도 못한 놈들이다. 불교는 고사하고 인류에게 불행한 일이다.

자비慈悲의 뜻도 모르며 자비한척 한다. 정말 자비는 옳은 길로 인도引導하는 것이지, 미소나 짓고 넉살 떨며 인기에 영합하는 것이 아니다. 나보고 무섭고 냉정하단다. 법에는 냉정한 것이다. 길을 가르쳐 주기 위하여 냉정한 것이 진실 된 자비慈悲가 아닌가!

목사나 신부들이 기독교 방송에서 부처님 이야기를 단 한마디라도 하든가? 절대 안한다. 한다면 우상숭배라고 매도하고 사탄이라고 욕을 할망정,

신도는 기독교 천주교에 몽땅 뺏겨 줄어들고, 신도 교육을 제대로 못하여, 절에 10~30년 다녔다는 신도가 교회나 성당에 다닌 지 1년도 안 되는 교인에게 말문이 막혀 오히려 지고 있다.

귀가 어두워 제대로 알아듣지도 못하는 나이 많은 할머니들이나 놓고 불교를 묻는 신도들에게 "이빨에 털이 났느니, 토끼 뿔이니, 똥 묻은 작대기니, 거북이 잔등이에 털이 났느니," 저도 모르는 소리로 떠들고 있으니 불교가 망할 수밖에 더 있겠는가?

신도가 없는데 교통 나쁜 산골에 절이나 크게 짓고 불상이나 크게 만들어 마치 부처님이 불상에 계신다고 착각하게 하

여 한 밑천 잡으려는 한심한 중들이 있는 이상 불교는 망하게 되어 있다.

본인이 경험한 바로는 큰 절 짓고 안주安住하고 있는 큰 스님이라는 이름이 붙은 큰 절의 주지되는 중들치고 포교에 열을 내는 사람을 못 보았다.

그냥 편안히 세월을 낚으며 무슨 큰 도인이나 된 양 자비문중慈悲門中에서 시비를 가리면 안 된다는 넋 빠진 소리를 하고 있다. 그 소리에 신도들은 오히려 그 땡초 같은 중놈을 큰 도인으로 알고 있다. 종교라는 것은 귀신 씨나락 까먹는 소리를 잘하면 멍청한 중생들은 그대로 잘 넘어 간다.

불교의 대자대비大慈大悲는 무엇인가?

대자대비는 진리를 모르는 사람들에게 진리를 올바르게 가르쳐 주는 것이다.

부처님께서 성도成道 후에 왜 곧바로 열반에 드시려했는가? 중생의 근기가 얇아서 그랬는데 하느님들이 간청을 해서 자비심으로 열반에 들지 않고 진리를 가르친 것이다.

자비란 가난한 사람에게 적선이나 하고 봉사활동이나 병자 간호 따위를 하는 것이 아니다. 그런 것은 사회인이 얼마든지 할 수 있는 것이다. 병자는 병원에서, 가난은 돈 많은 사람이, 봉사활동은 건장한 사람이 하면 된다.

수행재[스님]가 무슨 돈이 있나? 돈이 많다면 수상한 것이다. 체력이 좋은가? 병을 잘 고치는 의사인가? 아니지 않는가? 그러면 무엇으로 자비할 것인가? 남에게 무엇을 베풀 것인가?

돈을, 쌀을, 의약품을, 건강을 베풀 것인가? 스님들이 할 수 있는 일은 아무것도 없다. 그러면 무엇을 할 것인가? 딱 한 가지 부처님의 바른 가르침을 바르게 전달하는 것이다. 이것이 자비인 것이다.

부처님이 불상에 계신 것도 아닌데, 불상을 보면서 '우리 부처님은 영험하다'는 미친 헛소리를 한다. 불상이 어떻게 영험할 수 있겠는가? 바로 귀신 붙은 소리이다.

재산이 몇 억~수십억씩 갖고 있으며 하룻밤에 몇 백 만원씩 술은 처마셔도 만원도 안 되는 책 몇 권 사라고하면 오만 인상을 찡그리는 중들이 있는 반면. 부처님이 불상이나 절에 계신 것도 아닌데, 절 짓는다고 하면 척척 돈을 내며 책 권선하라면 인색한 신도들이 있는 한 불교의 발전과 인류평화는 요원하다.

두 번째, 정신 나간 학자들이다.

모든 종교의 궁극적 목적을 동일시하며 꽤나 유식한 체 너그러운 체 떠들며 불경도 제대로 읽어보지 못하고, 기독교 성경도 제대로 읽지 않은 앵무새나 원숭이 같은 학자들이다.

요즈음 유튜브에 홍○학당이라는 곳에서 윤○식이라는 사람이 어디서 주어 들었는지 부활이 어떻고 열반이 어떻다고 말도 안 되는 소리로 멍멍대고 있는 것을 보면 정말 기독교의 얼간이 목사만도 못한 사람이다. 얼칭이 병신칠갑病神漆甲하는 학자들을 보면 정말 구역질이 난다.

또한 국문학자로서 문화부장관을 지낸 사람이 딸의 죽음 앞

에 무릎을 꿇은 이야기이다. 〈지성에서 영성으로〉라는 책의 소개서이다

[시대의 지성 이〇령이 전하는 영성에 대한 참회론적 메시지. 이〇령 전 문화부장관은 2007년 7월 24일 세례를 받기 위해 무릎을 꿇었다.] 이것이 학자들의 변辯이다. 정말 구역질나는 사람이다.

앵무새가 천만번 사람의 말을 따라한다고 말의 뜻을 아는 것이 아니다. 원숭이가 사람 흉내를 낸다고 사람이 되는 것은 아니다. 종교와 신앙문제는 인생의 영혼을 다루는 중대한 일이므로 과학적이고 철학적이고 확실하고 정확하며 윤리 도덕적으로 완벽해야 하는 것이다.

버지니아 공대 총기난사나 브레이빅이 멕베이 짐존스목사 오대양 사건 세월호 같은 대형사고 이외에 자잘한 언론에 발표되지 않은 사건은 매일 일어나고 있다. 그 매일 일어나는 사건을 단순히 개인적인 일로 또는 정신병적으로 단순한 개인 일로 일축하여 사건을 무마하면 절대 안 된다.

절에 들어가 불상을 부수고, 단군상을 부수고 장승을 부수는 그 사람들을 정신병적으로나 일부 몰지각한 광신도로 단정하지만, 그들은 정신병자도 아니고 광신자도 아니다.

그들은 성경의 내용대로 실천한! 이들이야 말로 진정한 여호와의 사도들이며 정말로 믿음이 충실한 사람들이다. 오히려 얌전빼고 사랑이, 나눔이, 이웃이, 봉사가 어쩌고 떠드는 이들이 가짜이며 여호와께 벼락 맞을 사람들이다.

문제를 해결하려면 뿌리를 알아야 하는데, 뿌리는 모르고 가지와 잎 몇 개 떼어내면 되는 줄 안다. 뿌리를 뽑지 않는 한 가지와 잎을 아무리 잘라 낸들 무슨 소용이 있겠는가.

사회악의 근본뿌리요 사회의 병리현상인 바이블(성경)을 마서魔書라고 단정 짓고 버려야하는 이유이다.

셋째가 천주교 신부이다.

존재하지도 않는 하나님을 내세워 2000년간 인류의 정신문화를 황폐화 시켰고, 중세의 암흑시대와 종교전쟁을 일으킨 주역들이다, 근세과학의 부정을 일삼은 이들이 지금까지 존재한다는 것이 참으로 지성과 인류의 수치스러운 일이 아닐 수 없다.

불교 흉내 내며 49재 지내고 염주와 같은 묵주를 목에 걸고 조상제사 지낸다고 불교가 되는 것은 아니다. 앵무새가 노래한다고 노래를 아는 것은 아니다.

넷째가 목사이다.

목사는 그래도 처자식 먹여 살리기 위해 안간힘을 다하는 인간애의 한 단면을 보는 것 같아 한편으로는 측은하기까지 하다.

필자가 "우주인과 예수"라는 책을 1980년에 출판했을 때 몇몇 목사들은 나에게 찾아와 살길을 모색해 달라는 진지한 목사도 있었다. "천지창조의 비밀"이라는 책을 읽은 목사 2명과 장로는 아예 교회를 그만 두었다고 한다. 한 목사는 잘못인 줄 알며 어쩔 수 없이 한단다.

돈 벌어 처자식 먹여 살리기 위해 갖가지 죄를 짓고 온갖 추잡한 일을 마다않고 하는 요즈음의 세태에 존재하지도 않는 하나님을 내세워 약장사 약 팔 듯이 온갖 감언이설과 믿지 않으면 심판받는다는 협박 등으로 약장사 약 팔듯 하는 수완이 실로 천재스러워 감탄을 느낀다.

존재하지도 않는 하나님을 자기 교회에만 하나님이 계시는 양. 울고 불며 다른 교회로 옮기면 이단이라고 지옥에 간다고 난리이다.

▌48 ▌ 여호와가 선택한 민족의 불행.

지구상엔 수많은 인종과 민족이 존재하고 있다. 이 민족들의 흥망성쇠도 다양하다. 그 중에서 특이한 것이 있다면 유독 하나님께 선택 받았다는 이스라엘 민족의 선민選民사상이다. 이스라엘 민족은 유태인이다.

참으로 희한한 일이다. UFO 외계인인 여호와 하나님께 선택 받았다는 민족이 하나님의 진노로 5천년을 나라 없는 민족으로 다른 민족의 노예로 유리방황하며 세계 각국을 전전하다가 2차 대전 땐 독일군에게 하나님께 선택 받은 민족 600만명이 독가스에 독살되었다. 종전 후 겨우 자리 잡은 것이 지금의 팔레스타인 지역으로 전쟁의 화약고가 되고 있다.

지구상에서 가장 비참한 민족으로 뿔뿔이 흩어져 살던 민족이 엉터리 바이블 하나로 자기네 땅이라고 점령하여 사는 것이다. 쉽게 표현한다면 만주 일대가 옛 고구려 땅이었으니 우리가 지금 우리 땅이라고 우기고 들어가 살면 중국에서 가만히 있겠는가?

이스라엘 문제는 바로 그런 식이다. 그러니 전쟁은 끝이 없고 결국엔 하나님의 선민들에 의하여 세계는 종말을 고할 것이다. 이스라엘 민족은 아담의 후손이므로 지구상의 인종과는 조금 다른 면이 있다고 본다. 즉 UFO의 외계 생명의 후손이나 아니면 여호와에 의한 복제인간들의 후손일 수도 있다.

가장 불행한 민족이 이끄는 세계의 종말이 눈앞에 있는데도 일부의 얼빠진 우리 한민족 지도자급들이 민족의 혼을 빼먹고 있다. 기독교를 맹신하는 것은 UFO의 노예가 되는 것이며 민족의 불행이 시작되는 것이다. 이런 사람은 정신적으로 의심해볼 필요가 있다. 불행의 서막이 시작되는 것이다.

하나님이 창조한 아담의 가계

1. 하나님은 흙으로 아담을 창조하고 아담의 갈비뼈로 여자 하와를 만든다는 것은. 여호와는 외계인이므로 외계인에 의한 복제인간일 확률이 높다.

2. 아담과 하와 사이에 가인과 아벨이라는 남자 아이를 낳는다. 형인 가인이 동생인 아벨을 죽인다. 그것도 하나님 여호와 때문에 형이 동생을 죽이는 사건이 발생한다. 이것이 첫 번째 살인사건으로 가장 불행한 가족의 모델이다. 그러면서

이들은 1.000살 가까이 산다.

3. 에녹은 365세에 하나님이 산채로 들어 올려 하늘로 데리고 올라간다. B·C 3039년 전의 일로서 이것이 휴거携擧의 시작이다. UFO에 의한 들어 올림의 시작이다. 이것도 모르고 산채로 천당에 가는 줄 알고 1990년대에 가산 탕지하고 자살하는 등 얼마나 난리를 쳤는가?

4. 아담의 10대 후손인 노아는 182세에 셈과 함과 야벳이라는 삼형제를 낳는다. 노아는 여호와 하나님과 함께 동행同行 같이 다님)하는 완전한 의인義人일라고 자랑한다.

그러는 노아가 술에 취하여 발가벗고 잠을 잔다. 그것을 본 둘째 아들 함이 형제들에게 말한다. 셈과 야벳이 발가벗은 아버지 노아의 흉물스러운 하체를 가려준다. 술 깬 노아는 노발대발하여 둘째 아들 함이 형제들의 종에 종이 되길 원한다. 함은 형인 셈과 동생인 야벳의 노예의 노예가 된다. 참으로 불행한 가족이다.

5. 노아의 10대 손이며 이스라엘의 조상이라고 부르는 아브라함은 마누라가 3명이며 가계가 복잡하다. 하나님의 심판으로 부인을 잃은 롯은 두 딸과 교합하여 모압과 암몬이라는 족속의 조상이 된다. 딸과 교합하는 추잡한 민족이다.

이런 것을 잘 아는 교황들의 추잡한 성행위는 매독에 걸리는 것은 당연지사. 재미교포 목사였던 조씨는 친딸 세 명을 3년이나 상습적으로 성적 노리개로서 성폭행을 일삼았고 결국 큰딸의 자살로 막을 내린 것이다.

6. 아브라함의 아들은 이삭이며, 이삭의 부인은 '리브가' 이다. 둘 사이에 '에서'와 '야곱'이라는 쌍둥이를 낳는다. 에서는 형이고 야곱은 동생인데, 야곱은 간교하고 교활하여 아버지인 이삭이 멍청한 것인지는 몰라도 아버지를 속여 가계의 정통을 이을 장자 '에서'를 대신하여 축복을 받는다. 여호와 하나님은 멍청한 것인지 알면서 모르는 체 하는 것인지 오묘한 섭리가 있는 것인지 간교하고 교활하게 속이는 동생 야곱에게 축복을 준다. 속여도 복을 받는 교활한 가정이다.

거짓말을 잘해도 축복을 받는다는 이치를 잘 아는 기독교인, 아부의 근성으로 서울을 하나님께 봉헌한단다, 간교한 꾀로서 속이 훤히 들여다보이는 자기들 편리한대로 원칙을 깨고 정당정치를 파괴하고 결국엔 민주정치를 파괴할 천주교기독교 정치인들은 이 대목을 잘 알고 있기 때문에 양심을 뒤로하고 교활한 음모를 꾸미게 된다.

7. 간교한 야곱은 마누라가 4명이고, 야곱의 큰아들 루우벤은 야곱의 셋째 부인인 빌하와 간통을 한다. 참으로 셋째 어머니와 통정하는 지저분한 가계이다.

8. 바다 가르기로 유명한 모세의 아버지는 아므람이며, 아므람은 고모 '요베겟'과 통정하여 모세를 낳는다. 불륜으로 맺어서 낳은 모세는 강가에 버려지고 그를 구해준 사람이 애굽의 왕녀이다. 은혜를 모르는 불륜의 가족이다.

9. 유다는 엘과 오난과 셀라라는 3형제를 낳는다. 엘의 부인이며 유다의 며느리는 '다말'이다. 하나님은 이유 없이 엘을

죽인다. 형수를 동생이 데리고 살아야 하는 풍습으로 동생인 오난이 형수인 다말을 데리고 살아야 한다. 이것이 싫은 오난은 형수인 다말과의 동침을 거부하고 혼자서 자위행위自慰行爲를 해서 땅에 설정泄精을 한다.

그래서 자위행위의 언어학적 유래는 여기서 시작되어 영어로 자위행위를 오나니즘Onanism이라 한다. 오난도 여호와 하나님이 형수인 다말을 데리고 살지 않는다는 이유로 죽인다. 막내인 셀라는 너무 어려 살 수가 없다. 결국 다말은 시아버지인 유다와 동침하여 베레스와 세라라는 쌍둥이를 낳는다. 시아버지와 며느리가 붙어먹는 요상한 가족이다.

10. 골리앗과 다윗으로 유명한 다윗은 왕으로서 자신의 충성스러운 병사인 '우리아'의 아내 '바세비아'의 목욕하는 모습을 보고 그 미모에 반하여 '우리아'를 전방으로 보내어 죽인다.

다윗은 많은 후궁을 두었으며 자식도 많다. 바세비아를 빼앗아 그 사이에서 태어난 아들이 지혜로 유명한 솔로몬이다. 솔로몬은 첩의 자식이요 간음자의 자식으로. 솔로몬 역시 부전자전이라 그런지 후궁 1000명이 넘는다.

그런데 묘한 것은 그런 불륜을 저지르는 호색가에게 여호와 하나님은 벌을 주기는커녕 은총을 준다. 그래서 그런지 목사나 신부 목회자들은 이런 내용을 잘 알기 때문에 불륜에 접하기 쉬운 것이다. 하여튼 성경에서는 나쁜 짓을 해도 여호와의 눈에 들기만 하면 복을 받는다. 바람둥이 가족의 모델이다.

11. 가장 희한한 일이 애비 없는 자식의 출현이다. 물론 성

령으로 잉태했다는 요상한 말을 믿을 사람들! 광신자는 말할 것도 없고 의외로 지식층에 있다는데 문제가 있다.

옛날에 남편이 멀리 중국으로 사신으로 갔을 때 남편이 없는 사이 정경부인이 바람피워 자식을 낳으면 남편 혼魂이 와서 합방合房했다고 둘러댄다. 그렇게 낳은 자식을 귀태鬼胎라 한다.

바람피운 사실을 아는 것은 부인과 당사자만이 아는 일이며. 남편이 멀리 떨어져 있는데 애를 낳았다는 것은 참으로 신기한 일이 아닌가? 그래서 귀태鬼胎라 한다. 귀태나 성령으로 잉태했다는 성태聖胎나 무엇이 다를까? 성령聖靈 귀신과 합방하는 요상한 가족의 모델이다.

☀ 여호와의 출현이 유대인에게 불행이고 예수의 출현과 마호멧 [무함맴의 출현은 전 인류의 불행이었고, 지금도 불행은 진행 중이다.

49 사형(지옥)틀 철거운동

십자가(✝)는 사형 틀의 본보기며 인간을 고문하는 형틀이며 무덤의 표시이다. ✝자가는 비극과 불행을 초래하는 부호이며 교회의 표시로서 지구상에 존재하는 부호 중에 가장 나쁜 부호중의 부호이다. [필자의 저서 만심卍心 참죄

외계인의 목격 기록서이며, 하나님의 말씀이라는 성경에서

조차 ✝자가는 저주받은 표상이며 물건임을 증명하고 있다. 성경의 내용을 읽어보자.

✲ 신명기 21장 22~23절
사람이 만일 죽을죄를 범함으로 네가 그를 죽여 나무 위에(✝)달거든 그 시체를 나무 위에 밤새도록 두지 말고 당일에 장사하여 네 하나님 여호와께서 네게 기업으로 주시는 땅을 더럽히지 말라. 나무에(✝)달린 자는 하나님께 저주받았음이니라.

✲ 갈라디아서 3장 13절
그리스도께서 우리를 위하여 저주를 받은바 되사 율법의 저주에서 우리를 속량하였으니 기록된바 나무에 달린 자마다 저주아래 있는 자라 하였음이라.

『나무에 달린 자마다 저주아래에 있다는 것이다. 하나님의 저주란 바로 지옥이다. 여기서 나무는 ✝자가를 말하는 것으로 ✝자가 아래에 있는 자는 하나님께 저주받아 있다는 것이다. ✝자가는 고문하는 형틀이며 사형 틀로서 무덤의 표시이다.
예수뿐만이 아니라 예수의 열두 제자도 ✝자가에 거꾸로 매달려 죽었다.
여호와하나님 말씀이라는 성경대로 해석을 한다면 예수는 물론 제자들까지 나무에 달렸으므로 하나님께 죽어서 저주받은 것이다. 물론 하나님이라는 것이 UFO의 외계인이므로 신이라는 개념의 하나님도 아니지만 이 글 내용대로라면 이들은 저주받았으므로 예수와 제자들은 지옥에 있는 것이 틀림없다.

예수는 죽을 때 〈엘리 엘리 라마사박다니〉 하나님 하나님 어찌하여 나를 버리시나이까〉 버림받은 것을 예수 자신이 시인한 대목이다. 지옥이다. 십자가의 보혈이라고 떠들어 대는 것은 말도 안 된다.

이 글의 내용이 아니더라도 예수의 행적을 보면 우선 태어날 때부터 죽을 때까지 살생殺生의 원인이 되었다. 불교적 입장에서 보면, 죄 중에 가장 큰 죄가 살생죄이다. 살생죄는 크게 깨달아 공空도리를 체득하기 전엔 반드시 지옥에 가게 되어 있다. 그러므로 기독교 교리로 보나 불교 교리로 보나 예수와 제자들은 지옥에 가는 것이 틀림없다.

교회마다 지붕위에 ✝자가가 있으니 그 밑에서 예배 보는 교인들은 모두 저주 받는 것이나 다름없다. 그러므로 아무리 기도하고 울고불고 찬양한들 거기에 무엇이 있겠는가? 하기야 부시맨이 콜라병을 하나님 선물이라고 기도하는 것과 똑같은 현상으로 무엇이 다르겠는가?

서울의 밤하늘은 어떠한가. 온통 붉게 물든 무덤의 표시인 ✝자가뿐이다. 세계의 어느 나라를 보아도 이런 흉물스러운 곳은 없다. 하루빨리 철거운동을 해야 한다.

✝자가는 대형 사고를 일으킬 수 있는 요인이 된다. ✝자가를 붙이고 다니는 차량은 교통사고의 위험이 높고, ✝자가를 몸에 지니고 다니면 사고의 위험이 높고 불치의 병에 걸릴 확

률이 높다.

버마의 아웅산 묘지에서 우리나라 장차관급 고위각료들 17
명이 시체가 갈기갈기 찢긴 채 죽었다. 이들은 십자가를 몸에
지니고 다니는 골수 기독교 장로 집사들이다. 살아난 단 한명
은 이기백 장군으로 불교인이다.

그밖에 오대양 사건. 삼풍백화점 붕괴, 세월호 등의 대형사
고와 교통사고 파병에서 죽은 장병 등 주위를 잘 살펴보아라.

"예수천국 불신지옥"이라는 푯말, 예수 믿으면 천당 가고 예
수 믿지 않으면 지옥 간다. 또는 예수는 천당 불교 믿으면 지
옥이라는 뜻으로 해석 될 수 있는 푯말을 차량에 달고 다니며
혐오감을 주는 이들! 이제는 그 푯말을 바꿔야 될 것이다. "예
수지옥 불신천당"이라고. 믿어서 오장육부가 부글부글 들끓는
마음보다는 믿지 않는 평안이 오히려 천당이나 극락이 아니고
무엇이겠는가?

무덤에서 예수가 재림하길 기다리며 영혼이 무덤에 갇혀 있
으니, 예수가 재림하지 않는 한 지옥과 같은 무덤에서 영혼이
영원히 기다려야 할 것이다. 혐오감과 공해를 유발하는 무덤
도 하루속히 없애야 될 것이다.

산에 가면 커다란 바위에 붉게 물 드린 십자가, 공터나 담장
에도 기암괴석에 새겨진 석불石佛위에 십자가를, 그것도 모자
라 하다못해 천 원짜리와 만 원짜리 지폐에 예수를 믿으라고
십자가를 그려 놓는 광신적狂信的 작태는 오로지 한국 기독교
인뿐이 없다.

김영삼씨가 대통령이 되고나서 우리나라 정서는 온통 기독교 정서였다. 광신자는 더욱 늘고 온갖 사고가 하루가 멀다고 난무亂舞하게 일어났던 문민독재의 암울함은 그의 임기가 빨리 끝나길 기다리는 수밖에 없었다.

　서울을 봉헌한다는 사람이 대통령이 되었을 때도 나라를 봉헌한다는 수식어가 자주 나오지 않을까 걱정이 되었다, 그때마다 오장이 뒤집히는 아픔을 겪어야 하는 민족 전통종교를 믿는 신도들의 한숨 소리가 들리는 듯하다.

　전국의 지붕은 더욱 빨개질 것이며 광신적 작태는 극에 이르러 제 2 제 3의 브레이빅과 같은 사람이 많이 나올 수도 있다는 것을 명심해야 할 것이다.

기독 청년들의 마음을 담아 '수도 서울'을 하나님께 봉헌합니다.
　　　　　　　　　　　　　　　　　- 서울 시장 이명박 장로

50　인류에게 고하는 글

　한민족에게는 세계에서 가장 위대한 사상을 갖고 있다. 바로 인간을 널리 이롭게 하는 홍익인간弘益人間사상과 이치로서 세상을 다스린다는 이화세계理化世界이다.

대 자연의 순응이 참다운 하늘의 이치이며 공생공영共生共榮하는 것이 홍익인간의 실천덕목이 되는 것이다. 세계가 이미 하나이며 민족의 개념도 단일 민족이 아니라 다민족이다. 다민족 다문화가 공생하는 방법은 모두 홍익인간의 이념으로 공생의 길로 가는 것이다.

이제 우리가 버려야하고 취해야 할 것을 이 책을 통하여 알았을 것이다. 역사는 지워지지 않고 돌이킬 수 없는 우리를 비추는 밝은 거울이다. 그 밝은 거울을 보면서 얼굴에 똥이 묻고 옷에서 냄새가 나는 줄 모른다면 얼마나 어리석은 민족이겠는가?

서양에서 발생한 기독교가 왜 그들에 의해서 버려지고 있는지 아는가? 인간이 사악해서 그런 것도 아니고 믿음이 약해서 그런 것도 아니고 신앙심이 없어서 그런 것도 아니다.

인간은 교육에 의하여 발전하며 발전하면 사악해 지는 것이 아니라 오히려 생각이 올바르고 건전해져서 기독교 같은 극단적인 미신의 길을 선택하지 않는다.

그들이 그들의 오랜 전통을 버릴 수 있는 것은 인지認知가 발달함에 따라 사색할 수 있는 마음의 여유가 있고 생각이 올바르게 전개되기 때문에, 곧바로 교리의 모순과 괴리를 그들은 그들 스스로 역사와 문화 속에서 파악하고 있으며 르네상스 때부터 이미 기독교는 버려지고 있는 것이다.

그것도 모르고 사대주의 흠모欽慕자들은 꿀꿀이죽으로 배를 채워야 했을 때, 미국사람이 씹다버린 껌을 주워 며칠을 되씹으며 때 묻은 벽에 붙여 놓았다가 다음날 또 씹던 그 시절! 참으로 앞일의 예측이 불가능한 그 어렵고 힘들었던 시절! 미국사람은 그대로 구세주나 다름이 없었다.

그들이 무엇을 믿는지 그들의 풍습을 여과濾過없이 받아들이기에 혈안이 되었다. 이제는 그들도 버리니 우리도 버려야 되지 않을까? 사대주의 똥개들이여!

우리민족은 천주교 기독교도들에 의하여 전통문화가 유린되고 사상의 혼돈에 허덕이고 있을 때 미풍양속이 깨졌다. 독재자 이승만을 비롯하여, I M F로 나라를 망치고 각종 사고가 하루도 쉴 틈 없이 일어났던 무능한 문민정부 시절. 이들은 골수 기독교 장로서 민족의 얼이 빠졌던 시기였음을 알아야한다.

우리의 주인은 바로 우리들 자신이라는 것을 깨달아야 한다. 우리는 존재하지도 않는 여호와하나님이라는 허깨비의 종이 되어서는 절대로 안 된다.

경제의 발전은 어느 한사람이 일구어내는 것이 아니다. 나라를 사랑하는 마음이 개인을 사랑하는 마음보다 앞서면 경제는 발전하고 살기 좋은 강산이 되는 것이다.

대부분의 학자들도 종교가 무엇인지 모르며 양키 똥이라면 구린지도 모르고 끙끙대기 일쑤다. 사상의 저해 과학의 저해 학문의 저해가 일어나서는 안 된다.

창조론을 내세워 과학의 진보를 막는 근세에 암흑시대가 되지 않기를 바란다. 하나님이 창조했다는 엉터리 천동설은 물

거품이 되었고, 하나님이 반대했던 지동설은 반대에도 불구하고 지구는 여전히 돌고 있다.

국가 지도자의 종교 편향은 민족의 분열을 재촉하는 것이다. 베트남의 과거 이름은 월남으로 왜 망했는가? 바로 대통령의 종교 편향 때문이다. 민족이 망하는 것이 아니라 정권이 망하는 것이다. 그 민족이야 어디로 가겠는가?

우리는 우리스스로 주인이며 우리스스로 우리의 주인을 선택하고 우리의 대표자를 선택해야 할 때이다. 지혜로운 사람은 과거를 거울삼아 앞을 내다본다. 종교는 전통문화이며 민족의 주체사상이며 민족의 생활양식이다.

허공이 하나이고 마음이 하나이고 가족이 하나이고 국가가 하나이고 인류의 생명이 하나이다. 내세가 아니라 지금 앉아 있는 이 자리를 곧바로 평화와 극락 천당으로 만드는 일이 시급한 것이다.

한국이 세계의 중심적 역할은 물론 정신적 구심점이 될 수 있는 좋은 나라이다. 여기서 곧바로 할일은 악서이며 마서인 기독교 바이블[성경]의 퇴치운동이다. 각 초·중·고등학교 도서관에서 권장독서로 선정되어 있는 바이블[성경]을 빼야 할 것이며 이를 시행하도록 교육위원회와 문교부장관을 고발하여 법적인 조치가 있어야 하며 국회에서는 입법 발의하도록 국민운동을 전개해야 한다.

이 책을 끝까지 읽고도 아무런 느낌이 없다면 이미 고목이요. 느꼈는데도 아무런 실천이 없다면 방관자이며 시대의 죄인이다.

어린이 청소년의 학교교육을 망치는 교회교육이,- 문제의 지적저능아를 만들어 과학과 윤리를 부정하는 맹신의 굴레에서 빠져나오지 못하게 하고 있다. 교회교육이 학교교육과 인성교육을 망치고 있다. 너무 깊숙이 들어왔다.

명랑한 사회 밝은 사회는 어디서 오는가? 정의로움을 실천하는 것이다. 이 책이 여러분들의 견해를 바르게 하여 영혼을 일깨워 줄 것을 믿어 의심치 않는 바이다.

51 예수 따라 지옥 가는 교인들!

예수를 믿는 교인들은 어디로 가겠는가? 예수가 지옥에서 축생으로 있는데, 교인들이야 지옥 아니면 축생으로 가는 것이 자명한 일이 아닐까?

남의 땅, 남의 집, 남의 절(법당)에 들어와 자기들 땅이라고 우기는 이들의 심성心性이 지옥이나 축생이 아니면 무엇이겠는가. 서울 봉은사 땅 밟기, 대구 동화사 땅 밟기, 부산 범어사 망하라고 통곡 기도하는 이들의 마음이 지옥이 아니고 무엇이겠는가! 남을 망하게 하려면 자기 마음부터 삐뚤어져야 하기 때문에 그 삐뚤어진 마음으로 어찌 천당에 가겠는가?

앞에서 보았지만 하나님이라는 여호와는 괴물이 아니면 UFO이기 때문에 믿어서 착하게 살거나 악하게 살거나 어리석기는 매한가지이므로 지옥이나 축생으로 태어나는 것이 확실한 것이다.

본래 천성적으로 착한 사람이 교회를 믿으면, 교회 믿어서 착하게 사는 것으로 사람들이 착각할 수 있으므로 교회를 좋게 보게 되므로 간접적 선교의 역할을 해서, 본래 선천적으로 착했던 사람도 어리석음 때문에 지옥이나 축생계에 태어나게 되는 것이다.

오히려 예수 믿으며 악하게 사는 것이 남에게 혐오스럽게 보이므로 예수를 믿지 않게 하는 간접적 효과가 있어, 교회 다니며 착하게 사는 사람보다는 악한 사람이 죄가 작다고 볼 수 있다.

그 좋은 예가 봉은사와 동화사 땅 밟기, 인도 붓다가야에서 기타 치며 찬송가를 부른 사람들로 인하여 기독교인이 100만 명 이상 떨어 졌다는 것이 이를 증명한다. 어쨌거나 이들은 잘 믿던 잘못 믿던 좋은 곳에 가기는 틀렸다.

깨닫지 못한 사람들의 이기적 이익집단의 봉사활동은 죄가 더 클 수 있다. 봉사는 잘못하면 허가받은 도적이거나 모리배 謀利輩가 될 수 있기 때문이다.

인천 모자 살인사건, 치밀한 계획범죄

연합뉴스 | 입력 2013. 09. 27 12:40

인천 모자 실종 사건. 두 사람의 시신이 모두 발견됐고, 둘째 아들 정모씨(29)가 살인 혐의를 인정하면서 인천 모자 살해 사건이 됐다. 평소 조용한 성격이었던 이 둘째 아들은 어머니와 형을 상대로 한 범행에서는 완전히 다른 얼굴이 됐다. 이들 어머니도 교회에 다니고 둘째 정씨도 교회에 믿음이 충실했다.

교인이 지옥에 가는 11가지 이유
1. 우주순환의 원리와 자연 질서의 파괴
2. 창조설의 대두로 자연과학의 부정
3. 인류도덕의 파괴, 비과학적 비논리적 반인륜적
4. 똥 묻은 개가 남의 집 마당에 똥칠하고 다니듯, 무차별 선교활동.
5. 영계질서의 파괴는 무수히 많은 영혼의 세계를 무시한 유일신의 강조.
6. 조상신을 우상숭배로 여겨 경노효친사상 단절.
7. 미풍양속과 전통문화의 파괴.
8. 타종교의 무차별 공격과 서로 이단시.
9. 가장 큰 미신으로 진짜 우상숭배자들임.
10. 존재하지 않는 창조신을 우상함.
11. 종과 노예근성인 사대주의가 강함.

52 세계 지성이 본 기독교

☀ 루키우스 안나아우스 세네카(기원전4 ~ 65)
종교란 평민들에게는 진실로 여겨지고, 현자들에게는 거짓으로 여겨지며, 통치자들에게는 유용한 것으로 여겨진다.
☀ 벤자민 플랭크린(1706 ~ 1790)
차라리 등대가 교회보다 훨씬 유익하다.

☀ 존 아담스(1797 ~ 1801)미, 제1대부통령 제2대 대통령

종교(기독교)없는 세상이 최상의 세상이다.

☀ 로버트 잉그롤(Robert G. Ingerroll))

기독교는 노예의 종교이기 때문에 개선의 여지가 없다.

☀ 루크레티우스(Lucretius)

종교[기독교]란 두려움에서 뻗쳐 나온 질병이다.

☀ 로버트 퍼시그

누군가 망상에 시달리면 정신 이상이라고 한다.

다수가 망상에 시달리면 종교라고 한다.

☀ 아인슈타인(1879 ~1955)

"내게 신(god)이라는 단어는 인간의 약점을 드러내는 표현 또는 산물에 불과하다" "기독경은 명예롭지만 상당히 유치하고 원시적인 전설들의 집대성이다."

"아무리 치밀한 해석을 덧붙이더라도 이 점은 변하지 않는다" "유대인의 종교는 다른 모든 종교들과 마찬가지로 유치하기 짝이 없는 미신을 구체화한 것이다."

"내가 경험한 바에 따르면 유대 민족이라고 해서 다른 인간 집단보다 우월한 점은 단 하나도 없었다."

☀ 어니스트 헤밍웨이

모든 생각할 줄 아는 사람은 무신론자이다.'

☀ 리처드 도킨스(1941년생)옥스퍼드대 교수

'신앙이란 **증거**가 없어도(심지어는 반대의 증거가 있음에도 불구하고) 맹목적으로 믿는 것을 말한다.'

☀ 버트런드 러셀(1872 1970)영국수학자 논리 철학자

'저명한 인물들 중 대다수는 기독교를 불신하지만, 대중에게 그 사실을 숨긴다. 혹시 수입원을 잃지 않을까 두려워하기 때문이다.'

"우리가 기독교를 지키지 않으면 모두 다 악한 사람이 된다고 하지만 제가 보기에는 기독교를 지켜온 사람들이 대개 매우 악했다.

저는 많은 교회로 조직된 기독교도의 종교가 세계의 도덕적 진보의 으뜸가는 적이었고, 지금도 그러하다는 것을 신중히 말하고자 한다." "나는 그의 창조물인 인간을 상벌한다는 신을 상상할 수가 없다."

☀ 찰스 다윈(1809~ 1882)

"기독교의 근본 교리는 수많은 윤리적 오류를 범하기 때문에 이를 받아들일 수가 없다."

☀ 토마스 에디슨(1847~1931)

'내 평생 인격신의 존재나 죽음 이후의 삶, 천국이나 지옥 등의 종교적 발상들에 대한 눈꼽만한 증거들도 본 적이 없다.'

☀ 마크 트웨인(1835~1910)

'나에게 있어서 기독경이 마땅치 않은 것은, 그것의 이해되지 않는 부분들 때문이 아니라, 내가 분명히 이해하고 있는 부분들 때문이다.'

☀ 토마스 제퍼슨(1743~1826)미 제 3대 대통령

'이해 불가능한 명제에 맞설 수 있는 유일한 무기는 **조롱**이

다. 이성이 작용할 수 있으려면 먼저 개념이 명확해야 한다. 교인들 누구도 명확한 삼위일체 개념을 가지고 있지 않다. 그것은 자칭 예수의 사제라는 협잡꾼들의 헛소리에 불과하다.'

기독교는 인류가 갈고 닦은 것 중에서 가장 타락한 시스템이다. 우리 기관에 신학교수직을 두어선 안 된다.

☀ 빅토르 위고(1802 ~ 1885)

모든 마을에 횃불이 있다. 바로 교사들이다. 그리고 그 횃불을 끄는 사람이 있다. 바로 성직자들이다.

☀ 칼 세이건(1934 ~ 1996)

'신이라는 말이 우주를 지배하는 물리적인 법칙을 말한다면 신은 존재한다. 그러나 신은 우리에게 정서적 만족을 주지 않는다. 중력의 법칙을 위해 기도한다는 것이 말이 되는가.'

☀ 스티븐 호킹(1942 ~)

'우주에 시작이 존재하는 한, 우리는 창조주가 있었다고 가정할 수 있다. 그러나 우주가 모든 것을 완전히 품고 있으며, 우주에 경계선도 가장자리도 없다면 시작도 끝도 없을 것이다. 우주가 그냥 존재하는 것이다. 그렇다면 여기서 창조주의 자리가 어디일까?'

"지식의 가장 큰 적은 무지가 아니라 지식에 대한 환상(illusion)이다."

☀ 아놀드 토인비(1889 ~ 1975)

"나는 신의 본질에 대해서 유대신神을 믿지 않을뿐더러 그다지 존경하지도 않고 있습니다."

"신의 전능함을 그럴듯하게 꾸미기 위해 악마도 신이 만든 것이라고 보고 있어, 그러면서도 신은 자기가 만든 악마의 행위에는 책임이 없다는 거야"

"동물은 신이 인간으로 하여금 이용케 하기 위해서 만든 것이라고 하는 이 교의를, 나는 좋아하지 않습니다. 나는 이것을 진실이라고 생각하지 않습니다."

☀ G.G. 어반

"우주와 그 배후에 더 높은 존재가 있다고 믿습니다. 그러나 내가 생각하고 있는 것은, 유대인들의 종교(유대교, 기독교)가 아니라 높은 존재에 대한 동부 아시아(동양 철학)나 인도적인 견해입니다."

☀ 슈바이처

"예수는 머지않아 초자연적인 하나님 나라가 곧 출현하리라고 전했지만, 이 나라는 실현되지 않았기 때문에 역사적 사실로서의 예수는 오류를 범했다고 할 수 있다."

"그리스 스토아 철학과 노자의 도덕경 사상을 본질적으로 같은 것으로 보고, 이들을 진리라고 생각한다. 오늘날 종교단체(기독교)는 개인이 자신의 사색을 통해 신념을 얻도록 하는 것이 아니라,

단체들이 미리 준비해둔 신념을 자기 것으로 만들도록 하고 있다.

기독교의 진리는 역사적 진리를 긍정하기는커녕, 역사의 진리와 어긋날 때마다 여러 가지 모양으로, 의식적 또는 무의식

적으로 회피하거나 은폐하면서 그것을 얼버무리고 있다. 현대 기독교는 그 정신적 또는 윤리적 본질상 일할 능력을 상실하고 말았다."

☀ 볼테르(1694 ～ 1778)

"양식 있는 사람이라면 기독교를 공포의 눈으로 바라볼 것이다."

☀ 윌 듀란트

"기독교는 틀림없이 신성하다. 악행과 난센스로 가득 차 있음에도 불구하고 1,700년 동안이나 지속되었기 때문이다."

☀ 톨스토이(1828 ～ 1910)

"기독교인들은 야만적인 최면술과 기만 속에 있으면서, 자기들이야말로 진실한 종교의 파악자라고 자만하고 있는 사람들이다."

"교회의 기만적인 최면술에 사로잡힌 결과, 자기들에게 주입된 사이비종교를 진실하고 유일한 종교로 생각하고, 그밖에는 어떤 종교도 없으며 또 있을 수도 없다고 생각하는 무지몽매한 대다수의 민중"

"대다수를 점하는 일반 대중은 자기들에게 작용하는 이 최면술적 암시와 싸울 힘도, 가능성도 가지고 있지 않기 때문에 자기들이 현재 생활하고 있듯이 인간의 지고지순한 행복 인생의 진지한 종교적 각성을 결여한 채 헛되게 살다 헛되게 죽는다."

☀ 장 자크 루소(1712 ～ 1778)

"구원받기 위해서 신을 믿어야 한다. 이 그릇된 교리는 잔인한 불관용의 원리이다." "만약 지상에 단 하나의 종교가 있어서, 그것을 믿지 않는 자에게는 영원한 고통만 있다면, 그런 종교의 신은 가장 부정不正한, 또 가장 잔인한 폭군일 것이네."

"나는 스위스에서 아들에게 종교(기독교)를 가르치지 않는 어머니를 보았다. 그 까닭은 이 조잡한 가르침에 만족해 버리고 이성에 깃들 나이에 이르렀을 때 보다 나은 가르침을 경멸하게 될까봐 두려웠기 때문이다."

☀ 나폴레옹(1769 ~ 1821)

지식과 역사는 종교의 적이다. 종교는 평민들을 입 다물게 하는데 아주 좋다.

☀ 존 스튜어트 밀(1806 ~ 1873)

"지옥을 만들어 내는 존재를 생각해 보라. 인류의 대다수가 끔찍스러운 영겁의 형벌을 받도록 되어 있다는 것을 미리 분명히 알면서, 따라서 그렇게 할 의도를 가지고서 인류를 창조한 존재를 생각해 보라 ‥‥

도덕적 선악을 조금이라도 느낄 줄 아는 사람이라면 누구나 이런 생각을 내 아버지만큼 분하게 여기면서 바라보게 될 시대가 가까워 오고 있다고 나는 믿는다."

☀ 토마스 에디슨(1847~1931)

'내 평생 인격신의 존재나 죽음 이후의 삶, 천국이나 지옥 등의 종교(기독교)적 발상들에 대한 눈곱만한 증거들도 본 적이 없다.'

☀ 숀 오케이시(1880 ~ 1964) 아일랜드 극작가

정치는 수많은 사람의 목숨을 빼앗아 갔지만, 종교(기독교)는 그보다 10배는 더 많은 목숨을 앗아갔다.

☀ 프리드리히 니체(1844 ~1900)

기독교는 피정복자와 피압박자의 본능이 전면에 나타난다. 기독교에서 구원을 얻으려는 무리들은 최하층의 저급계층의 사람들이다.

기독교에서는 야훼신이라 불리는 권력자에 대한 감동이 늘 생생하게 살아난다.

기독교는 야만적인 개념과 가치로 중무장하고 필요하다면 주위의 민족을 야만인이라 단정하고 정복하는 것을 야훼신의 계시라고 선동한다.

첫 자식을 재물로 바치는 것, 성찬식에서 피를 마시는 것, 이성과 지혜에 대한 경멸, 육체적, 비육체적인 것을 막론하고 온갖 종류의 고문 등등 이러한 것들이 기독교적인 것이다.

아직 유럽은 불교를 받아들일 만큼 성숙하지 못했다. 불교는 문명의 종말과 피곤함 때문에 생긴 종교이지만, 기독교는 문명의 맹아도 아직 보지 못했다. 기독교는 필요하다면 인류를 파멸시킬 것이다.

"근본적으로 기독교인은 한 사람 밖에 없었다. 그리고 그는 십자가에 못 박혀 죽었다. 그리고 복음도 십자가 위에서 죽었다.

그 순간 이래로 복음福音이라고 불러지고 있는 것은 벌써

그가 몸소 생활한 바의 것과는 정반대였다. 그것이야말로 나쁜 소식, 즉 화음禍音,Dysangelium)이었다."

☀ 쇼펜하우어(1788 ~1860)

"아! 이렇게 내 마음에 붙어 있던 유대인의 미신을 깨끗이 씻어 줄 수 있는가?" (인도의 「우파니샤드」를 읽고 나서)

☀ 라다 크리슈나

"오늘날의 기독교도들은 약翳해진 것은 사실이나, 그것은 기독교의 덕분이 아니다. 이는 여러 세대를 겪어온 자유사상가들의 덕택이며, 이들은 르네상스로부터 오늘날까지 기독교도들로 하여금 수많은 그들의 전통적 신념에 부끄러움을 느끼게 해 주었던 것이다.

오늘날에는 아무도 이 세계가 기원전 4004년에 창조되었다고 믿는 사람은 없다. 그러나 얼마 전까지만 해도 이를 의심한다는 것은 엄청난 죄악으로 간주되었다."

☀ 오쇼 라즈니쉬(1931 ~1990)

"이제 기독교 신학자들조차도, 기독교 복음서가 사도들이 아닌 다른 사람들에 의해 쓰여 졌다, 는 결론에 도달했다. 복음서의 모든 내용이 예수를 알지 못하고 예수와 함께 살아보지도 못한 사람들에 의해 쓰여 진 것이다."

☀ 안드레 기드(Andre Gide)

"진리를 추구하는 사람들을 신뢰하라. 그러나 진리를 찾았다고 하는 사람들을 의심하라."

☀ 루드뷔 본(Ludwig Borne)

"환상을 깨는 것이 진리를 찾는 것보다 우리를 더 현명하게 만든다."

※ 세네카(Seneca)

"진리라는 주장은 증오의 어머니이다."

※ 구다무(N.Gudamus)

신을 믿는 자는 절대 신의 모습을 보지 못한다. 자신을 보는 자, 본질에 입각한자는 그 자체가 신이 된다. 자기 자신이 신神임을 보지 못하는 자는 결단코 신을 알 수 없다.

※ 크리스토퍼 히친스(1949년생) 미국영국계 언론인

"증거 없이 갖는 확신은 증거 없이 무시될 수 있다."

※ 에머슨(Ralph Walso Emerson)

"어리석은 일관성은 어리석은 정치가, 어리석은 철학자, 어리석은 신학자들이 숭배하는 편협한 마음의 도깨비이다."

※ 아브라함 링컨

"내가 좋은 일을 할 때 기분이 좋고 내가 나쁜 일을 할 때 기분이 나쁘다. 이게 나의 종교다."

※ 루시퍼(Lucyfer)

"말도 안 되는 주장을 하는 사람이 입증의 짐을 진 사람이다."

※ 닐영(Neil Young)

"어떤 사람들은 100% 똥을 취해 황금으로 바꾸어 놓았다."

※ 후베카(Fubeca)

"그릇된 정보에 기초한 종교체험(간증)은 그릇됨의 증거다.

** 누가복음 19장 27절

그리고 나(예수)의 왕 됨을 원치 아니하던 저 원수들을 이리로 끌어다가 내 앞에서 쳐 죽이라. [정적政敵은 다 죽여라]

** 마태 10장34~36절

내가 세상에 평화를 주러 온 줄로 생각하지 마라. 평화가 아니라 칼(검)을 주러 왔다. 내가 온 것은 아들과 아비가 다투게 하려는 것이니 딸이 어미와, 며느리와 시어미가 서로 불화하게 하려 함이라

** 누가복음 14장 26~27절

무릇 내(예수) 친구가 되려는 자는 자기 부모와 처자와 형제와 자매와 및 자기 목숨까지 미워하고 나의 사지가 되어야 한다. 그렇지 않으면 능히 내 친구가 되지 못하고 내가 하는 고생길도 같이하지 않는 자는 내 원수다.

** 마태복음 10장 14절 마가복음 6장11절에 모두 나옴

누구든지 내 친구들을 후히 대접하지 않거든 떠날 때에 발에서 먼지를 떨면서 저주해버려라. [에이 더럽다!] 그 저주가 너희의 증거가 된다.

** 마가복음 11장 13~ 14절

멀리서 잎사귀 있는 한 무화과나무를 보고 혹 그 나무에 먹

을 것이 있나 하고 갔더니 가서 보니 잎사귀 외에 열매 하나 도 없더라, 열매 맺을 철도 아니라.

예수가 나무에게 이르되 '나쁜 나무야 이제부터 영원토록 사람이 네게서 열매를 따먹지 못하리니 너는 병신 나무가 되리라' 하니 제자들이 이를 이상하게 듣더라. [예수의 저주]

✻✻ 열왕기하 2장 23~25절

엘리사가 그 곳을 떠나 베델로 올라갔다. 그가 베델로 올라가는 길에, 어린 아이들이 성읍에서 나와 그를 보고 "대머리야, 대머리야" 하고 놀려 댔다. 엘리사는 돌아서서 그들을 보고, 야훼의 이름으로 저주하였다. 그러자 곧 두 마리의 곰이 숲에서 나와서, 42명이나 되는 아이들을 갈기갈기 찢어 죽였다. 엘리사는 그 곳을 떠나 갈멜 산으로 갔다가, 거기에서 다시 사마리아로 돌아갔다. [무시무시한 저주]

✻✻ 신명기 14장 21절

너희는 너희 야훼하나님의 성민이라. 무릇 스스로 죽은 것은 먹지 말 것이니, 그것을 성중에 우거하는 객에게는 주어 먹게 하거나, 이방인에게 팔아도 좋으니라. [인종차별]

✻✻ 레위기 27장 28~29절

오직 여호와께 아주 바친 그 물건은 사람이든지 생축이든지 기업의 밭이든지 팔지도 못하고 속하지도 못하나니 바친 것은 다 여호와께 지극히 거룩함이며, 아주 바친 그 사람은 다시 속하지 못하나니 반드시 쳐 죽일지니라. [인간제물]

** 출애굽기 20장 5절

나 여호와 너의 주님은 시기하고 질투하는 맹렬한 질투의 신인 즉 나를 미워하는 자의 죄를 내가 직접 갚되 아비로부터 아들에게로 3~ 4대에 이르기까지 쳐 죽이며.

** 민수기 31장 17절

그러므로 아이들 중에 남자 아이는 다 죽이고 남자와 동침하여 사내를 안 여자(섹스 경험이 있는)는 무조건 다 죄인이니 다 쳐 죽이고.. [인종 씨 말리기]

** 호세아 13장16절

사마리아가 그들의 하나님을 배반하였으므로 형벌을 당하여 칼에 엎드러질 것이요 그 어린 아이는 부서뜨려지며 아이 밴 여인은 배가 갈라지리라. [괴물 에어리엔]

기독교의 모체母體인 유대교 종주국 이스라엘은 하루가 멀다 하고 가자지역 [팔레스타인]이나 주변의 약소국을 맹폭격해 이렇게 사람을 죽인다. 어린이들의 시체를 보라.

다리며 얼굴이 모두 날아갔다. 이런 장면을 보고 야훼가 기뻐했다는 기록이 기독교 성경 구약에 수없이 기록돼 있다.

54 가장 좋은 기도효과와 방법

여러분은 배가 고프면 누구에게 먹을 것을 달라고 하는가? 학비나 용돈이 떨어지면 누구에게 달라고 하는가? 옷이 없으면 누구에게 사달라고 하는가? 어려운 일이 생기면 누구에게 해결을 부탁하는가? 여러분이 아프거나 병이 나면 누가 제일 먼저 애간장 태우며 애처롭게 걱정하고 애달파하는가?

위험에 처해 있을 때 누가 제일 먼저 달려오는가? 당신이 물에 빠지면 누가 먼저 당신을 구하고자 물에 뛰어 들겠는가? 위험에 직면했을 때 누가 먼저 뛰어 들겠는가? 당신의 생명과 누가 맞바꾸겠는가?

부처님도, 보살님도, 하느님도 아니요, 천신도 아니요, 산신 수신 해신 용신 등 온갖 신들이 있다고 하여도 그것은 아니다. 어떠한 절대전능도 아니다. 바로 여러분 옆에 살아계신 부모님이다.

이 부모님들은 돌아가셔서 저승에 있어도 여러분의 부모님이고 자손이 잘되기만 바라는 우리의 부모님이다. 우리가 부모님의 고마움을 잊고 산다면 이미 그 사람은 잘사는 것이 아니다. 내 경험으로는 '효자치고 못사는 사람을 못 봤다.' 왜 그런가? 부모님은 최초의 하느님이고 최초의 교육자이기 때문이다.

대개 효자들은 가정이 화목하고 행복하게 사는 사람들이 많은 것은, 바로 최초의 하느님인 부모님을, 최초의 교육자인 부모님을 잘 봉양하기 때문이다.

　　그래서 돌아가신 부모님께 효도하는 방법은 무엇인가? 제사로 모시고 부모님을 상기하고 애도하며 바로 극락이나 천당에 좋은 곳에 계시길 발원하고 기도하는 일이다.

　　복福이 있으면 잘 살고, 복이 없으면 못 산다. 명命이 길면 오래 살고, 명이 짧으면 일찍 죽는다.

　　모든 생명체가 가장 좋아하고 가장 싫어하는 것이 무엇인가? 오래 살기를 좋아하고 일찍 죽기를 싫어한다. 그 다음이 먹을 것이 풍족한 것을 좋아하고, 가난한 것을 싫어한다.

　　돈 많고 골골하며 오래 살면 무엇 하나? 그래서 건강을 좋아한다. 수명이 길고, 넉넉하며 건강한 것이 삼복三福이다. 남에게 칭찬 듣고 제명에 곱게 죽는 것이 오복五福이다.

　　내가 복이 있어야 남에게 복을 주는 것이지, 내가 복이 없는데 어찌 남에게 복을 주겠는가? 돈 있는 사람이 돈을 준다면 진실일 수 있지만, 돈 없는 사람이 돈을 준다고 하면 100% 거짓일 수 있다.

　　복 없는 사람이 복을 준다면 100% 사기일 가능성이 높다. 건강 비법을 가르쳐 준다는 사람이 병으로 일찍 요절한다면 이와 같은 엉터리는 없다.

　　예수가 복을 준다는 것은 동네 강아지가 웃고, 소가 웃을 일이다. 신약新約에 의하면 예수는 33세에 요절했고, 매우 가난했고, 3시간 만에 죽는 약체였고, 덕이 없었고. 제명에 못 죽었다. 오복이라고는 하나도 없다.

복 福 자를 잘 살펴보면, 잘사는 방법이 나온다.

조(祖)할아버지 조. 잉(祊)복 잉. 사(社)땅귀신 사. 약(禴)종묘제사 약. 사(祀)제사 사. 기(祇)토지신기. 기도(祈禱)신에게 비는 것. 우(祐)신이도울 우. 축(祝)빌 축. 조(祚)복조. 제(祭)제사 제. 종(宗)근본 종·사당 종.

위에 나오는 글자들은 모두 귀신하고 관련이 있는 글자들이다. 그런데 이 글자들에 공통적으로 들어 있는 글자가 있다. 바로 '示' 이 글자이다. 福에도 '示' 이것이 있다.

보일 시(示)로 뜻이 되어 있는데, 示가 들어가면 모두 귀신과 관계가 있는 것이다. 그러므로 福도 결국은 귀신과 관계가 있는 것이다.

한(一) 입(口)으로 돈(田)을 빈다(示) 복이란 한입으로 밭(田)을 빈다. 즉 한 입으로 돈을 비는 것이다. 말 한마디에 천량 빚을 갚는다는 말이 있다. 복이란 바로 이런 것이다.

말 한마디 잘 함으로서 천량 빚은 갚을 수 있어도, 말 잘 못하면 990량으로도 천량 빚을 못 갚는다.

이 복은 귀신과 밀접한 관계가 있는데, 하느님이 주는 것도 아니요, 부처님이 주는 것도 아니다. 아무리 가까운 귀신이라도 조상부모보다 가까운 귀신은 없다. 자식이 물에 빠지면 제일 먼저 물에 뛰어 드는 것은 부모님이다. 그 외에 다른 사람은 구경만 한다.

조상을 잘 받들면 잘사는 원리가 여기에 있는 것이다. 부모가 거지면 그 자식이 아무리 잘 났어도 거지새끼라고 부른다. 부모가 훌륭하면 자식이 좀 못났어도 그 아무개 도령이나 자제분이라고 부른다.

영혼의 세계에서도 잘사는 영혼이 자식을 도울 수 있는 것이다. 영혼의 세계에서 거지노릇을 하면 자손을 도울 힘이 없다. 영혼의 세계에서 잘사는 것은 이승에서 자식들이 제사를 잘 받들어 모시는 것이다.

1년에 조상님이 돌아가신 기일에 제사를 한번 지내는데, 제삿날 한번 돌아오는 것이 저승의 하루이다. 우리가 매일 밥을 먹듯이 저승의 중생들도 먹어야 된다는 의식意識이 있기 때문에 훈습을 못 버리는 한 계속 먹어야 된다는 생각을 하는 것이다.

욕계 6천중에 사왕천의 하루가 지구의 50년에 해당한다고 〈천당의 종류〉에서 밝혔듯이, 천당도 못가고 지옥도 못가고, 윤회의 생을 받지 못한 영혼들! 즉 귀신들은 먹어야 한다는 습이 있다. 그래서 제사를 지내는 것이다.

산 사람이나 죽은 조상이나 잘 받들라는 것이다.

조상이 저 세상에서 영혼인 의식意識이 높게 깨쳐야 높게 되는 것이다. 영혼인 의식이 어두워 괴로워한다면, 그 후손들은 어둡고 괴로운 영파靈波를 받을 것이다. 그렇게 되면 자식에게 우환이 생기는 것이다.

복福은 조상과 밀접한 관계가 있는 것이며, 자신과 조상과의 관계에서 주고받는 상관관계에 있다. 그래서 복은 내가 짓고, 조상이 받아 내게 돌려주는 것이다. 그러면 어떻게 해야 되겠는가?

아무리 불교교리를 잘 알아도 이런 관계를 모르면, 기도는 열심히 하는데 우환이 따르고, 법문은 열심히 듣는데 일이 잘 풀리지 않을 땐, 항상 조상과 부모에게 먼저 효도를 했는가, 살펴보아라.

기독교인에게 불치병이 많고, 불의의 사고가 많고, 정신병자가 많은 것은 그들의 교리에 모순도 있겠지만, 조상에 대한 제사를 거부함으로서 영계에서 오는 영파靈波가 그들에게 재앙을 불러들이는 것이다.

아웅산 사건에서 보듯이 17명의 장차관이 모두 골수 기독교 장로 집사들이었고, 살아남은 단 한사람은 이기백 장군으로 독실한 불교인이었다. 500여명의 목숨을 앗아간 삼풍백화점의 붕괴에서 살아난 유지환, 최명석, 박승현 3명도 불교인이었고, 시체가 산산이 조각나 시체도 찾지 못한 윤00검사의 일가족 네 명은 모두 기독교 골수였다.

삼풍백화점의 주인인 이준씨도 안수집사로서 골수 기독교인이었고, 세월호의 유병언씨도 구원파의 교주가 아니던가? 얼마나 말로가 비참한가!

왜 같은 장소에서 같은 사건에 이렇게 엄청난 차이를 보이는 것일까? 바로 귀신들의 장난이다. 나와 제일 가까운 신은 부모이고 조상이다. 그 외에 다른 잡신인 귀신에게 즉 성령聖

靈이나 성신聖神이라는 것도 깨닫지 못한 사기꾼들이 붙인 잡신으로서 귀신의 이름뿐으로 어쩌고저쩌고 빌고 무엇을 바란다면 멍청이일 것이다.

부모신과 조상신을 잘 깨닫게 하는 것이 천도재이다. 천도가 잘 되면 그대로 극락행이다. 예수를 아무리 잘 믿어봤자. 조상들은 지옥행이 되는 것이다. 그러므로 감당하기 어려운 재앙이 닥치는 것이다. 그러므로 효도를 하라.

확실하게 영계를 훤히 보고 하는 천도의식이, 조상영가를 부처님과 보살하느님의 광명을 보고 따라가게끔 조인시켜 주는 것이다. [02) 2646 - 1239]

55 참다운 종교

참다운 종교의 구성 요건은 첫째, 지극히 과학적이며·합리적이며·논리적이며·도덕적 윤리관이 뚜렷해야 하는 것이다. 종교는 신비주의적이거나 과학으로 풀 수 없는 그런 것이 아니며, 윤리와 도덕을 뛰어넘는 그런 것이 아니다.

우리의 삶과 생활 그 자체이며, 마음의 참다운 실상을 깨닫는 것이다. 일찍이 부처님께서 이 우주의 많은 원소들이 인연화합에 의하여 이루어졌고, 그 인연화합은 마음이 만들어 낸다고 했다.

〈이것이 있으므로 저것이 있고, 저것이 있으므로 이것이 있다〉는 것은 그 무엇이든 홀로 존재하는 것은 없다는 것이다.

극미립자도 독존獨存하지 못한다.

밤하늘에 무수히 떠있는 별들을 보고 부처님은 성라항사星羅恒沙가 중생소거衆生所居라고 했다. 갠지스 강의 모래알과 같이 많은 별들, 거기에도 중생들이 산다고 했다. 부처님은 이 우주를 삼천대천세계三千大千世界라고 했다.

이 세계는 삼세三世와 삼계三界에서 삼三을 빼고 부르게 된 것이 세계世界이다. 삼세는 과거·현재·미래, 즉 시간을 말하고, 삼계는 욕계·색계·무색계로 공간을 의미하는 것으로, 세계란 시간과 공간의 활동 무대를 의미하는 것이다. 시간과 공간 사이에 내재하여 있는 물질과 비물질, 보이는 것과 보이지 않는 모든 존재의 활동을 총괄한 것이 세계이며 우주이다.

서양에서 말하는 세계, 즉 가시적인 인간세계에 국한된 월드World와는 그 뜻하는 바와 근본이 다른 것이다.

삼천대천세계三千大千世界는 일월日月, 즉 해와 달이 1,000개모인, 또는 육계·색계·무색계가 소천세계이며, 소천세계 1,000개가 모인 것이 중천세계이며, 중천세계 1,000개가 모인 것이 대천세계로 이를 삼천대천세계라 한다.

이 삼천대천세계도 헤아릴 수 없이 많다고 했는데, 삼천대천세계를 현대적으로 비교하면 은하계이며, 이 은하계 이외에도 헤아릴 수 없이 많은 외부 은하들이 있다고 하는 것은 무수히 많은 삼천대천세계가 있다고 하는 것이며, 무색계의 경우는 다른 차원의 보이지 않은 숨어 있는 차원인 것이다.

삼계유여급정륜三界猶如汲井輪, 욕계·색계·무색계인 삼계가 우물의 소용돌이 모양 돈다. 또는 두레박처럼 오르락내리락하는 것은 은하계의 운동모습을 표현한 것과 일치 한다.

지구도 돌고, 태양도 돌고, 우주 전체가 돈다는 전동설全動說이 불교의 우주관이다. 현대의 우주과학도 불교의 우주관을 능가하지 못한다. 불교에서는 우주를 광대무변廣大無邊하다고 한다. 넓고 커서 끝이 없다는 것이다.

중세에 천주교 기독교에서 지구가 돈다고 말하는 과학자들을 무수히 많이 죽였다. 천지를 창조했다고 하면서 지구가 도는 줄도 모르는 어리석은 인간들이 만들어낸 엉터리 가짜 하나님이 아닐 수 없다.

부처님께서는 천지만상묵무언天地萬象默無言 대지회전차부동大地回轉次不動이라 하셨다. "하늘과 땅의 모든 형상들은 말없이 고요하며 대지는 회전하고 있는데 움직이지 않는 것 같다." 또 우리가 사는 지구에 대하여 부처님께서는 푸른 구슬과 같다고 했다. 인공위성에서 찍은 사진을 볼 때, 지구는 아름다운 푸른 구슬과 같지 않은가!

지금 지구는 적도를 중심으로 매초 464m로 돌고 있으며 지구의 둘레가 4만Km 임으로 지구의 자전속도는 하루 4만Km이다. 또한 태양이 은하의 중심부를 축으로 한번 공전하는 것이 지구의 년도로 2억5천만년이 걸린다고 한다.

지구의 자전과 공전, 태양계의 공전속도까지 합치면 지구는 어마어마한 속도로 돌고 달리고 있어도, 우리는 전혀 모르고 있으므로 대지는 돌고 있으나 움직이지 않는 것 같다고 한 것이다.

불교의 卍(만)은 회전운동의 표시로 모든 삼라만상 또는 극미립자까지도 회전하고 있으므로 그 회전과 운동, 생명활동을 〈卍〉 하나로 표기한 것이다. 우리의 머리에 있는 가마, 또는 세포에 이르기까지 회전하지 않는 것이 없다.

부처님은 시냇물을 떠 마시기 전에 명상을 하고 계시므로 제자들이 「여래시여, 부처님께서는 모든 생명의 어버이시고 우주의 큰 스승이신데 어찌하여 물을 마시며 명상을 하십니까?」 하고 여쭈었을 때,

　　부처님께서
　　『오관일적수 吾觀一滴水
　　　팔만사천충 八萬四千蟲
　　　약불염차주 若不念此呪
　　　여식중생육 如食衆生肉
　　　내가 한 방울의 물을 보니
　　　팔만사천의 벌레가 들어 있구나.
　　　만약 이 진언을 하지 않으면
　　　중생의 고기를 먹는 것과 같다.』

물 한 방울에도 엄청난 생명들이 있다는 것을 현미경보다 밝게 보시고, 중생을 어여삐 여기는 부처님의 자비를 우리는 감사해야 할 것이다.

윤리와 도덕에 있어서 우리는 무엇보다도 먼저 생명을 소중

히 하고, 인권을 소중히 해야 한다. 이런 가운데 행복이 누려지고 세간의 가장 큰 행복이라는 오복이 고루 갖추어지게 되는 것이다.

노예근성이란 무엇인가? 풀어놓으면 벌떼같이 일어서고, 진압을 하면 쥐 죽은 듯이 꼼짝 못하는 것이 노예근성이다. 노예근성에는 정의니 진리니 하는 사명이 없다. 무척 선동적인 것이 노예근성이다. 지네들이 난동적이며 선동적인 선교宣敎는 종교행위이고 이에 항의하면 종교탄압 민주주의 탄압이라고 생떼를 쓴다.

오죽하면 왜놈들이, 물론 그들이 한국인을 얕잡아 비하시키려는 뜻에서 한 이야기이겠지만, 조센진은 채찍으로 때려야 된다는 이야기를 했겠는가!

5000년의 유구한 전통의 역사는 세계에 찬란하게 빛날 수 있는 것인데, 이 노예근성이 스스로의 빛을 차단하고 있다. 서양에서는 마귀와 같은 천주교 기독교가 버려지고 있는데, 노예근성들은 그것도 모르고 선동적으로 믿으라고 난리이다.

영혼을 마귀[여호와]에게 팔아먹는 목사나 신부들의 직업적 위상이 상위권에 있는 사회적 풍토도 노예근성에서 비롯된 것이라 본다.

정말로 민도民度가 한심한 나라이다. 조금만 여유가 있으면 노예와 같이 거들먹대고, 엄청나게 바쁘다. 항상 불만스럽다. 있어도 부족하고 없으면서 뽐내길 좋아한다. 그리고 항상 불

만에 차있고, 이 모든 것이 믿지 않는 사람들을 탓하며, 그들이 보기에는 악마의 탓이라 한다.

노예근성이란 선동적이고 앞뒤 물불 안 가리고 무조건 믿고, 대화가 통하지 않는 공산국가의 세뇌된 민중과 같은 것이다.

남의 서적은 절대로 보지 못하게 하고 보지도 않는다. 이 노예들은 다른 사상을 겁을 낸다. 이 책을 끝까지 못 읽는다. 자신의 믿음에 대하여 강한 것 같으면서 제일 약하다. 그래서 자신의 믿음이 흔들릴까봐 사색思索을 하지 못한다.

사유思惟의 여유가 없는 것이 노예들의 신앙이다. 엄청 선동적이다, 박수치고 노래하고 뒹굴고 난리이다. 하나님 나라를 만들겠다고, 장로를 대통령 만들어야 한다고 난리법석이더니, 막상 만들어 놓고 보니 별것이 아니었다.

56 바이블은 77,000여 줄로 이루어져 있다.

바이블(성경)은 구약 39편 929장과 신약 27편 260장, 합 66편에 1189장으로 총 7만 7천여 줄의 내용 중에서 『원수를 사랑하라.』 『네 이웃을 사랑하라』는 등의 말은 단 2줄도 안 된다. 예수가 말하길 『나는 길이요 진리요 생명이다.』도 단 2줄에 지나지 않는다.

그나마 이것도 따지고 보면 엄청난 사기 행위이다. 무슨 길이요 진리이며 무슨 생명이겠는가? 나머지는 모순과 비리 · 폭력적인 살상의 단어로 얼룩져 있다. 교리적으로 할 말이 없으니까 봉사를 나선다. 깨닫지 못한 봉사행위는 상술적인 다단계식 사기행위에 불과하다.

학교 짓고 병원 짓는 것, 이것이야 말로 더 큰 조직적 사기의 합리화와 세뇌적 선교를 위한 고도의 다단계식 상술 행위이며 자금의 은닉 방법이기도 하다.

좋은 예로서 대광고등학교에서 종교의 자유를 외치고 일어난 학생 강의석군을 보더라도 극명하게 나타난 사건이다. 이런 정신적 피해와 세뇌를 강요당하길 반세기에 걸쳐서 진행되었고, 지금도 진행 중이다.

이들이 부르짖는 종교의 자유라는 것도, 따지고 보면 천주교 기독교 선교의 자유를 의미하는 것이다. 기독교계통의 학교에 다니는 모든 학생들은 종교의 자유를 완전히 박탈당한 상태에서 기독교에 세뇌되어 졸업을 하게 되었다.

설사 깨달음을 추구하는 불교라 하더라도, 깨닫지 못한 봉사는 자칫하면 사기행위가 될 수 있을 가능성이 있다. 땡중을 훌륭한 스님으로 볼 수 있으니까 말이다.

살인자 도적놈 소매치기 사기꾼 협작꾼 날강도 등이 얼굴에 쓰여 있는 것은 아니다. 그런데 이들이 봉사를 한다면, 이들을 모르는 주위의 사람들이나 후원자들은 훌륭하다고 생각하며, 남의 속도 모르고 도와주며 조그마한 실수에 면죄부를 줄 것이다.

인간은 모르기 때문에 깜빡 속는 것이다. 이들이 하는 봉사가 진정으로 하는 봉사인가? 여러분은 어떻게 생각하는가?

〖 박근혜 대통령님께 선생님을 바꿔주세요.〗

저는 서울 연희 초등학교 4학년 8반 김왕규진입니다.

〖 연희초등학교가 기독교 학교가 아닌데 하나님 믿지 않는
다고 욕설 종교 강요 폭언 학습권침해 폭행을 일삼는 이민아
선생을 바꿔주세요. 〗

얼마나 가슴조이며 피멍이든 초등학생과 부모의 한恨 맺힌
절규인가. 이것은 일부분이 아니라 대한민국 전체의 교육현장
이다. 필자도 교사로 25년을 재작해봐서 안다.

음악선생이 음악시간에 찬송가 가르치고, 윤리 선생은 예수
의 사랑을, 역사 선생은 기독교역사를 가르치며, 교인선생끼
리 강당에서 토요일 예배보기, 학생들과 산행하기 등으로 선
교하는 것을 필자는 직접 보았고 그들과 언쟁까지 했다. 정말
예수쟁이 없는 사회가 얼마나 좋을까?

바이블에는 〈죽이다.〉라는 단어가 275개 들어 있다.

바이블에는 〈진멸 殄滅 〉하다는 단어가 104개

바이블에는 〈전멸 全滅 〉하다는 단어가 85개

바이블에는 〈노략 擄掠 〉하다는 단어가 92개

바이블에는 〈칼날〉로 죽여라. (진멸하라)가 50개 들어 있다.

물론, 바이블(특히 신약)에 좋은 말이 없는 것은 아니다. 〈원수를 사랑하라.〉〈7번씩 70번이라도 용서하라.〉〈범사에 감사하라.〉 등등, 대략 20~30가지쯤 그럴싸한 말들이 있기는 하다.

그러나 그런 정도의 말은 유교·불교·도교·힌두교·이슬람교, 하다못해 만화에도 나오는 말이다. 일반 3류급 소설에서도 찾아 볼 수 있는 평범한 글이며, 어디서나 만나 볼 수 있는 가르침들이다.

특히 눈여겨 볼 것이 있다. 바이블 속에 들어있는 20~30가지쯤 되는 그럴싸한 말들도 어떤 근거와 배경 설명 없이 단편적으로 또는 즉흥적으로 불쑥 떠들어대고 있다는 점이다.

원수를 사랑하라는 말도 이교도가 아니라, 자기들끼리, 원수진 일이 있으면 사랑하라는 소리이다. 이들이 언제 불교인을 사랑했던가? 불교를 이유도 없이 사탄이라고 몰아붙이고, 불상을 파괴하고, 스님을 악마라고 욕하며, 철모르는 어린 아이들에게 교회에서 가르치고 있지 않던가!

부처님이나 하느님이 눈에 보이는 것이 아니요, 그렇다고 특별한 형상을 갖춘 것도 아니다. 그렇다면 마귀나 악마라는 것은 눈에 보이며 사납고 험상궂은 모양으로 이상하게 보이는가? 이 또한 이상한 모양도 아니며 보이지 않는다.

착한 마음 내고, 과거의 행위가 착하면, 부처님도 하나님도 선신도 되지만, 악한 마음에 악한 행위를 하면, 아무리 이름을 거룩하게 불러도 이것이 악마이며 마귀가 아닌가?

그러면 그 부처님이라는 것이나, 그 하나님이라는 것이나, 선신이나 악신이라는 것이 본래 존재하며 영원한 것인가? 그러면 그것을 어떻게 알아봐야 할까? 지혜로운 사람이라면 알아보는 방법은 간단하다.

바다 물의 깊이는 알아도 사람의 마음은 모른다고 했다. 사람의 마음도 모르는데, 하물며 사람보다 더 영물靈物스럽다는 하나님이나 마귀를 어떻게 알아봐야 하겠는가?

아주 간단하다. 그 사람의 내력을 보면 알 수 있는 것이다. 그 사람의 과거의 역사를 보면 알 수 있고, 부처님이나 하나님이라는 것도, 또는 마귀나 악마라는 것도 바로 역사를 보면 아는 것이다.

교인이나 목사라는 사람들이, 스님 또는 타 종교인이나 비종교인을 보고, 마귀 또는 사탄이라고 부르며, 철없는 어린 아이들에게까지 가르치고 있다. 나 역시 몇 번 들어 본적이 있다.

우리의 미래에 부처님이 존재할 것이라든가, 마귀가 존재할 것이라는 것을 확실하게 믿는 사람은 없다.

　　그러나 그 확실하지 않은 것을 확실하게 믿게 되는 동기는 바로 과거의 역사를 반조返照함으로서 부처님인지 하느님인지 마귀인지 알게 되는 것이다. 세상에 갓 태어난 아이를 미리부터 대통령이니 장관이니 강도니 도적이니 살인자인지를 결정할 수 없다.

　　그것을 결정지을 수 있는 것은 그 사람의 성장 뒤에 그 지난 행적으로 그 사람의 인품을 결정하는 것이다. 전쟁터에서 적군을 죽이면 영웅이 되지만, 이유 없이 양민을 죽였으면 악마이며, 살인자이다. 도적질을 했으면 도적놈이요, 대통령을 했으면 전직 대통령이다.

　　하느님이 따로 있고 부처님이 따로 있는 것이 아니다. 그 사람의 이름에 관계없이 도적질을 했으면 도적놈이고, 그 사람의 출신에 관계없이 깨달았으면 부처이다. 이름이 부처라 부른다고 부처가 아니고, 부처의 행위를 했기 때문에 부처님이 되는 것이다.

　　마귀나 사탄이라는 이름이 마귀나 사탄이 아니다. 마귀라는 이름도 사람이 붙인 이름이며, 하나님이라는 이름도 사람이 붙인 이름이다. 사람을 많이 살리고 좋은 일을 했으면 마귀가, 마귀가 아니고 바로 하나님이나 선신善神이 된다.

　　아무리 이름이 거룩한 부처님이나 하느님·하나님·천신·천사 등의 이름으로 부르더라도, 사람을 많이 죽이고·질투하고·저주하고·학대하고·괴롭히고 믿지 않으면 벌주고 죽인다면 이는 변명의 여지가 없는 100% 확실한 마귀이다.

이 100% 확실한 역사적 사실을 가지고 하느님이니까, 창조주로서 전지전능하니까, 맘대로 죽이고·맘대로 화내고 맘대로 저주를 하는 것도, 권능자인 하나님만이 하는 섭리라고 떠드는 사람이 있다면, 이 사람이야 말로 정말 정신이 이상한 정신병자로서 병신신육갑病身神肉鉀 병신칠갑病神漆甲하는 사람이다.

제 멋대로 하는 이것이 진정한 전능자의 자유인가? 대학을 나오고 최고학부를 나왔다는 지성의 최고라고 하는 박사급 정신병자들의 괴변이 난무하는 곳이 바로 한국의 실정이며 병신칠갑病神漆甲하는 곳이 한국이다.

지구의 역사상으로 실제적으로 존재한 실존의 악마들, 전우주적으로 가장 악랄한 악마는 사람을 가장 잔인하게 고문하여 죽이고, 저주의 칼날을 휘두른 천주교 기독교에서 만들어낸 유일무이한 하나님이라고 믿는 여호와(야훼)이다.

그 하나님으로도 유일무이하지만, 마귀로도 유일무이하다. 유일무이한 것을 믿는 그 노예[종]들! 100%가 아니 10,00% 확실한 마귀의 후계자로 반드시 지옥에 간다.

악마의 후계자인 정치인은 세계를 전쟁의 도가니로 만들고, 교육자는 역사를 후퇴시키고, 교역자들은 많은 사람들을 정신병자로 만들고 있다. 병신칠갑病神漆甲은 반드시 지옥에 간다.

미국의 부시 대통령을 보면 알 수 있다. 그는 기독교 원리주의자로 전쟁을 애들 장난놀이로 알고 있다. 멀쩡한 나라 이라크를 쳐들어가 나라를 황폐화 시키고, 국민을 기아와 도탄에 빠지게 만들었다.

사람목숨을 파리 목숨으로 여기는 이들에게 이라크 국민의 입장에서 보면 부시는 철천지의 원수로 100% 마귀라고 생각할 것이다.

악마惡魔를 구분하는 방법

✽ 이 기준은 역사적 통계와 경전을 통한 것이다. 개인의 사소한 의견이나 감정이 개입된 것이 아니다. 역사는 영원히 지워지지 않고 돌이킬 수 없는 미래를 비추는 정확한 거울이다.

✽ **이유 없이 사람을 많이 죽이면 무조건 악마이다.**

1. 악마가 따로 있나 사람을 많이 죽이면 악마이다.
2. 전쟁을 많이 하거나 원인이 되는 것도 악마 짓이다.
3. 전능하기 때문에 화를 많이 낸다면 악마이다.
4. 모든 것을 창조했다고 하면서 책임은 피조물에 넘기는 것도 악마.
5. 전지전능하다면서 후회한다는 사기행위도 악마.
6. 남의 것을 훔쳐도 좋다고 하는 것.
7. 믿지 않으면 지옥 간다고 협박하는 것.
8. 믿어서 가정이 파괴되는 것이 많은 신앙.
9. 믿어서 친인척 간에 원수가 되는 것.

10. 믿어야만 구원한다고 하는 속물근성.
11. 불협화로 세계와 사회가 불안한 것.
12. 다른 신은 무조건 사탄이라고 하는 것.
13. 괴변과 괴리가 난무하는 것.
14. 과학이 부정된 채 믿음만을 강요하는 것.
15. 이들이 가는 곳마다 전통문화가 파괴되는 것.
16. 환부역조換父逆祖하면 이것이 모두 악마이다.

이상의 16가지 중에 2~3 가지가 해당되면 미신이고, 4가지 이상 해당되면 마귀고, 10가지 정도면 악마이고, 모두가 해당되면 대악마이다. 그러므로 대악마교 라고 불러야 한다.

악마를 악마라고 부르지 못하는 것은 비겁자이며, 지혜롭지 못한 자이다. 기독교천주교는 한 가지만 해당되는 것이 아니고 16가지가 모두 해당되므로 악마 중에 악독한 대악마이며, 야훼는 진짜 악마중의 대악마인 가짜하느님이다.

더 무서운 악마는 정체를 감추고 양 노릇하는 늑대악마이다. 한국의 천주교와 같은 것이 여기에 해당된다. 원숭이가 사람 흉내 낸다고 사람 되고, 앵무새가 노래 따라 한다고 뜻을 아는 것이 아니다.

천주교가 불교 흉내 낸다고 양순해지고, 불교가 되는 것은 아니다. 차라리 기독교가 오히려 더 양심적 악마교이다. 그것도 모르는 일부 중(스님)들, 또는 미련한 불교 신자들이 천주교는 순해서 좋단다.

당장이야 부딪치지 않으니 좋은 것 같지만 나중에 잡혀 먹히는 줄 모르는 이것이 병신칠갑病神漆甲하는 무지無智로 다 같이 지옥에 간다.

선신善神을 구분하는 방법

＊ 이 기준은 역사적 통계와 경전을 통한 것이며 역사를 반추해서 정한 것이다.

1. 절대 생명을 죽이지 말라고 가르치면 선신이다.
2. 전쟁을 하지 않고 원인도 제공되지 않으면 선신이다.
3. 베풀기를 좋아하고 절대 훔치지 말라고 가르친다.
4. 교주 자신은 믿음의 대상이 아니라고 가르친다.
5. 남의 잘못을 자기 책임으로 내 탓이라고 돌린다.
6. 모든 것은 본인의 행위에 달렸다고 가르친다.
7. 믿건 믿지 않건 착하게 살면 천당 간다고 가르친다.
8. 옳게 믿으면 가정이 화목하고 재앙이 없어진다.
9. 옳게 믿으면 친인척간에 우애가 돈독해진다.
10. 우주의 참다운 주인은 본인 스스로라고 가르친다.
11. 생명을 가진 모든 것은 바로 평등하고 귀중한 것이다.
12. 다른 종교와 화합적이며 마귀도 교화한다.
13. 매우 합리적이며 논리적이다.
14. 과학적이며 인간중심적이다.
15. 남의 문화를 존중한다.
16. 신神을 믿는 것이 아니고, 인간의 무한한 가능성을 믿는다.

✻ 이상의 16가지는 동양의 종교, 불교 도교 힌두교 유교 등에 해당한다.

불교에서 언제 전쟁을 했던가? 언제 사람을 죽였던가? 언제 남의 것을 약탈 했던가? 불교로 인한 전쟁은 단 한건도 없었다.

천주교 기독교에서 한 행위가 모두 나쁘다고 하면, 독자 여러분은 이해 못하고, 필자인 나를 극단적이라고 욕할 것이다. 학교도 짓고, 병원도 짓고, 불우 이웃 돕고, 긍정적인 측면이 눈에 많이 보이지 않느냐고?

이 긍정적인 측면이라는 봉사활동이 바로 다단계식 상술商術이라는 것을 아는 사람이 드물다. 외국을 침략할 때, 먼저 들어가서 봉사활동과 첩보활동을 한 사람들이 바로 선교사라면, 선교는 바로 침략의 전초적 첩보활동의 기지였다는 것을 알아야 한다.

아프가니스탄의 봉사활동이라는 것도, 이들의 봉사라는 것은 문화 찬탈을 하러 간 것이다. 11조의 헌금액은 국가의 예산보다 많은 액수이다. 그 천문학적인 돈을 이들이 봉사라는 미명하에 더 많은 헌금을 축적할 수 있는 미끼를 만들뿐이다.

이들이 한번 지나가면 아군이건 적군이건 피아를 가릴 것 없이 피비린내 나는 살육 극이 벌어 졌다. 약탈의 수완도 지능적이다. 우리나라 천주교에서는 십일조를 받지 않지만 막대한 헌금액은 교황청으로 새 나간다.

산업産業이나 공업 농업이나 기업 또는 노동으로 재물이 축

적되는 것이 아니라, 교묘한 세뇌로 불로소득의 11조를 받고
있다. 그 엄청난 재력과 조직력으로 마피아보다 더 무서운 어둠
속의 그림자와 같이, 베일에 가려 있는 공인된 비밀국가이다.

천주교의 하나님 야훼는 하나님으로서 전지全知 전능全能한
것이 아니라, 무지無知, 무능無能, 무자비無慈悲 독선獨善이 만
연해 있다. 어리석고 야만스러운 인간들에 의하여 신이 창조
되면서부터 전 세계는 불행의 늪에 빠지게 된 것이다.

리처드 도킨스 박사가 저술한 〈만들어진 신〉이라는 책에서
극명하게 밝히고 있다. 그는 2006년 1월에 영국의 한 텔레비
전 방송에서 〈모든 악의 근원?〉이라는 다큐멘터리를 2회에
걸쳐 진행했다고 한다.

여기서 종교라고 표현하는 종교는 천주교 기독교를 말하는
것이다. 한 광고지에 「종교 없는 세상을 상상해보라.」는 문
구가 있었다고 한다. 이 종교는 바로 천주교 기독교를 말하는
것으로 즉 「기독교가 없는 세상을 상상해 보라.」는 것이다.

기독교가 없는 세상은! 자살폭파범도 없고, 9,11테러도, 런
던폭탄테러도, 십자군 전쟁도, 마녀사냥도, 화약음모사건
(1605년 영국 천주교도가 계획한 암살사건). 인도의 분할도,
이스라엘과 팔레스타인의 전쟁도 없다.

세르비아와 크로아티아와 보스니아에서 벌어진 대량학살도,
유대인을 「예수 살인자」라고 박해하는 것도, 북아일랜드 분
쟁도, 명예살인도 없다.

머리에 기름 바르고 번들거리는 양복을 빼입은 채 텔레비전에

나와 순진한 사람들의 돈을 우려먹는 복음 전도사(신은 당신이 거덜 날 때까지 기부하기를 원합니다.)도 없다고 상상해보라.

고대 석상(불상)을 파괴하는 탈레반도, 신성모독에 대한 공개 처형도, 속살을 살짝 보였다고 여성에게 채찍질을 가하는 행위도 없다고 상상해 보라고 하고 있다.

한국에서는 절에 들어가 불상을 부수고, 초등학교 교정에 세워진 단군상의 목을 부러트려 파괴하고, 조상에게 제사 모시는 것을 거부하고, 각종 전통의식행사를 우상숭배라고 훼방 놓는 교인들의 만행도 없었을 것이다.

원래 세뇌를 시키는 사람이 먼저 가장 강력하게 세뇌되는 법이다. 목회자들은 세뇌된 자들이다.

"소경의 무지가 우리를 잘못된 길로 인도한다. 아, 몽매한 인간들이여, 눈을 떠라!" [다빈치]

세계의 모든 민족이 병신육갑丙辛六甲은 하되 병신칠갑病神 漆甲은 하지 않길 바라는 마음이다.

58 하나가 여럿이고, 여럿이 하나이다.

『일중일체다중일 一中一切多中一
 일즉일체다즉일 一卽一切多卽一
 일미진중함시방 一微塵中含十方
 일체진중역여시 一切塵中亦如是

'하나 가운데 여럿이 있고 여럿 가운데 하나가 있다.

- 331 -

하나 가운데 모든 것이 있고, 모든 것에 하나가 있다.
하나의 미진微塵 가운데 우주가 들어있고
일체의 모든 미진微塵이 또한 그렇다.』
〈법성게法性偈에 나오는 말씀이다.〉

한 사람의 가족 구성원이 그 가족의 전체이고
그 가족 전체가 한 사람의 구성원이다.
한사람의 백성이 나라의 백성이고
나라의 백성이 한사람으로 이어져 있다.
우주의 미립자들이 전체의 우주이고
전체의 우주는 미립자들로 이어져 있다.

미립자微粒子나 극미립자極微粒子는 이미 불경佛經에 많이 나오는 말씀이다. 칠극미七極微라는 것이 있다. 우주에는 안과 밖이 없다. 존재하는 모든 것은 변화하고 소멸되고 다시 생성되는 반복의 연속일 뿐이다.

태양보다 더 큰 무수히 많은 태양들이 모인 항성恒星계인 은하계에서부터 티끌보다 작은 미진微塵에 이르기까지 힘과 형태가 다르고 성질까지도 완전히 같은 것이라고는 하나도 없다.

미진微塵에서부터 커다란 은하계까지 때로는 진화도 되고 퇴화도 되고 심心의 에너지[기氣]에 의하여 창조도 되고 소멸되므로, 창조 진화 퇴화 소멸의 생성生成소멸消滅이 우주의 팽

창과 수축으로 이뤄진다. 우주의 팽창은 생성이요, 우주의 수축은 소멸이다. 불경에 나오는 말씀이다.

이 생성生成소멸消滅의 팽창과 수축은 계속 반복되는 것으로 시작도 없고 끝도 없다. 무시무종無始無終이다. 끝도 없고 경계도 없다. 그래서 우주는 광대무변廣大無邊하다고 한다. 이 광대무변한 우주에 천당이 어찌 한 개뿐이며, 지옥이 어찌 한 개뿐이겠는가?

하나의 국가가 형성될 때 형무소를 만들고 감옥을 만드는 것이 아니다. 본래 감옥과 형무소는 없었다. 그러나 범법자가 많이 생기면 감옥이 많이 생긴다. 천당이라는 것도 마찬가지이다. 우주의 공간에 범죄犯罪의식意識들이 만들어 끼리끼리 모이게 되는 것으로 동류상친同類相親 유유상종類類相從하여 지옥에 가는 것이다.

마음 쓰기에 따라 천당이 지옥이 되기도 하고, 지옥이 천당이 되기도 하는 것이다. 감옥을 개조하면 호텔이요, 호텔도 개조하면 감옥이 된다.

그래서 모든 것은 무상하다는 제행무상諸行無常이다. 무상이란 영원하지 않다는 것으로 불교의 핵심적인 진리이다. 영원한 것이 없는데, 천당인들 영원할 것이며, 지옥인들 영원하겠는가?

물질이 형성됨에는 가운데 일극미가 있는 것을 본체일극미本體一極微라 한다. 이 일극미를 중심으로 사방상하의 육극미六極微을 육방중심칠극미六方中心七極微라 한다.

7극미 極微는 1미취 微聚이고,

7미취 微聚는 1금진 金塵이고,(7 × 7 = 49극미)

7금진 金塵는 1수진 水塵이고,(49 × 7 = 343극미)

7수진 水塵는 1토모진 兎毛塵,(343 × 7 = 2401극미)

7토모진은 1양모진 羊毛塵 (2401 × 7 = 16,807극미)

7양모진은 1극유진 隙游塵 (16,807 × 7 = 117,649극미)

이렇게 미진이 모여 세계가 이뤄진다.

그래서 이 모이는 힘이 소용돌이 치고 돌게 되어 卍의 모양으로 돌고 도는 것이다. 돌고 돌며 중력이 생기는 것이다. 삼계유여급정륜三界猶如汲井輪　욕계欲界 • 색계色界 • 무색계無色界는 우물의 소용돌이 같이 돈다는 뜻이다.

이것이 은하계의 도는 모습으로 삼계유여급정륜三界猶如汲井輪이며 만(卍) 모습이다. 여기서 생성소멸이라는 과정만이 영원할 뿐. 물질의 독존적 영원은 없다.

우리는 이러한 우주의 순환원칙에 의하여 삶을 영위할 뿐이다. 그래서 천당이나 극락이나 지옥에 가는 것이 중요한 것이 아니라 속박에서 완전한 해탈인 열반을 부처님께서는 말씀하셨다. 속박의 근원이 무엇인가를 알면 행복해진다. 부처님이 하느님이 악마가 마귀가 있어 우리를 속박하는 것이 아니다. 속박의 근원은 우리 자신이다. 늙음의 속박, 병고의 속박, 죽음의 속박에서 벗어날 수 있는가? 근원을 알면 바로 해탈이요, 열반에 이르게 된다.

삶에는 공유共有의 공동체의 공업共業이 필요한 것이다. 업業이란 행위이다. 학업學業 직업職業 농업農業 공업工業 상업商業등 모든 행위가 바로 업業이다. 개별적인 행위를 불공업不共業 공동의 행위를 공업共業이라 한다. 우리는 공업 중생이다.

가족이 공업이고, 마을이 공업이고, 사회가 공업이고, 국가가 공업이고, 세계가 공업이다. 그래서 한 사람이 한 가족이고, 한 가족이 한 마을이고, 한 마을이 한 면面이고, 한 면이 한 군郡이고, 한 군이 한 도道이고, 한 도가 한 국가가 된다. 그래서 일즉다一卽多요 다즉일多卽一이다 하나가 여럿이요, 여럿이 하나라는 것이다.

그래서 우주가 나요 내가 우주이다. 우리나라에는 일직이 사람이 하늘이라는 인내천人乃天사상이 있다. 인심人心이 천심天心이요, 천심天心이 인심人心이라 한다. 사람의 마음이 하늘의 마음이요, 하늘의 마음이 사람의 마음이라는 것이다. 거기에 무슨 조물주를 찾고 창조주를 찾고 천당을 그리워하고 지옥을 혐오하겠는가?

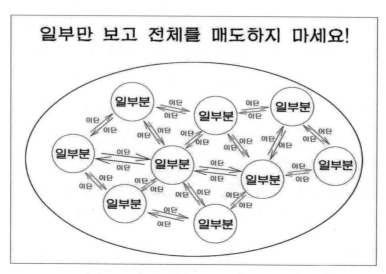

〈출처 http://cafe.daum.net/AdConversion/5Msu/375〉

위 그림에서 보듯이 모두 일부분이지만, 그 일부분이 결국은 전체라는 것을 알아야 한다. 기독교인들은 말한다. 일부만 보고 전체를 매도하지 말라고, 그러면서 극히 일부분이 그런다고 한다. 그러나 그 일부가 전체라는 사실을 알아야 한다.

전쟁을 일으키고 피비린내 나는 싸움이 온 국민이 원해서 하는 것은 아니다. 한 사람의 지도자가 광적으로 원하면 전쟁이 일어난다.

한 사람의 범법자가 여러 명의 범법자가 생길 소지가 있고, 진행되고 있는 것이다. 한 사람의 선행이 여러 명의 선행으로 이어지고 진행되고 있는 것이다. 잘못이 있을 때, 일부만 보지 말라는 엉뚱한 소리를 하면 안 된다.

기독교는 서로 이단이라고 매도하면서도 서로 공존한다. 이것이 일부분이다. 다른 종교는 무조건 사탄마귀이다. 이것도 일부분이다. 내가 피는 바람은 로맨스이고, 남이 피는 바람은 불륜이다. 이것도 일부분이다.

더욱 웃기는 이야기는 왜 성경의 나쁜 말만 골라서 썼느냐는 것이다. 그래서 나는 좋은 말이 있으면 말해보라고 했더니, 사랑이 어쩌고저쩌고 하기에, 그런 이야기는 3류 깡패소설에도 나오는 이야기라고 했다. 바이블은 전체가 엉터리이기 때문에 모순으로 일관된다. 이것도 일부분인가 전체인가?

기독교인들은 일부분이 아니라 전체이다. 전체가 배타적이다. 아무리 친한 친구라도 친척이라도 한 가정에 교인이 있으면 그 집안은 콩가루 집안이 된다.

59 병신칠갑病神漆甲하는 목사들

2월 20일 오후 6시 지났는데 예수가 예언해 줬다더니 어찌됐나? 교회 목사가 발가벗고 병신칠갑病神漆甲하는 모습

병신신육갑病身神肉鉀 병신칠갑病神漆甲 벌거벗고 십자가 지고 간다고 구원이 되겠는가? 물건하나는 실해서, 잘 써먹겠 는데!

공권력에 맞서며 법원 앞에서 시위하는 이 사람들!

* 예수는 지구촌 인류를 모두 죄인으로 만들었고,

* 예수가 있는 곳 마다 분열과 반목이 있으며,

* 예수가 가는 곳 마다 폭력과 전쟁, 학살이 되풀이 되고.

☢ 예수의 출현은 인류와 모든 생명체들의 불행이다.

뇌가 빠진 일자무식 무뇌충이 아닌가?

지성인들이여 눈을 바로 뜨자

이요한 목사(생명의 말씀 선교회 대한예수교침례회 서울 중앙교회)

진화론? 그게 뭔지 아세요? 그거 마귀 짓입니다. 그거 아세요? 마귀 짓이라는 것 아시냐고요, 진화론이 사실이라면 지금은 왜 사람 되는 원숭이가 안 나타납니까? 지금도 사람 되었다고 동사무소에 등록하러오는 원숭이가 있어야할게 아닙니까!!

진화론자들은 이렇게 생각이 없습니다. 조금만 생각해보면 알 수 있는 것을 전혀 생각을 안 하고 사니까 그렇습니다. 진화론을 만든 다윈인가 하는 사람은 마귀의 조종을 받는 사람이었습니다. 마귀는 온갖 방법으로 우리의 믿음을 시험합니다.

전광훈 목사

목사들이 삭발하고 금식해도 지나가면서 물 한잔 안사주고, 야 이 X 새끼들아, 너희들이 국회의원이냐." "예수님 나라 만들기 간단하다. 국회를 100% 점령하고 299명 다 채워서 예수 안 믿는 놈은 감방에 5년, 얼마나 좋아!"

불교 믿는 사람들은 모두 감옥에 보내고 중들은 무인도에 가둔 뒤 헬리콥터로 컵라면만 떨어뜨려주면 이 나라는 기독교 국가가 된다. 우리 사랑 실천당 같은 정당을 뽑아줘서 우리 목사들이 국회를 점령하면 바로 기독교 국가가 된다.

김성광 목사

불신자에게 구차하게 예수 믿으라고 애걸복걸 부탁하지 말고 그냥 저절로 이 땅에서 사라지게 만들면 그게 확실한 전도다. 불신자들과 결혼하지 말고 취직도 시켜주지 말며 철저히 왕따를 시켜서 이 사회에서 불신자들이 살 수 없게끔 만들면 그들은 저절로 사라지게 된다.

민주주의는 기독교, 공산주의는 불교다. 불경에는 도저히 읽을게 없다. 귀신만 나와~~ㅋㅋ [비꼬는 웃음] 목탁은 왜 두드리냐고, 했더니 졸리까봐 두드린다고 하더라.

장경동 목사

불신자는 애 낳지 마라. 전부 지옥 갈 것인데 뭣 하러 낳는가? 전도하려면 진돗개처럼 전도해야 한다. 물면 절대로 놔주지 마. 예수 믿는다고 할 때까지"

불교 믿는 나라는 다 가난하니, 기독교로 개종하라! 스님들은 쓸데없는 짓하지 말고 예수 믿어라.

〈인터넷 글〉 개독들은 애를 낳지 마라. 전부 아비지옥 갈 것인데 뭐 하러 낳나? 개독 박멸을 하려면 악어처럼 전도해야 한다. 한번 물면 몸이 두 동강이 날 때까지 놔주지를 마. 예수라는 사탄, 악마 버린다고 할 때까지...

전통과 역사, 이웃과 사회의 평안을 해치는 개독이란 사회의 악덩어리, 바이러스, 광견병보균자, 악마, 쓰레기...는 이제 수거해서 소각해 버릴 때다. 이제 아무런 희망을 갖고 지켜볼 시간이 지났다. 완전히 소각시켜 버려야 한다.

홍정현 목사(생명의 말씀 선교회 대한예수교침례회 서울 중앙교회)

진화론처럼 말도 안 되는 우기기는 없을 것입니다. 진화론을 만든 마귀[여기서는 다윈]는 정말로 마귀 중에서 가장 멍청한 마귀에 속합니다. 아메바가 물고기가 되고, 물고기가 원숭이가 되고, 원숭이가 사람이 된다니... 이런 마귀의 헛소리에 귀를 기우릴 신도는 없겠죠?

김홍도 목사 (금란교회)

서남아시아 지진해일 참사는 기독교 안 믿는 못사는 나라에 대한 하나님의 엄한 심판이었다.

NEWSN JOY. 데스크 승인 2014.08.04 23:54:33

십일조 안 하면 구원 못 받아

지난 2010년 "십일조 안 하면 구원 못 받는다"고 말한 금란교회 김홍도 목사가 이번에는 십일조를 안 하면 무슨 일이 벌어질지 모른다고 경고했다. 하나님 앞에 드려야 할 거 안 드리면 어떻게 되느냐. 사고·질병·수술비용으로 (돈이) 없어지고, 또 도적 만나 없어져요. 그걸 사람들이 몰라요. 대구에 갔더니 어떤 장로님은 십일조를 떼먹다가, 그 부인이 유방암 걸려 수술을 몇 번을 했대요.

조용기 목사(여의도 순복음교회)

일본 쓰나미는 하나님을 안 믿고 우상을 믿는 사람들에 대한 경고로 땅을 약간 흔들어 놓았다.

신일수 목사

기독교 믿는 나라치고 가난한 나라 나와 보라 그래, 아주 웃기는 짬뽕들이야. 요즘 정신 나간 사람들이 많아, 특히 머리 민 것들[스님을 지칭하는 뒷참 웃기는 짬뽕들이야, 기독교만이 진리니까 기독교 국가들이 부자인거야, 또 세계적인 위인들은 전부 기독교야

〈출처 http://cafe.daum.net/AdConversion/5Msu/518〉

이혼소송 앞두고 25세 연하 부인 살해한 목사

한겨레 등록 : 2013년05월07일 16:00

어린이날을 앞두고 이혼소송 중인 부인을 목 졸라 살해한 60대 목사가 경찰에 붙잡혔다. 경기 일산경찰서는 4일 오전 2시께 고양시 일산서구 한 아파트에서 부인 신모(36.여)씨에게 수면제를 몰래 먹인 뒤 목 졸라 살해한 송모(61)씨에 대해 살인 혐의로 구속영장을 신청했다고 7일 밝혔다. 징역 15년을 선고받았다 하니

정작, 기독교인들을 보라!

교회에서는 사랑을 말하고, 이웃사랑을 말하고, 천당을 말하면서, 교회 안에서나 밖에서나 기독교를 믿지 않는 사람들의 100배는 악한 말을 하고, 살인을 저지르고, 도둑질하고, 음

란한 짓을 하고, 거짓말 하고, 이웃을 미워하고, 질투하고, 속
좁고, 거짓증거하고, 미신을 믿고, 조국을 배반하고, 사회악
자체가 되고, 역사를 배신하고, 조상을 욕되게 저주하고, 패를
갈라 싸우고, 송사하고, 법을 어기고, 차를 공용도로에 널어놓
고 예배를 보고, 고리대금업을 하고, 사회 상식을 뒤엎고, 이
웃종교를 파괴하고 저주하고, 심지어는 이웃이 아닌, 부인도
죽이지 않는가?   〈불륜6걸 검색바람〉

60 임진왜란, 왜倭 침략은 야훼하나님의 크신 은혜

이순신은 처 죽일 적그리스도!
통영시 거북선 목 잘려...! 경악!

▲1986년 4월에 나온 『성결교신학교 논문집』 14호에 실린
기독교의 잡문에서, '임진왜란을 통한 기독교의 전래에 관한
고찰' '최초로 기독교가 조선에 들어왔다는 것은 인간으로 할
수 없는 큰일을 한 것' 일본의 조선침략은 기독교 전파를 위한
여호와하나님의 섭리이다' '여호와하나님의 역사가 히데요시

를 통하여 이 땅에 이루어졌다'고 주장

한국판 십자군전쟁 임진왜란
(풍신수길은 카톨릭 예수회를 이용하였다.)

기리시탄[일본어:吉利支丹(キリシタン], 切支丹, 포르투갈
어:cristão(크리스탕)에서 유래)은 막부시대 일본의 크리스천
즉, 기독교 신자들을 가리키는 말이다.

1592년 출동을 나서기 전 고해성사를 마친 고니시 유카나가
少西行長는 제1 선봉장이 되어 1만 8천여 명의 군사를 이끌고
부산에 들어섰다. 고니시의 군기軍旗에는 십자가 문양이 그려
져 있었다. 400여 년 전 한반도에서 일어난 한국판 십자군 전
쟁의 시작이었다.

일본에 처음 천주교가 들어온 때는 스페인 신부 사비에르에
서부터였다. 1549년 사비에르는 일본으로 건너가 1563년 가
고시마 지방의 오무라 스마타다大村純忠로부터 시작하여 신자
수를 30만명으로 늘렸다.

이에 1569년 오다 노부나가는 기독교의 포교를 공인하게 된
다. 노부나가의 기독교 포교 공인은 그의 배불정책에 기인한
불교사원의 견제가 그 첫째요, 포르투갈과의 무역을 통한 대
포와 화약구입에 필요한 재원을 확보하기 위함이었다.1)

조일전쟁이 일어나기 6년 전인 1586년 히데요시는 예수회
일본 대교구 부시副師 코엘류와 가스빠르의 면담에서 "제국의
전역을 정복한 후엔 중국을 꼭 정복하겠습니다. 여러분은 나의

계획을 어떻게 생각하십니까?"라고 했으며, 대만에도 복속을 요구하는 서한을 보내어 이미 전쟁계획을 수립하고 있었다.

고니시를 비롯한 수많은 기리시단이 조일전쟁에 출동하였고, 신부들을 종군사제로 조선에 보냈으며, 조일전쟁에 출전했던 기리시단은 전체 일본군의 과반수를 차지하였다.

고니시 유키나가는 단숨에 한성을 점령시키고 평양성을 함락시켰다. 하지만 명나라 원군의 출현과 이순신장군의 활약으로 말미암아 전쟁은 소강상태로 들어섰다. 이에 고니시는 일본 천주교 관구장인 고메즈Petrus Gomez에게 종군신부를 요청하여 세스뻬데스Gregorio de Cespedes가 조선으로 파견되었다.

고니시의 경쟁자였던 가토 기요사마加藤淸正는 히데요시가 천주교 선교 금지령을 내렸음에도 불구하고 고니시가 종군신부를 데려온 것을 보고 히데요시에게 사실을 보고하여 세스뻬데스를 내쫓게 하였다.

기리시단이 일본군 전체의 과반수를 차지하였으나, 그들의 악행은 전혀 다른 일본군과 다를 바가 없었다.

기리시단의 십자가 깃발아래 귀베기, 코베기 등의 온갖 살상을 저지른 기독교에 대해 어떻게 생각해야 할까. 흔히 기독교인들은 기독교의 진리에는 아무런 문제가 없으나 그것을 이용하는 사람들이 문제라고 한다.

1598년 일본 예수회 부관구장 고메즈의 비서였던 프란시스코 파시오가 임진왜란에 관해 언급한 것을 소개하고 마치겠다.

『전쟁이 시작 된지 7년이 되는 아주 장기에 걸친 조선전쟁
은 종결될 것입니다. 이 전쟁으로 그리스도교 교도들에게 아
주 많은 노고와 경비지출을 요하게 되었지만 전쟁이 없었더라
면, 즉 그리스도교계 전체를 파멸시킬 수 있었다고 생각됨으
로 우리들은 주님에게 한없는 감사를 드려야 합니다. 말하자
면 다이고가 조선인에 대한 이 전쟁을 실행함에 있어 저지른
부정의에 대해 주님이 그와 같은 특별한 배려로 그리스도교계
를 유지시키려고 전력을 다했기 때문입니다.』

[출처]반기련- http://www.antichrist.or.kr/

61 스님께 안수하는 목사.

- 온 대한민국의 네티즌들 이 사진 하나로 대 분노! -
- 아프가니스탄, 이라크의 참사들이 모두 우연히 아니로다! -
부산 금정시장....어느 개독 미신 마구니교 전도새목새로
보이는 이가 도심 속 독거노인들을 위한 무료 밥집인 '민들레

밥집'을 운영하고 계시는 적극 보시행, 두타스님의 머리에 손을 얹고 "회개하라! 사탄. 마귀의 앞잡이여! 회개하라! 예수를 믿어야만 구원 얻는다! 사탄의 길 버리고 우리 구주 예수만 모셔라!"며 안수하고 있다. 스님은 끓어오르는 모멸감을 꾹 참아내고 계시다.

이 사진을 보고 대다수 한국 개신교인들은 속으로 쾌재를 부르는가? 대한민국의 불자여! 세계의 불자여! 지금 이 시각에도 이상한 배타 미신 악마의 종교 기독교 마구니들이 전국 방방곳곳에서 저보다 더한 악행을 저지르고 있다.

개독들 드디어 미쳐 버렸다! 태극기마저 사탄타령

태극기를 바꿔야 한다고 난리이다. 정작 바꿔야 할 것은 태극기가 아니라 애국가이다. 〈하느님이 보호하사 우리나라 만세!〉를 바꿔야 한다. 정말 바꿔야 한다. 정작 우리의 하느님은 단군하느님인데, 착각을 불러온다.

◀ 칠레 개독이 자기 딸을 벌거벗긴 후, 입을 테이프로 봉하고 산채로 모닥불에 던져 야훼에게 바쳐, 경찰에 체포됐다. 사진은 경찰이 현장을 조사하는 모습.

◀ 아들을 산채로 가죽을 벗겨 야훼에게 불태워 제사지 내려는 아브람(구약 중)

◀ 사람을 불덩이에 넣어 산채로 번제를 올리는 유태교도들...기독교의 성경구약의 내용. 이런 사악한 무리들의 미신적 종교가 천주교 기독교이다.

▶ 천주교 신부神父를 사제司祭라고 한다. 사제司祭라는 뜻은 제사를 관장하는 사람이라는 뜻이다. 그 제사를 누구에게

지내는가? 바로 여호와(야훼) 신께 제사祭祀 지내는 것이다. 그래서 사제司祭이다.

순수 우리말로 하면 무당巫堂 이다. 무당이 굿하는 것이 신께 제사지내는 행위인 것이다. 전국의 지붕은 더욱 빨개질 것이며 광신적 작태는 극에 이르러 제 2 제 3의 브레이빅과 같은 사람이 많이 나올 수도 있다는 것을 명심해야 할 것이다.

제사 지내는 형식만 다를 뿐이다. 사제란 곧 무당이다. 천주교 기독교 무당이 사제나 목사인 것이다.

인사하는 방법이 다르듯, 우리는 옛날에 절을 했다. 서양인은 손을 흔든다. 방법만 다르지 인사는 똑같은 것이다.

번제燔祭 희생제犧牲祭 이것 모두 천주교 기독교 바이블에 나오는 제사이다. 번제는 불로 지지고 굽는 것이요 희생제는 동물과 사람을 잡아 제사 지내는 것이다. 사제司祭인 신부가 지내는 제사이다.

십일조는 주님의 명령이다! 명령을 안 따르면 전쟁에선 즉

각 총살 아닌가? 십일조 안내면 지옥에 간다.

〈부처님 오신날 교회 현수막〉
우상에게 절하는 자는 손자의 손자
까지 하나님께 저주받으리라,

〈어린이들도 개독
삐끼질 체험〉

기독교가 광신으로 이어질 수 있는 이유는 온갖 잡신雜神을 성령으로 탈바꿈 시킨 성령이라는 마약 때문이다.

기도회나 부흥회 수련회 수양회에서 이 마약성분 같은 자극을 뇌에서 스스로 창조, 운반시키면 알 수 없는 즐거움으로 가득 찬다.

마치 아편 맞고 히죽거리는 마약의 증상처럼 단지 기독교는 사람들을 구속시키기 위하여 신에게 순종하라는 쇠사슬을 채우고 죄인임을 세뇌하도록 배경을 꾸민다.

이렇게 마약이 투여한 상태에서는 아무리 맛없는 음식이라
도 맛있게 먹을 수 있다. 기독교는 이 성령이라는 마약을 정
당한 양, 신비스러운 양, 투여하지만 그로인하여서 수많은 사
람들이 마약중독자가 되어 삶을 허비하고 자본을 낭비하며 타
인마저도 깊고 어두운 늪으로 빠트린다.

　기독교만의 나라가 있다면 보이기엔 문제없이 잘 살고 있는
듯 보이지만 광기에 얼룩진, 일그러진 사회일 것이다.

1.

2.

1. 탈북자들이 들어오는 공항에서 [동무들! 예수믿고 천국갑세
　다.]라는 푯말. 국제적 망신이 아닐 수 없다.
2. 돈이라면 환장을 하는 교회 헌금봉투도 다양하다.

1.

2.

1. 『로마교황 적그리스도 우상숭배자.』 라는 푯말
2. 『하나님 앞에 로마가톨릭과 교황 회개 하지 않으면 지옥

간다.』라는 푯말

출처 http://www.newsnjoy.or.kr/news/articleView.html?idxno

☀ 같은 하나님, 같은 교과서를 믿으며 해석이 다르다고 적
대시하고 있는데, 불교인이나 기타 종교인, 무종교인의 심사
心思는 어떻겠는가? 한마디로 똥 씹는 맛일 것이다.

63 한국방송은 천주교 방송인가? 미친 광란의 쇼.

미국의 오바마 대통령이 2014년 4월 25일 - 26일 2일간 한
국에 머물렀다. 2014년 7월 3일은 시진핑 중국 국가 주석이
방한하여, 1박 2일간의 일정으로 한국을 방문했다.

세계최강의 국가지도자가 방한한 것이다. 한국으로서는 모
든 국민이 환영하고 국가적으로 큰 이익이며 영광이었다.

그러나 대다수의 국민은 이 두 분의 국가 통치자가 한국에
온 것에 대하여 별다른 거부감 없이 모두 환영하는 입장이다.
그런데도 많은 국민들은 이분들이 온 것조차도 자세히 알지
못하며 별 관심이 없었다.

그러나 8월 14일 프란치스코 교황이 한국에 왔을 땐 온통
신문방송이 생난리이다. KBS는 무슨 올림픽이나 월드컵을 생
중계하듯 온통 지랄을 떨고 있었다.

천주교인 신자 수는 한국 천주교 주교회의가 발행한 「한국
천주교회 통계 2013'에 따르면 한국 천주교회 신자 수는 지난

해 말 기준 544만2996명으로 전년 대비 1.5% 늘어나 총 인구 10.4%를 차지한 것으로 조사됐다.」

이렇게 볼 때, 약 5백5십만의 천주교 신자들은 환영하고 기뻐했을지 모르지만, 10,00만의 불교인들은 솔직히 기분이 더럽게 나빴을 것이다. 또한 천주교보다 신자수가 월등하게 많은 기독교계에서도 위의 사진에서 보듯이 반대하고 있다.

이렇게 볼 때 종교인 4분의 3은 교황이 온 것에 대하여 좋은 감정은 아니다. 국익에 도움이 되는 것도 아니다. 천주교 신자수가 늘면 교황청으로 빠져나가는 외화 유출이 늘어나게 되는 것이 아닌가?. 그런데 언론에서는 생난리이다. 정말 자숙하고 깊이 생각해야 할 때다.

노벨평화상을 수상하고 세계종교지도자인 불교계의 달라이라마는 들어오지 못하게 하면서 왜! 이렇게 악마의 집단인 교황에게는 생난리일까.

왜! 이런 방송 언론의 편파적 행위가 일어나는가? 한마디로 정치가 썩고 정치인들의 정신적 미숙未熟이 무식하게 썩고, 학자들의 정신적 미숙未熟이며, 정신병적 천주교기독교계 노조들의 언론 통제에서 일어나는 폭거의 현상이라고 본다.

과거에는 정부에서 정권유지의 차원에서 권력자들이 언론을 통제했지만, 지금은 천주교 기독교 계통에서 언론을 통제한다. 기독교 천주교에서 큰일이 일어나면 대대적으로 생난리를 치고, 나쁜 일이 일어나면 은폐 조작하기 급급하다. 지금까지의 이 책을 읽어 본 사람이라면 감이 잡힐 것이다.

추적 60분이나 〈이것이 알고 싶다〉등의 프로에 교회 비리를 밝히려면 벌떼 같이 일어나 방송국이나 신문사에 쳐들어가 점거시위를 하며, 종교탄압이라고 생떼를 쓰고 있는, 이것이 언론탄압이다.

그 일예로 MBC 습격 사건(1999)이 있다.

1999년 5월 11일 MBC PD수첩에서 만민중앙교회 이재록 목사의 실체를 방영하려 하자 신도 2천여 명이 "MBC가 하나님입니까?" 등의 구호를 외치며 MBC 본사 로비를 점거하고 일부는 주조정실에 난입해 방송을 중단시킨 방송사상 초유의 펑크., 우리나라 방송 역사상 특정 단체에 의해 방송이 중단된 최초의 사례이다.

이 사건은 대한민국 방송 역사상 최악의 방송사고로 기록되었다. 우리나라 방송 역사상 특정 단체에 의해 방송이 중단된 최초의 사례로 심지어 5.16 군사정변. 12.12 사건 때도 이런 일은 없었다. 특히나 국가 중요 보안시설인 방송국 주조정실이 민간인에 의해 쉽게 탈취되었다는 점은 국가안위를 위협하는 일이다.

공권력의 무능無能과 무력화無力化

그리고 13년 후… 2014년 5월과 6월 7월에 걸쳐 세월호사건의 교주 유병언의 집회소인 안성의 금수원에서 일어났다. 한 기독교의 신도들이 검찰과 경찰의 소환을 막고 농성을 했다. 약간 다른 게 있다면, 이 신도들이 중간에 언론플레이를 위해 검찰과 경찰의 진입을 제한적으로 허용하다 말다를 반복하는 것이 만민중앙교회와 좀 다르고, 만민중앙교회가 방송국을 습격한데 반해 이 교파는 검찰의 조사를 가로막았다는 것만 달랐을 뿐, 기독교광신도들의 조직적 행동이라는 점에선 둘 다 전혀 다를 것이 없다. [기독교 전체가 서로 사이비]

통계청이 25일 발표한 '2005년 인구주택총조사 인구부문 전수집계결과'에 따르면, 이 중 기독교 인구는 전체 861만 6000명(18.3%)으로, 불교(1072만 6000명, 22.8%)에 뒤를 이은 것으로 나타났다. 이는 그동안 일부 보수교계가 한국 기독교 인구를 1300만 명이라고 밝힌 것과는 큰 차이가 난다. 한편 직전 조사(1995년 11월) 때의 결과(876만 명, 19.7%)보다 15만명 가까이 떨어진 것으로 집계돼 기독교 교세가 하락세로 접어들었음을 드러냈다.

한편 가톨릭은 514만 6000명(10.9%)으로 나타났고, 뒤이어 원불교 13만 명(0.3%), 유교 10만 5000명(0.2%) 순으로 조사됐다. 한국의 3대종교라면 불교 기독교 천주교일 것이다. 신자수가 제일 적은 천주교의 교황이 왔는데, 왜! 이렇게 대통령부터 생난리인가? 1천만의 불교도들이 보았을 때 눈물 나는 일이다.

관심병사의 총기난사와 종교중오범죄자

동부전선 GOP에서 관심병사에 의한 총기난사로 5명이 죽고 7명이 부상을 당하는 희생이 발생하였다. 군 당국은 자살위험 사고유발의 가능성 가혹행위를 저지를 가능성 등, 위험군群에 속한 병사를 관심병사로 분류하여 관리하고 있다. 대한민국에서 벌어지고 있는 종교증오 범죄는 기독교증오 범죄로 기독교의 병폐에서 오는 결과이다.

군대에서의 종교생활은 어떨까?

혹시 "빵신자" 라는 말 들어보셨나요? 혹은 "초코파이 신자" 라는 말은요?

감옥(!) 이나 군대에서 종교행사에 참석을 유도하기 위한 수단 등으로 참석 시 빵이나 초코파이를 나눠주는데 종교행사 자체엔 관심 없이 오직 빵만을 먹기 위해 참석하는 사람들을 말하는 것이다.

종교증오범죄자들이 왜 생길까?

여기서 종교증오라는 것은 기독교증오를 말하는 것이다. 왜 사람들은 기독교를 증오할까? 예방·처벌법 절실"하다고 하나, 필자의 경우 군생활의 경험을 상기해 볼 것 같으면, 군 생활에 적응 못하는 관심병사라는 것을 옛날에는 〈고문관〉이라는 별명이 붙었다. 고문관은 왕따는 물론 구박과 놀림의 대상이 되었다. 이 고문관이라는 관심병사는 대부분 기독교인들로서 대화의 소통이 어려운 사람들이 많았다.

앞으로 교인이 늘어나면 늘어날수록 고문관이라는 관심병사는 더 많이 생길 것이고 조○희 브레이빅 같은 극우 기독교인이 많을 경우 정말 관심병사가 더 많아 질것이며 대형 인명사고는 예측된 것이다.

지금도 정보가 누출되지 않은 많은 사건이 기독교인들로 인하여 일어나고 있다고 본다.

군사법원이 국정감사 자료로 제출한 '군 간부 인성검사 이상자 현황 자료'를 살펴보면, 육·해·공군 장교 2만 5천 명과 부사관 5만 5천 명 등 8만여 간부들 가운데, 6.7%에 해당하는 5천 4백여 명이 정신이상 판정을 받은 것으로 드러났다.

관찰과 도움이 필요한 B급 '관심' 단계가 3천 8백여 명, 극심한 심리 장애를 겪고 있을 가능성이 높은 C급 '위험' 단계도 천 5백여 명에 달했다. 해마다 군 간부들의 자살 사건도 끊이지 않고 있다고 한다. 지난 2012년 32명, 2013년 31명, 그리고 올해는 지난 6월까지 10명으로 늘었다 줄었다를 반복하고 있다.

☀ 이 모두가 교회교육이 학교교육 사회교육을 넘어서는 가치관의 혼돈 때문에 일어나는 사회의 병폐라고 본다.

64 지혜롭게 바로 알아야 한다.

어떤 종교이든 그 종교로 인하여 단 한명의 생명이 교리敎理상으로 죽이는 일이 있다면 그 종교는 지구상에서 완전히 없어져야 할 것이다.

설령 천만 몇 십억 명을 구원한다 치더라도 단 한명이라도 교리적으로 억울하게 죽임을 당했다면 그 종교는 이미 미신으로 사라져야 한다.

역사적으로 실제적으로 사실적으로 천주교 기독교로 인한

공인된 구원은 단 한명도 없었고 광신狂信에 의한 자가당착적 구원이 있었을지는 몰라도. 오히려 기독교 천주교로 인하여 1차 2차 대전大戰보다 더 많은 인명인 몇 억億 명이 죽은 것이 사실이니 참으로 통탄할 일이다. 그런데도 믿고 있으니, 무지無智란 이렇게 무서운 것이다.

생각이 없고 뇌腦가 없는 무뇌충無腦蟲이 분명하지 않은가? 그러니 100% 지옥 가는 것은 불 보듯 빤한 일이 아니겠나? 기독교 천주교인! 이들에게 영겁을 나오기 힘든 지옥이 100 % 기다리고 있을 뿐이다.

간혹 병을 고친다든가 하는 것은 병원의 의사가 더 잘하는 일이요, 설령 안수기도로 고쳤다 치더라도 결국은 재발되어 죽는 것이다. 그 기도로 고치는 일은 기독교 천주교보다는 불교와 기타 종교와 무속인들이 더 많이 고치고 있다. 필자도 영가[귀신] 병으로 고생하는 사람들을 지금도 인연이 닿는 대로 잘 고치고 있다. 그러나 누구든 죽는 이치를 바로 알고 생로병사의 원리에 의하여 죽음은 그 누구도 피할 수 없다는 것을 알아야 한다.

죽어서 천당이나 극락을 가려면 생시生時에 마음 잘 쓰는 법을 배워야 한다. 살아서 천당이 죽어서도 천당이요, 살아서 극락이 죽어서도 극락이다. 살아서 증오하고, 질투하고, 시기하고, 원망하고, 살인하고, 강간하고, 도적질하고, 거짓말하고 이간질하고, 욕설하고, 탐내고 성내고 어리석은 짓은 살아서도 지옥이요, 죽으면 그 의식이 100% 지옥이다.

불같은 성격에 앞 뒤 가리지 않고 남이하면 덩달아 하는 습성이 교인들에게 있는 것 같다. 교인 아나운서들 중에 공영방송에 십자가목걸이를 하고 방송하는 것. 축구 골 세라모니, 연예인들의 방송 시상 뒤 하나님의 은혜로 돌리는 감사 말, 모든 행위가 선교와 연결되지 않는 부분이 없다. 이런 것이 시청자에게는 많은 불쾌감을 주고 있다.

남의 종교 파괴하고, 절에 불 지르고, 불상을 부수고, 단군상 목 부러트리고, 남을 비방하고, 엉터리를 믿으라고 강요하고 지옥에 간다고 협박하며 공포심 조장하는 이것이 살아서 지옥이요, 죽어서도 지옥이다,

이제는 정말로 광적인 미신은 인류역사에서 사라질 때라고 본다. 우리 모두 조용히 행복하게 살자.

☀ 언론의 통제와 편파적 보도는 반드시 시정되어야 맑고 밝은 사회가 될 것이다.

☀ 학교교육을 넘어서는 기독교 교회교육

학교에서 받는 교육의 학생 수와 같이 교회에서 받는 교육의 학생수가 3분의 1이 넘으면 사회적으로 심각한 것이다. 필자가 교직에 있을 때 30명을 기준으로 무종교인 15명 기독교인 10명 불교인 2~3명, 기타 1~2명으로 불교의 2~3명과 기타 1~2명은 종교 활동에 전혀 참석한 경험이 없는 부모의 종교인인 반면, 기독교 천주교인 10명은 본인이 직접 종교 활

동을 하는 학생들로 교회교육으로 이미 세뇌되어 가고 있는
학생들이다.

이렇게 볼 때 기독교 천주교에서 학생들에게 창조론을, 학
교에서는 진화론을 가르칠 때, 교육자들이 한계를 느낄 수밖
에 없다. 세뇌된 창조론과 세뇌되지 않은 진화론의 대립은 세
뇌된 쪽이 힘을 발휘하게 되는 것이다.

교황의 방한은 지성인과 한국인의 수치

가톨릭에서 성덕이 높은 이가 선종善終하면 일정한 심사를
거쳐 성인聖人의 전 단계인 복자福者로 추대하는 것. 보통 선
종 후 5년의 유예기간을 거쳐 생애와 저술, 연설에 대한 검토
와 함께 의학적 판단이 포함된 심사를 통해 현 교황이 이를
최종 승인한다.

시복식에 이어 시성식을 거친 후 성인으로 추대된다. '악마
의 변호인제도'라 할 정도로, 후보자가 복자나 성인이 될 수
없는 이유를 조사하는 심사절차가 매우 까다롭다.

(출처: 시사상식사전, pmg 지식엔진연구소, 박문각)

이번 프란치스코 방한 일정에 맞춰 한국에서 시복식이 거행
된다는 소식이 연일 오르내리고 있는 가운데 시복식이 대체
뭔가 무슨 뜻인가 궁금하던 차에 검색을 해 봤다.

가톨릭에선 누군가를 복자福者로 지정할 때 네 단계로 구
분하는 듯하다. 그 중에서 뷔티피케이션beatfication 단계는

성인의 전 단계로 분류가 된다. 또한 시복자로 지정되면, 가톨
릭교회에 의해서 그 사람은 천국에 입성했다고 하는 증표로
여겨지기도 한다.

이번 16일 광화문에서 치러지는 시복식을 통해 복자 및 복
녀福女로 추대되는 인물은 윤지충 바오로를 비롯한 124명의
순교자들이라고 한다.

☀ 예수 후 천주교에서 성인이라고 하는 사람들은 베드로
요한을 비롯해 많이 있다. 역사적으로 깨닫거나 위대해서 성
인이 된 것이 아니라, 천주교적 성인으로는 맹신적으로 개죽
음의 순교殉教하면 천주교 성인聖人이 된다.

그것도 천주교의 입장에서 박해와 순교이지만, 국가적 입장
에서 보면 반국가적 반사회적 반윤리적 반민족적 역적 매국노
의 도당행위일 뿐이라고 보는 견해가 많다.

신유사옥辛酉邪獄 조선역사 브리태니커에 보면, 신유년인
1801년에 있었던 천주교의 난이다. 사옥邪獄이란 사뙨, 어긋
난 교리의 옥사라는 뜻이다. 천주교의 난難이라 해서 신유교
난辛酉教難이라고도 한다. 이것을 천주교에서는 신유박해라
한다.

국가적 차원에서 보면 박해가 아니고 일종의 난이기 때문에
사옥邪獄이나 교난教難이라는 말이 맞다. 천주교 성지라고 하
는 곳도, 국가에서는 성지聖地라고 하면 안 되고, 천주교인 순
교지殉教地라고 해야 한다.

진정한 종교의 자유, 민주의 자유, 언론의 자유가 공정 공평하게 온 국민이 알 권리를 가지고 행복하게 살았으면 하는 세상이 되길 바란다.

65 교황이 미사 설교하는 부처님 말씀

이 세상에 내 것은 하나도 없다
〈네이버 블로그에 올라온 내용이다http://blog.naver. com/mjk〉
〈교황의 미사설교내용〉

『매일 세수하고 목욕하고 양치질하고 멋을 내어보는 이 몸뚱이를 '나'라고 착각하면서 살아갈 뿐이다. 우리는 살아가면서 이 육신을 위해 돈과 시간 열정 정성을 쏟아 붓습니다

예뻐져라. 멋져라. 섹시해져라. 날씬해져라. 병들지 마라. 늙지 마라. 제발죽지마라. 하지만 이 몸은 내 의지와 내 간절한 바램과는 전혀 다르게 살찌고 야위고 병이 들락거리고, 노쇠화 되고, 암에 노출되고. 기억이 점점 상실되고. 언제 가는 죽게 마련입니다.

이 세상에 내 것은 하나도 없습니다.

아내가 내 것인가? 자녀가 내 것인가? 친구들이 내 것인가? 내 몸뚱이가 내 것이 아닐진대 누구를 내 것이라고 하고 어느 것을 내 것이라고 하던가?

모든 것은 인연으로 만나고, 흩어지는 구름인 것을 미워도

내 인연, 고와도 내 인연, 이 세상에서 누구나 짊어지고 있는 고통인 것을 피할 수 없으면 껴안아서 내 체온으로 다 녹이자. 누가해도 할 일이라면 내가 하겠다.

스스로 나서서 기쁘게 일하자. 언제 해도 할 일이라면 미적거리지 말고 지금 당장에 하자. 오늘 내 앞에 있는 사람에게 정성을 다 쏟자. 운다고 모든 일이 풀린다면 하루 종일 울겠다. 짜증 부려 일이 해결된다면 하루 종일 얼굴 찌푸리겠습니다. 그러나 이 세상일은 풀려가는 순서가 있고 순리가 있습니다.

내가 조금 양보한 그 자리, 내가 조금 배려한 그 자리, 내가 조금 낮춰 논 눈높이, 내가 조금 덜 챙긴 그 공간, 이런 여유와 촉촉한 인심이 나보다 더 불우한 이웃은 물론 다른 생명체들의 희망공간이 됩니다.

나와 인연을 맺은 모든 사람들이 정말 눈물겹도록 고맙습니다. 가만히 생각해보면 이세상은 정말 고마움과 감사함의 연속입니다. 사랑만이 우리를 구원할 수 있습니다.』

- 프란치스코 교황 -

미소 뒤에 무슨 음모가 있을까?

▲위에 교황이 설교한 내용은 바이블(성경)에는 전혀 없는 내용으로 불교의 부처님 말씀이다. 여호와하느님께 벼락 맞아 죽을 내용이다. 기독교 천주교의 교리와는 180도 어긋나는 내용이다.

교황은 무상無常 고苦 무아無我와 인연因緣법을 말하고 있다. 불교의 근본핵심교리이다.

내 것이 없다는 것은 무아無我사상으로 부처님이 우주 최초로 말씀하신 것이며, 인연법 또한 불교의 근본교리이며, 핵심사상이다. 기독교를 세인世人의 말로 개독이라고 한다면, 천주교는 교활한 여우사냥개라고 하는 것이다. 이들은 불교흉내 내기, 불교따라 하기, 49제 염주는 묵주, 불교 말살정책하기, 자기들의 전통문화 하기를 하고 있다.

로마 가톨릭 교황 방한과 루시퍼 제사 그리고 전쟁.
survival2014.07.23 15:45(이것은 기독교단체에서 발표한 것이다.)
http://blog.daum.net/j73lp7d3td/93

루시퍼에게 인간을 희생제사로 드리는 '인신제사'
지난 3월 31일, Mexico City (CNN)는 멕시코 북쪽 지역인 Sonora에서 '죽음의 성자'로 알려진Santa Muerte에게 희생제사 犧牲祭祀로 바치기 위해 두 소년들과 한 여자를 살해한 혐의로 8명의 사람들을 체포하였다고 이 지역 경찰들이 지난 금요일 발표했다고 보도하였다.

▲ 칠레 기독교인이 자기 딸을 벌거벗긴 후, 입을 테이프로 봉하고 산채로 모닥불에 던져 야훼에게 바쳐, 경찰에 체포됐다. 사진은 경찰이 현장을 조사하는 모습.

검찰 대변인인 Jose Larrinaga에 의하면 희생자들(그 중 둘은 10살)은 살해당한 뒤 그 피가 성자의 제단에 바쳐졌다고 한다.

(죽음의 성자인) Santa Muerte는 범죄자들과 마약 거래자들 사이에서 특히 인기 있는 것으로 알려지고 있다.

이 죽음의 성자는 아직 가톨릭교회에서 공식적으로 인정받지는 못하고 있지만, 최근 몇 년 사이에 큰 인기를 끌고 있다.

세 명의 희생자들 중 하나는 2009년에 살해된 것으로 추정되고, 마지막 희생자는 이번 달에 살해된 것으로 보인다.

그들의 시신은 작은 광산 지역인 Nacozari에서 발견되었는데, 가족으로 구성된 용의자들 중에 하나는 15세에 불과하다고 알려지고 있다.

* 잉카 문명의 발상지인 멕시코는 예로부터 인신제사의 풍습이 있어왔다. 저들이 믿는 태양신에게 주기적으로 사람들을 제물로 바쳐 풍요와 다산의 복을 빌었던 것이다.

인신제사의 풍습은 잉카문명에만 해당되는 것은 아니다. 성경의 배경이 되고 있는 가나안 땅에도 부엉이 혹은 금송아지 형상을 한 몰록(혹은 몰렉)에게 아이들을 바치는 풍습이 있었던 것이다.

루시퍼는 기독교에서는 악마 사탄이라고 한다.

그런데 왜, 천주교에서는 루시퍼를 찬양하는 찬송가를 부를까? 기독교에서 볼 때 천주교는 악마 사탄에게 제사를 지내고 있는 것이 분명하다.

1. 태양신(루시퍼는 잉카문명과 이집트 문명에서 태양신으로 묘사되고 있다)에게 인신제사人身祭祀를 드리는 잉카인들!

2. 몰렉에게 아이를 불태워 바치는 가나안 사람들 - 훗날 이스라엘 백성들이 이 혐오스런 가나안 풍습을 쫓았다가 결국 하나님의 심판을 받게 되었다.

(1과 2의 그림과 설명은 기독교인의 설명으로 구약을 말하는 것이고 신약의 하나님은 다르다는 논조의 설명이다.)

문제는 이런 가증스런 인신제사人身祭祀의 풍습이 그 옛날 잉카시대, 구약 성경 시대에만 있었던 것이 아니라, 오늘날에도 여전히 광명의 천사 루시퍼를 섬기는 자들 사이에 은밀하게 이루어지고 있다는 것이다.

프리메이슨의 하부 조직인 '보헤미안 그로브'에서는 매년 이름만 대어도 알 수 있는 유명한 인사들이 일 년에 한 번씩 숲 속에 모여 저들만의 은밀한 모임을 갖는데, 그 모임의 마지막 날 부엉이 형상을 한 몰렉 신에게 어린 아이를 희생시켜 인신제사를 드리는 것으로 알려지고 있다.

Sonora State Investigative Police (PEI)에서는 이 사건을 "사탄 숭배자들"에 의해서 저질러진 것으로 설명하고 있다.

멕시코의 한적한 시골 사람들이 저지른 이 혐오스런 사건과는 달리, 세상의 권력을 지닌 저들이 저지르고 있는 이 일들은 밖으로 알려지지도, 처벌하지도 못하고 있다.

▲ 보헤미안 그로브에서 벌어지는 인신제사人身祭祀와
이곳의 회원들로 알려진 미국의 전직 대통령들! ◀

더 두려운 것은 언젠가 저들이 세상의 권력을 장악하게 될 그 날이 오면(NWO가 실현되면), 이제는 공개적으로 저들이 섬기는 루시퍼에게 사람들을 희생제사로 드리는 인신제사 (human sacrifice)가 부활할 것이라는 우려 때문이다.

출처 http://blog.daum.net/j73lp7d3td/93

바티칸 부활절 철야예배 〈루시퍼〉 찬송하다~!!그 내용

이런 놈들에게 절해서는 안 되지요~!!!무릎을 꿇어서도 안
되지요~! 로마 가톨릭은 완전히 사탄교입니다. 천주교는 사탄
교입니다. 베네딕트 16세가 이런 거 했네요. 라틴어 찬송가사
歌詞. 실제로 말이죠.

Flammas dius Lucifer(=Satan) Matutinus inveniat
ille, inquam,Lucifer(=Satan) qui nescit occasum,
Chritus Fillus tuusqui, regressus ab inferis humano generi
Serenus
illuxit et vivigt et regnat in saeculorum

한국말번역

불타오르는 루시퍼가 인류를 찾으신다.
내가 말하노니 "루시퍼 당신은 결코 패하지 않으십니다."
그리스도는 루시퍼의 아들입니다.
지옥으로 부터 돌아와서 평화로운 빛을 비추시던 그는 살아있
고, 그리고 영원히 세상을 다스리십니다.

〈출처 http://bbs1.agora.media.daum.net〉

✽✽ 천주교는 마피아보다 몇 배 무서운 조직이다.

지금도 사건사고는 계속 일어나고 있다.

✽✽ 기독교인 천주교인은 100%지옥에 간다. 왜! 가는가?
천주교인은 바이블 이론대로 해석하면 바이블대로 행동을
하지 않았으므로 여호와 신의 진노怒震로 가게 되고, 기독교

인도 마찬가지로 조씨나 브레이빅 같은 극우 교인을 빼고는 모두 지옥에 간다. 이것은 바이블의 이론이다.

불교적 이론으로 본다면 모두 사견邪見을 가졌으므로 100%로 지옥에 간다. 기독교 천주교를 믿는 그 자체가 바로 선행을 했건 악행을 했건 사견邪見자이므로 모두 지옥행이다.

예수로 인한 위정자들로 인하여 얼마나 많은 사람들이 억울하게 죽어 갔는가? 뉴스에 나오지 않았을 뿐 지금도 기독교가 존재하는 한 계속 사건사고는 일어나고 있다.

66 왜! 대한민국은 희망이 없는가?

어린이는 가정과 사회와 국가와 전 세계 인류의 꽃이며, 가정과 사회와 국가의 미래이고 세계 인류의 미래이다.

이 천진난만天眞爛漫한 이 어린이들을 죄인으로 만들어 족쇄를 채우고, 분별력이 없는 교회교육이 사회교육과 학교교육 가정교육을 넘어서고 있다.

이렇게 죄의식으로 세뇌된 이 어린이들의 장래가 어떻게 되겠는가?

대한민국의 장래는 이 어린이들이 의식意識에 달려 있다. 이 삐뚤어지게 세뇌된 의식意識이 어떻게 바르게 되겠는가? 교회교육이 사회교육과 학교교육 가정교육을 능가하면 바로 중세의 암흑시대와 같이 되는 것이다. 기독교가 사라지지 않는 한 대한민국과 인류의 미래는 암울할 뿐이다.

▲ (사진제공 : 서울광염교회)

눈물로 회개하는 맑은 영혼

눈물로 회개하는 맑은 영혼이란다. 맑은 영혼을 흙탕물로
세뇌시키고 있지 않는가. 이들을 누가 이렇게 만들었나.

이 어린이들이 무엇을 안다고 어깨띠를 두르고 선교할까?
광기 어린 아우성 아비규환이 따로 있는가? 언제 끝일까?

조상을 외면하는 이들에게 민족이라는 공동체가 있을까?
이렇게 해서 미치면 부모도 죽이고 자식도 죽이는 것이다.

이 젊은이들의 넋 나간 행위는 민족은 물론 인류 사회의 미래를 암울하게 하고 있다.

『신앙의 자유를 위협한다. 순교로서 지켜내자.』 누가 신앙이 자유를 위협했나? 정말 웃기는 똥개들이다. 남의 집에 들어와 똥칠이나 하고 있는 이들이 아닌가? 바른 소리하면 종교탄압이라 길길이 날뛰고, 남의 집에 똥칠하는 것은 신앙의 자유라고 생떼를 쓴다. 어떻게 할 것인가?

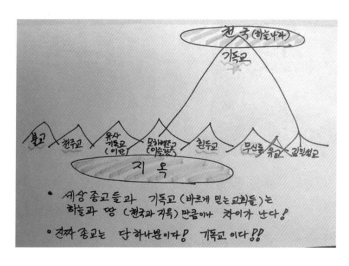

학생과 어린이에게 이런 식으로 세뇌 시킨다. 사람을 사람으로 보지 않고 믿지 않으면 마귀로 보는 이들의 머릿속에는 무엇이 들어 있을까? 천당을 미끼로 낚아채고, 지옥의 공포로 얽어맨다.

이 젊은이들의 마음은 평온할까 들떠있을까? 무엇을 구하려고 이렇게 광기어린 절규를 하고 있는가?

이런 광기어린 교인이 한국에 1천만을 돌파하고 있다. 개인이 병들면 가정이 병들고 사회가 병들고 국가가 병들고 세계가 병드는 것이다.

미치고 환장해서 가정을 돌볼 시간이 있나. 이들의 가정은 온전한가? 이들이 군대에 가면 관심사병, 즉 고문관이 되는 것이다.

　대한민국을 짊어질 젊은이들과 주부들이 맹신의 광기로 사리분별을 못할 때 가정도 사회도 나라도 파멸되는 것이다.

　목사들의 부富를 축적기위해 이 많은 사람들이 광란의 쇼를 벌이고 있다.

어린이 여러분 오늘은 창세기에 대해 배워보도록 하지요. 무엇이든 질문해 보세요.

목사님! 노아의 방주는 운동장 반 만한데 어떻게 전 세계 동물 4만6천 마리들을 쌍쌍으로 몽땅 태웠어요.?

아...아...그건요.. 하나님은 못하시는 일이 없으시니까요.

목사님! 아담과 이브가 우리의 조상이라면.. 우린 모두 근친상간으로 태어난 건가요?

하나님께서 6000년 전에 세상을 만드셨는데, 왜 30억 년 전의 공룡 화석이 발견되었나요?

　이 만화가 무엇을 뜻하는 것인가. 말문이 막힌 목사는 결국 학생들을 기합으로 끝을 맺는다. 과거 한국 교육의 현장이라고 보아도 과언이 아닐 것이다.

　이들이 나중에 성장하면 아래의 모습과 같이 된다. 그러니 과연 한국의 미래가 있는가? 학교 교육을 망치는 교회교육과 전교조, 전교조의 모체母體가 바로 YMCA교사연합회이다. 즉 기독교인 교사연합회가 바로 전교조의 전신이다.

　도시산업선교회의 주동으로 이성을 잃고 비생산적인 노조 활동과 귀족노조라는 낱말이 나왔다.

스님들이 삼보일배 하며 정진하고 있는데서 똥칠하고 있는

것은 정신병자 수준이 아닌가? 병신칠갑病神漆甲이다.

한번 세뇌가 되면 부모형제 자식도 눈에 들어오지 않는다.
우리의 조상인 단군상 철거를 위한 세미나를 열고 있다.

이것이 교회교육의 현장실습이다. 한번 세뇌되면 정신병원
에서도 고치기 어려운 평생 고질병이다. 목 부러진 단군 상.

이렇게 사회가 이질화되고 병들어가는 한국의 현실이 안타
깝다. 선진국들에서 쓰레기로 버려지고 있는 기독교를 이렇
게 미쳐서 믿고 있으니 한국의 미래가 있겠는가?

『회개하라. 하나님의 심판이 가까웠느니라.』 누구에게 회개하라는 것인지 모르겠다. 돈을 많이 헌금하면 회개가 된다고 생각하는 이들은 돈을 벌기 위한 목적으로 협박하고 있는 것이 아닌가?

담임목사가 설교한 후 통성기도로 유도하고 있다.

『목사는 요한1서 3장8절과 요한계시록 20장 10절을 본문으로 마귀 닮은 것이 죄이고, 그 대가로 가는 지옥에 대해 엄하게 설교말씀을 전했다.

목사는 "부모님 말씀 안 듣고 선생님 말씀 안 듣는 것. 교회에 와서 떠들고 사람들을 미워하는 것 모두 마귀 닮은 것이다." 라며 "너희가 겉으로는 엄마 아빠 닮은 것 같아도, 행동은 마귀 닮았고 그들에 속해 있으니 나중에 지옥 가지 않겠느냐."고 애타는 심정으로 말씀을 전했다. 아이들은 "그 무서운 지옥에서 어떻게 견딜래?"하는 담임목사의 애절한 설교에 눈물로 회개하며 죄가 무엇인지 그리고 지옥 가는 것이 얼마나 무서운 일인지를 깨달았다.』

어린아이들이 지옥이 무엇인지 알겠으며 천당이 무엇인지 알겠는가? 어린이 행동은 마음껏 뛰어놀고 소란스럽게 떠드는 것이 어린들의 천진난만한 행동이며 어린이들의 아름다움이 아닌가?

이 어린 아이들에게 죄인이니 마귀이니 하며, 교회 다니지 않는 것도 믿지 않는 것도 모두 마귀이며 불교와 스님도 모두 마귀라고 가르쳐 세뇌시키면 다른 종교인이나 다른 생각을 가진 사람들과는 대화의 창이 막히는 것이다.

이렇게 마귀라는 말에 세뇌되고 지옥에 간다는 말에 겁을 먹은 아이들은 드디어 통성기도를 하게 만들어 천진한 어린 아이의 모습은 사라지고 근심과 걱정으로 가득한 죄의 의식에 사로잡히는 것이다.

이 어린 나이에 한번 머릿속 세뇌되면 평생 고치기 어렵고, 세 살 버릇 여든까지 간다고 하는 속담이 있듯이 평생을 천당이라는 환상과 지옥이라는 공포에 죽는 날까지 가슴조이며 살아야 한다.

이렇게 세뇌시키는 교회교육이 있는 한, 한국의 미래는 없다. 교회교육은 이성理性을 마비시키고 비논리적 비과학적 비윤리적 비도덕적 사고방식이 머릿속에 깊숙이 자리를 잡으면 어떠한 논리나 과학도 맹신으로 인한 타협과 대화는 어려워지는 것이다. 그래서 학교교육 가정교육 사회교육이 교회교육을 따라잡지 못한다. 그렇기 때문에 한국에 교회가 판을 치는 한 한국의 미래는 어두운 것이다.

지옥을 설명하는 어린이 예배 시간

　이렇게 영상과 환상을 통하여 세뇌된 교육을 받고나면 이성
理性은 마비되는 것이고, 천당이라는 환상에 코 끼게 되고 지
옥이라는 공포의 족쇄를 평생 차고 다녀야 하기 때문에 빠져
나오지 못한다.
　어린이 선교는 법적으로 제한을 해야 한다. 불교 기독교 천
주교 등 모든 종교는 사리분별 할 수 있는 나이가 될 때까지
종교적 주입식 교육은 법적으로 통제하여야 한다. 종교는 인
생을 논하고 영혼을 담보로 하는 미래의 설계이기 때문에 어
린이에게 종교자유이니 떠드는 것은 잘못된 것이다.

　**오죽하면 교회를 직접 운영하는 현직 목사가 〈우리 아이 절대
교회 보내지 마라〉책을 썼을까. 저자 송상호 목사는 이 책에
서 "아이들을 교회에 보내지 말아야 할 10가지 이유를 밝혔다.
　① 역사의식이 제로가 된다.
　② 합리적인 사람이 되기 어렵다
　③ 이중인격자가 되기 십상이다.**

④ 종교 바보가 따로 없다.

⑤ 일요일엔 아이들이 쉬고 싶다.

⑥ 교회는 죄인 양성소이다.

⑦ 남을 배척하는 꼴통이 되기 쉽다.

⑧ 경쟁력에서도 뒤처진다.

⑨ 세뇌, 남의 이야기가 아니다.

⑩ 교회는 곧 사라질 운명이다.

이것은 어린이뿐만 아니라 기성기독교인 전체에 해당되는 이야기이기도 하다. 이 열 가지에 대하여 〈우리 아이 절대 교회 보내지 마라〉 책에서는 구체적으로 논리적이며 합리적으로 일예를 들며 상세히 설명했다. 일독을 권한다.

기독교에 세뇌되면 어른이건 어린이이건 똑같이 대화가 먹통이 된다. 자기 생각과 다르면 바이블[성경]에 엄연히 기록되어 있는 사실조차도 읽기를 거부하는 사람들이다.

그러니 사유하고 생각하고 논리적인 판단이 필요한 철학 서적이나 과학서적은 읽으려고 꿈도 못 꾼다. 어떻게 하던지 바이블[성경]에 엉터리로 꿰맞추려고 한다. 이렇기 때문에 이들은 절대로 다른 종교의 서적을 절대로 읽지 못한다. 왜냐하면 자기의 믿음이 흔들릴까봐 겁을 먹는 것이다.

한국 기독교는 살인자 칼빈 [칼뱅]의 후예들이다.

한국 기독교장로회는 칼빈 신학을 신봉하는 후예들이다. 칼빈은 신학자이기 전에 제네바의 살인자로 유명하다. 칼빈[칼뱅]

이 통치한 제네바 인구가 1만 3천명에 불과했으니 참 다행이다. 인구가 많았으면 대량 살상으로 이어졌음은 두 말할 나위가 없다. 칼빈은 4년 동안 공식적으로 58명을 죽였다. 자기 교리에 조금이라도 맞지 않으면 모두 죽였다. 두 명의 뱃사람이 싸웠다고 두 사람 모두 사형시켰다. 13명 교수형, 10명 참수형 35명 화형. 사람들은 고문 받기보다는 스스로 목숨을 끊었다. 라고 역사가들은 동일하게 지적하고 있다.

이단이란 명목을 붙여서 사소한 일까지 잡아 투옥 추방 처형한 사실은 누구도 부정할 수 없다.[기독교죄악사 조찬선지음]

칼빈[칼뱅]의 생각과 망언

『이단을 처형한다는 것은 결코 그리스교도적 사랑에 위배되는 것이 아니다. 오히려 그와 반대다.

일반 신자가 이단의 거짓 가르침에 물드는 것을 막아주는 구실을 하기 때문에 그것은 사랑의 행위라 할 수 있다. 그러니 이[선한] 목적을 위해서는 한 도시 주민 전부를 없앨 수도 있는 것이다.』 존 칼빈 [칼뱅] (1509~1564)

얼마나 무서운 말인가? 한 도시의 주민이 이단이면 전부 죽일 수도 있다는 이야기이다. 그러니 중세에 마녀사냥으로 300년 동안 **500만 명**을 잔인하게 화형 시키지 않았는가?

이제까지 모든 자료를 통하여 보아서 알겠지만, 한국의 기독교도들은 칼빈의 잔악한 성품과 조금도 다름이 없다. 지금과 같은 광명천지光明天地의 세상에서도 조상을 거부하고 단군 상을 부수고 불상을 부수고 절에 불 지르고 남의 집에 들어가 땅 밟기 할 정도면 '칼빈'보다 더 흉악한 성품의 소유자들임이 틀림없다.

아마 옛날 같으면서 이들이 권력을 손에 쥐었다면 불교신자나 무종교인은 깡그리 죽이고도 남았을 것이다. 살인자 '칼빈'을 추종하는 무리들이 한국의 심장부 강남에 '칼빈 길'을 만든다고 한다. 정신병자들의 모임이 아니고야 어떻게 그런 발상을 할까?

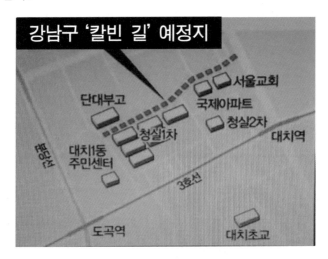

국민의식國民意識이 이정도로 저열하면 한국의 미래는 불 보듯 빤한 일이 아닌가? 천진난만한 어린이들은 교회교육으로 학교교육이나 가정교육 사회교육이 단절되어 먹통이 되어 있고, 어른은 어른대로 광기狂氣에 서려 날뛰고 있으니 한국의 미래는 없다고 보아야 한다.

가정교육 사회교육 학교교육을 망치는 교회교육에 세뇌된
어린이들! 이것이 한국의 현실이며 한국의 미래상이다.

67 봉사활동과 사기 행각

교리적으로 할 말이 없으니까 봉사를 나선다. 깨닫지 못한 봉사행위는 상술적인 다단계식 사기행위에 불과하다. **구세군** 救世軍의 모금활동은 엄청난 사회적 큰 사건이다. 우체국 관공서 마다 구세군 모금함募金函이 있다. 누구의 허락 하에 모금을 하는 것인가? 세상을 구한다는 군인軍人이 **구세군救世軍** 이다. 바로 기독교 십자군의 전위부대인 셈이다.

『구세군救世軍은 1865년 영국 런던에서 윌리암 뿌드 (William Booth) 목사에 의해 창립된 기독교 교회로서 현재 전세계 104개국에서 영혼구원을 위한 전도사업과 이웃사랑을 위한 사회사업을 인종, 종교, 피부색, 지역을 초월하여 적극적으로 전개하는 국제적인 교회이다. 복음(성경말씀 =예수 그리스도)을 전함으로 참된 기독교적 구원을 받는 사람이 되도록 한다는 뜻이다.

구세군의 선교활동은 복음전도 사업을 통한 영혼구원과 사회사업을 통한 이웃사랑을 전개해 나가고 있으며, 세계 구석구석에서 인류사회의 영적복지와 평화를 위해 활동하는 교회가 되었다.』

잘못된 교리로 영혼을 구원한다는 구세군의 전도 행각은 결국 또 다른 예수의 잘못된 가르침을 전하기 위한 악습의 잉태라고 본다. 잘못된 교리체계는 언젠가는 반드시 사고가 일어날 위험이 있기 때문에 헌금하고 기부하는 행위는 살인강도에게 칼을 사주고 총을 기부하는 꼴이다 역사가 증명하지 않는가?

구세운의 관공서 모금함을 철거해야 하며, 크리스마스를 계기로 거리 모금도 중지 시켜야 한다. 깨닫지 못한 기부는 살인자에게 무기를 공급하는 꼴이다.

아무리 깨끗한 물이라도 똥[독극물] 한 방울만 들어가면 먹지 못한다.

이 책을 읽어 보았으면 알겠지만 역사적으로 세계 평화와 인류의 행복을 파괴하고 짓밟는 악랄하고 교활한 단체가 바로 천주교 기독교라는 것을 알았을 것이다.

스님들이 아무리 수행을 잘하고 견성하여 도를 이룬 스님들이 많이 있다하더라도 천주교 기독교가 들어가면 불교는 물론 민족종교나 전통문화가 뿌리 채 뽑혀나간다.

그들은 몸 안의 변종바이러스나 기생충 같이 몸 안에 알을 까는 에어리언 같이 우리 몸을 숙주宿住로 하듯 불교나 전통문화를 숙주로 하여 불교 속에 들어와 불교를 괴멸 시키고 전통문화에 들어와 전통문화를 변형시켜 괴멸시키고 있다. 세계의 역사를 보면 적나라赤裸裸하게 드러나고 있다. 그 숙주의 모체母體가 바로 바이블[성경]이다.

숙주의 모체를 죽이지 않는 한 숙주의 변종變種으로 인하여 계속 변종숙주를 잉태하여 본래의 생명체를 괴멸시키는 것이다. 그 숙주의 모체를 죽이고 씨를 말리는 것이 바로 병신육갑丙辛六甲이다.

이들은 몇 억 명의 사람을 죽이고, 산채로 불태워 죽이고, 테러 살인 방화 전쟁을 능사로 하고 있으며, 친딸을 성폭행하고 신도들을 성폭행하고 어린이들을 성폭행했어도 없어지지 않고 뻐젓이 살아남아 계속 번지는 것은 바로 변종變種바이러스나 애볼라 같은 것이다.

극히 일부의 멍청한 중들 몇 놈이 곡주穀酒 좀 마시고 화투 좀 했다고 온 언론이 생난리이다. 이것이 바로 변종들의 언론 플레이며 언론탄압이며 이에 의한 변종의 활동이다.

그래서 세월이 흐르면 불교는 물론 전통문화가 뿌리 채 뽑히고 변종은 다른 변종을 낳는 것이다. 세계평화와 인류의 행복을 위하여. 이제는 버릴 것은 확실히 버리고 취할 것은 취해야 한다.

68 한국 미래의 희망과 잠재성

2014년 9월 23일 대전 유성호텔 3층 킹홀에서 「헌법수호를 통한 국가정체성 지키기」 강연회가 있었다. 연사는 3명이었으나 내가 감명 깊게 들은 것은 "한국문화연구원 부원장 / 전 선문대 교수"인 김명수 박사의 강연내용이다.

☀ 국가이익과 문화안보
1. 국가안보는 군인뿐만이 아니라 온 국민이 책임져야 한다.
2. 국민들의 정신적 가치를 나타내는 문화안보는 국가안보

의 중요한 하나의 축이다.

※ 문화안보의 중요성.
1 국가 자본을 100으로 보았을 때,
2. 지하자본 비율은 5 %
3. 현금자본은 15 % 불과하나
4. 준법정신, 투명성, 조직의 효율성, 도덕, 철학, 종교 등
문화에 해당하는 사회적 자본은 무려 80 %에 해당된다.

※ 대한민국의 기적
1. 2차 대전 후 독립된 140여 개국 중
   건국과 산업화와 민주화를 이룬 유일한 국가이다.
2. 서양의 산업화 200년이 소요된 반면.
3. 한국의 산업화 30년 만에 성취했다.
4. 민주화 미국 21위 일본 23위 한국 20위
   (영국 이코노미스트 2010년 발표)

※ 대한민국 기적은 문화에서 비롯됨
1. **홍익인간 정신은** 세계 최초의 평화선언
2. 한국의 종교화합은 증오보다는 사랑을, 파괴보다는 건설
함. (*필자 주註 : 종교화합은 기독교나 천주교가 아님. 불교나 기
타 민족종교가 평화적이며 온순함으로 양보와 화합으로 이루어진
것. 이슬람교 같았으면 바로 피비린내 나는 종교전쟁)
3. **고도의 교육열**

4. 한국인의 고유의 인정문화人情文化와 공동체 정신

(*필자 주註 : 미풍양속 나눔의 문화, 정이 많은 민족)

5. 불의에 분노하는 **선비정신과 신바람**. 등이 우리 민족의 기적을 달성하였다.

　(*필자 주註 : 선비정신은 기독교천주교 정신이 아님, 이들은 전통문화 파괴와 종교간 갈등 조장함. 신바람은 사물놀이 풍악놀이 얼씨구 한마당 정신. 나눔의 불교문화)

☀ 한국문화 문제점

1. 변화와 개혁에 인색

2. 훼손된 호국사상 (반국가단체와 민주화운동과의 혼동)

3. 역사적 구조적 부패 (반국가적 이념갈등)

4. 심각한 사회갈등으로 연간 300조원 소요

5. 잘못된 역사인식의 왜곡(국가영혼 족보소멸)

6. 국가의 영혼이 소멸될 위기에 봉착. 즉 민족혼의 말살

(필자 주註 : 국가영혼은 조상숭배인 민족종교와 관련이 있고. 민족혼은 전통문화와 관련이 있는 것임, 천주교 기독교는 국가영혼과 민족혼 말살하고 있음)

69 맺는 말

아무리 좋은 보약이라도 몸에 맞지 않으면 모두 해로운 약이 될 수 있다. 하물며 독약과 마약을 보약으로 잘못 알고 먹는다면 100% 사망이고, 다행이 일찍 발견하여 응급처치를 잘

해도 이미 치명적인 손상을 입은 뒤이다.

마약을 먹어보지 않아 기분이 어떤지는 모르지만, 기분이 쾌 좋은 모양이다. 어쩌다 한번 호기심에 먹어본다는 것이 그대로 중독이 되어 죽는 날까지 끊지 못하고 결국 폐인이 되어 정신병원에서 죽는 날까지 나오지 못한다.

이미 본인의 자제능력의 한계를 넘어섰기 때문에 완전 폐인이 된다. 몸에 해롭다는 담배도 한번 피우기 시작하면 죽을병이 걸리기 전에는 끊기가 어렵다.

어쩌다 교회에 친구나 지인의 권유로 한번 발을 잘못 들여놓으면 하나님과 성령이라는 마약과 천당이라는 미끼와 지옥이라는 공포의 족쇄가 머릿속에 자리 잡으면 이미 때는 늦어가고 있는 것이다.

이 지구상에 광적인 마약성과 독약성분이 강한 신앙이 바로 유대교를 바탕으로 한 기독교 천주교 이슬람교이다. 이 세 종교는 그 뿌리를 유대교에 두고 있다. 조상이 같고 창조론과 심판을 믿고 같은 교리의 체계를 갖추고 있으면서 자기들의 이해득실利害得失에 따라 해석의 차이로 서로 이단이고 서로 적그리스도이고 서로 사탄이라 한다.

이 이해득실利害得失의 잘못된 해석으로 얼마나 많은 피비린내 나는 살육전殺戮戰이 벌어졌는가? 얼마나 많은 맹신자들이 순교라는 이름으로 죽어갔는가? 얼마나 많은 행복했던 가정이 파괴되었는가?

지구상에 일어난 전쟁은 90% 이상이 여호와신과 알라신의 전쟁이었고, 지금도 중동에서는 계속되고 있다.

참다운 종교는 불살생不殺生을 바탕으로 불행했던 가정이 행복해지고, 행복했던 가정은 더욱 평화롭게 행복해지는 것이다. 국가와 민족 간에 참다운 종교는 서로 싸우지 않고 화합하며 인류는 하나의 공동체이며 세계는 하나의 꽃과 같다고 하는 것이다.

맹독성 독약과 마약은 버려야 할까? 다시 잘 정제淨濟하여 사용해야 할까? 독약과 마약은 생명을 살리는 것이 아니라. 생명을 죽이는 살육殺戮 살상殺傷용으로 정제淨濟해서 다시 사용할 수 없는 것이다.

독약과 마약은 바로 소각하여 버려야 한다. 유대교 기독교나 천주교 이슬람교는 회개하고 참회한다고 해서, 회개되고 참회되어 다시 정화되어 사용할 수 있는 교리의 체계를 갖추고 있는 것이 아니기 때문에 한쪽이 망하고 소멸되는 그날까지 천당이 있다면 천당에 가서도 싸울 것이고, 지옥이 있다면 지옥에 가서도 싸울 것이다.

그러니 마땅히 버려야 한다. 버려야 세계평화와 인류의 행복이 온다. 적어도 한국에서만은 확실히 버려져야 한다.

진정한 종교는 인간의 생명뿐이 아니라. 모든 생명을 평등하게 아끼고 사랑하는 것이 대자대비大慈大悲이다. 남의 목숨을 헌신짝같이 취급하여 마구 버리고 죽이는 것이 아니다. 생명은 고귀하고 존귀한 것이다.

이렇게 모든 생명을 존귀하고 고귀하게 여겼을 때. 마음은 고요하여 우주가 손바닥 가운데 있고 천변만화의 조화가 몸에서 생기는 것이다.

예수가 물위를 걷고, 떡 다섯 조각과 생선 2마리로 5천명을 먹였다는 이야기는 요한복음 6장 1절-15절은 〈오병이어〉의 기적에 관한 내용이 있다.
예수보다 500년 먼저 태어난 석가모니는 어떠한가?
불경 아함경 일부의 말씀이다.
『그때 부처님께서는 물 위로 걸어 다니시는데 발이 물에 젖지 않으셨다. 깟사빠는 멀리서 그것을 보고 생각했다. 참으로 놀라운 일이다. 사문(沙門 수도자)은 물위로 다니는 구나.』(증일 아함경15, 2)

☀ 물위로 걷는 것뿐이 아니라, 공중으로 날아다니길 새보다 더 빠르고 편안하게 난다. 아라한이 된 부처님 제자들은 신통력이 자재하다.
☀ 밧빠(Vappa.는 허공을 타고 다니면서 교화하는 비구니라.
☀ 밧디야(Bhaddhiya,는 항상 허공을 날아다니면서 발로 땅을 밟지 않는 밧디야 비구이다,

『난다는 곧 그것 [한 덩어리의 떡을 부처님과 스님들에게 바쳤다. 그래도 떡은 남았다. 난다는 사뢰었다. 「아직 떡이 남았나이다.」 ... 그때 부처님께서는 난다에게 말씀하셨다. 「너는 이제 이 떡을 가지고 여승들, 남자 신도들, 여자 신도

들에게 주어라.」 그런데 여전히 떡은 남았다. 「너는 이 떡을
가져다 저 가난한 사람들에게 주어라. 그래도 떡은 남았다.』
(증일 아함경 20,28)

✻ 마하까 기적 경. Mahakapatihariya-s(S41:4)
✻ 잡아함. 제21권 [571] 마하가경摩訶迦經

이와 같이 들었다.

어느 때 부처님께서 암라부락 암라림에서 많은 상좌 비구
들과 함께 계셨다.

그때 찟따 장자는 여러 장로 비구들이 있는 곳으로 나아가,
그 발에 머리를 조아려 예배하고 한쪽에 물러앉아 여러 상좌
비구들에게 아뢰었다.

"여러 존자들께서 목장에서 제 공양을 받아 주시기를 간절
히 바랍니다."

그때 여러 상좌들은 잠자코 그 청을 받아들였다. 찟따 장자
는 여러 상좌들이 잠자코 그 청을 받아들인 줄을 알고, 자기
집으로 돌아가 밤새도록 음식을 장만하였다. 그리고 이른 아
침에 자리를 펴고 사람을 보내어, 여러 상좌들에게 때가 되었
음을 알리게 했다.

여러 상좌들은 가사를 입고 발우를 가지고, 목장에 있는 찟
따 장자의 집으로 가서 자리에 앉았다.

그때 찟따 장자는 손수 여러 가지 음식을 공양하였다. 공양

을 마친 뒤에 발우를 씻고 양치질을 마치자, 찟따 장자는 낮은 평상 하나를 깔고 상좌들 앞에 앉아 법을 들었다.

그때 여러 상좌들은 찟따 장자를 위해 갖가지로 설법하여 가르쳐 보이고 기뻐하게 하였고, 자리에서 일어나 떠났는데, 찟따 장자도 그 뒤를 따랐다. 여러 상좌들은 소락과 꿀을 배불리 먹은 데다 늦은 봄 더운 때라, 길을 걷기가 너무 힘들었다.

그 때에 마하까摩訶迦라는 하좌(下座 : 서열이 낮은) 비구는 여러 상좌(上座 : 서열이 높음)들께 말하였다.

"오늘은 너무 덥습니다. 제가 구름과 비와 실바람을 일으키면 좋지 않겠습니까?"

여러 상좌들은 대답했다.

"그대가 그렇게 할 수 있으면 좋을 것입니다."

그때 마하까가 곧 삼매에 들어 그와 같이 정수의 신통을 발휘하자, 바로 구름이 일고 보슬비가 내리며 시원한 바람이 살랑살랑 사방에서 불어 왔다. 정사精舍 : 절)문에 도착하자 존자 마하까가 여러 상좌들께 말하였다.

"이제 그만두어도 될까요?"

"그만 두어도 좋소."

그때 존자 마하까는 곧 신통을 그치고 자기 방으로 들어갔다.

그때에 찟따 장자는 이런 생각을 하였다.

'제일 낮은 서열의 비구도 이런 큰 신통을 부리는데 하물며 중간이나 상급의 비구는 어떠하겠는가?' 그리고는 곧 여러 상좌들 발에 예배하고 마하까 비구를 따라 그가 있는 방으로 가서 존자 마하까 발에 예배하고 한쪽에 물러 앉아 말했다.

"존자여, 저는 보통사람들을 뛰어 넘는 존자의 신통변화를 보고 싶습니다."

존자 마하까가 말했다.

"장자는 무서울 테니 보지 마십시오."

이와 같이 세 번을 청하였으나 세 번 다 허락하지 않았다. 장자는 그래도 거듭해서 존자의 신통변화 보기를 청하였다.

"당신은 잠깐 밖에 나가 마른 나무를 가져다 쌓은 뒤에 담요 한 장을 그 위에 덮으시오."

찟따 장자는 곧 지시대로 밖에 나가, 섶을 모아 더미를 만들어 놓고 와서, 존자에게 말했다.

"섶을 쌓아 더미를 만들고 담요로 그 위에 덮었습니다."

그때 존자 마하가가 곧 화광삼매火光三昧에 들어, 문구멍으로 불꽃을 내보내어, 불이 섶을 태워 섶 더미가 다 탔으나 오직 담요만은 타지 않았다. 그리고 장자에게 말했다.

"당신은 이제 보았습니까?"

"보았습니다. 존자시여, 참으로 신기합니다."

"알아야 합니다. 이것은 다 방일하지 않은 데서 생긴 것이요, 방일하지 않은 것이 변한 것으로서, 방일하지 않기 때문에 무상정각을 얻는 것입니다. 그러므로 장자여, 이것이나 그 밖의 다른 공덕도, 모두 다 방일하지 않은 것이 근본이 되고, 방일하지 않은 것이 원인이며, 방일하지 않은 데서 생기고, 방일하지 않은 것이 변화한 것으로서, 방일하지 않기 때문이며, 그 밖의 다른 도품법道品法도 얻는 것입니다."

찟따 장자는 존자 마하까에게 말했다.

"언제나 이 숲에 머물러 주십시오. 그러면 저는 마땅히 목숨을 다하도록 의복, 음식과 병에 따른 탕약을 공양하겠습니다."

그러나 존자 마하까는 가봐야 할 일이 있었기 때문에 그 청을 받아들이지 않았고, 찟따 장자는 설법을 듣고 기뻐하면서, 곧 자리에서 일어나 예배하고 떠나갔다.

☀ 이상과 같이 신통이 무궁무진하지만 불교는 그 어떤 기적이나 신통변화에는 별관심이 없다. 모든 생명을 어여삐 여기고 최후에는 모두 행복한 깨달음의 영원한 세계로 인도하는 것이다. 창조주의 아들이라는 사람이 기껏해야 물위나 걷고 병이나 고치고, 비참하게 십자가에 매달려 인류의 죄를 대신하여 죽었다는 엉터리 이야기나 하면 되겠는가?

세계평화와 인류의 행복과 가정과 사회와 전통문화와 국가의 안위를 파괴하는 무리들을 보고만 있을 것인가? 방관자가 되지 맙시다. 나 한 사람의 방관傍觀을 깨닫고. 다른 이웃들의 방관傍觀을 깨닫게 합시다.